四字熟語の教え

村上哲見・島森哲男 編

講談社学術文庫

まえがき

いろいろな四字熟語の由来やその言葉にまつわるエピソードを、辞書ふうにではなく、気楽に読めて、夏の日にひと掬《すく》いの水を飲んだような気分にさせられるコラムを書いていきましょう。そう話し合って、肩の凝らない六人の仲間が集まって始めたのが、この本のもとになった新聞の連載コラム「四字熟語の泉」でした。

執筆者は五十代から七十代の、お酒が好きで中国の文学や思想を専門とする仲間です。もう一人いれば「竹林《ちくりん》の七賢《しちけん》」になったところですが、週一回休みの連載だったものですから、六人になりました。個性はばらばらで、美人の話ばかり書く人もいれば、もっぱら仏様の話をする人もおり、歴史にこだわる人もおれば、人の和らぎを求める人もいて、ばらばらなのがかえって幸いした、絶妙の組み合わせでした。

この本にはそれぞれの文章の最後に筆者名が記してありますが、それを見なくても数行読んだだけで、ああこれはあの人だなとお分かりいただけるのではないかと思います。そういうばらばらな個性の共演が、この本の魅力の一つかも知れません。

四字熟語は文字通り漢字四字からなる熟語ですが、たとえば「淡麗辛口」とか「焼肉定食」とか「協議離婚」とかはふつう四字熟語とは言いません。何か歴史的に由来のある言葉が、のちの人々によって比喩《ひゆ》的に、さまざまな情況に当てはめて繰り返し使われるようになって、はじめていわゆる四字熟語が定着します。「四面楚歌《しめんそか》」だったら、項羽《こうう》と劉邦《りゅうほう》の歴史物語を記した『史記《しき》』に基づくわけですが、それをふまえて項羽と同じような情況に陥《おちい》った人々が、「四面楚歌」という言葉を使うわけです。昔のことですからみんな項羽と劉邦の話は知っていて、たしかにあいつは「四面楚歌」だなと周囲の人も納得します。そのようにして孤立無援で、まわり中、敵だらけという情況をあらわす「四面楚歌」という言葉が人々に使われるようになるのです。たったの四字の言葉の中に、そんな歴史物語がぎゅっとつまってしまうわけです。

のちの時代になると、言葉の由来など知らないで、日常会話の中でふつうに使われるようになって、もともとの意味からずれてしまうこともしばしばあります。しかしいずれにしても、もとの話があったり、使われてきた歴史があったりしますから、きのう生まれて明日消えていく言葉とは違うわけです。

ですから、その言葉の歴史の中には、人々の思いや経験や知恵がつまっています。辞書を調べれば言葉の意味は書いてありますが、そこにつまっているいろいろな歴史や人々の思いはなかなか書いてありません。そういう空白をこの本ではうずめようとしています。この本によってそういうところを知ったり味わったりしながら、言葉の深みや潤いに浸っていただければと思います。政治家をはじめとして、中味の乏しい空虚な言葉の行き交う昨今ですが、この「四字熟語の泉」から、滋味《じみ》ある言葉の豊かさを汲《く》み取っていただければ幸いです。

一九九九年四月から二〇〇二年三月まで、世紀を越えてまる三年、「河北新報」に連載されたコラムのうちから、四八〇の四字熟語を選び、執筆の時期にあわせて春夏秋冬の四つの章に分け、この本を編みました。どこから読んでいただいてもかまいません。

新聞連載中お世話になった河北新報社の北川治さんと、本書の編集を担当された講談社の宇田川眞人さん・塩畑陽子さんに、執筆者一同、心から感謝します。

二〇〇二年　初夏

編者

文庫版によせて

旧著『四字熟語の泉』（二〇〇二年、講談社刊）がこのたび『四字熟語の教え』と題名を改め、若干の修訂を加えて、文庫版として再刊されることになりました。

四字熟語は時が育んだ言葉です。もとの話があり、それが四字の熟語に凝縮されて人々に使われ、今日に至っているからです。そうした時の蓄積をたどり直してわかりやすく説き明かしたのが本書の第一の特徴です。さらに日本では見慣れない中国の四字熟語もふんだんに採られていて、彼我の歴史や文化の違いに「へー」と感心させられるというのが第二の特徴です。字が小さいのが玉に瑕《きず》ですが、天眼鏡《ルーペ》片手に、ちびりちびり酒でも飲むように、ゆっくりお読みください。

文庫版出版にあたりお世話になった講談社学芸クリエイトの今岡雅依子さんに感謝します。

二〇一九年　初夏

編者

目次

まえがき 3
文庫版によせて 6
春の章 11
夏の章 69
秋の章 139
冬の章 203
索引 261

四字熟語の教え

春の章

忘形之交《ぼうけいのまじわり》　心と心で結ばれた交友関係

忘形之交（忘形交）とは、容姿や地位や金銭というお互いの外形に関係なく、心と心という内面で結ばれた交友関係のこと。そのような友人を「忘形之友」という。

唐の韓愈《かんゆ》と孟郊《もうこう》は一度会ったときから、一生の「忘形交」を結んだといわれる（『新唐書《しんとうじょ》』巻一七六）。

中島敦《なかじまあつし》の『山月記《さんげつき》』のもとになった唐の小説『人虎《じんこ》伝《でん》』は、天の怒りにふれて虎に変身させられた李徴《りちょう》の物語だ。

腹の減った李徴が襲いかかろうとしたのは、出張途上の旧友袁傪《えんさん》だった。旧友に襲いかかろうとしたことを恥じ、虎と化した姿を見て袁傪が恐れかつ憎むのではないかと、草むらに隠れて、わけを説明し非礼をわびた。そんな李徴に「空腹なら食べ物もあげよう。会って話もしたい。奥さまやお子さまにしてあげられることもあるだろう。おれたちは忘形之友ではないか」と。

袁傪は旅から戻ると、いつも給料の半分を李徴の妻子に分け与えて、生活の世話をしてやった。**忘形之交**物語だ。

（小川　陽一）

即時一盃《そくじいっぱい》　死後の名声より一杯の酒

即時は、今、目の前のという意味。死後の名声より目の前の一杯の酒の方がいいということ。

『世説新語《せせつしんご》』の「任誕《にんたん》」という篇は、気ままに生き、世俗の礼法などにこだわらない人々の逸話を集めたものであるが、そこには酒と人間の物語が多く収められている。

張翰《ちょうかん》という人は気ままにふるまって何物にもとらわれなかった。人々は彼を江南《こうなん》の阮籍《げんせき》（彼もまた無類の酒好きで多くの逸話が残されている）と呼んだ。ある人が彼にたずねた。「今の世を気ままに暮らすのは結構だが、死後の名声を思ったことはないのかね」。この時彼は次のように答えた。

「われをして身後《しんご》の名有《な あ》らしむるは、**即時一盃**の酒に如《し》かず」

竹林《ちくりん》の七賢《しちけん》をはじめとして、魏《ぎ》・晋《しん》の時代にはこういう風流人が多かった。多分に快楽主義的な傾向を帯びたこういう思想は老荘思想と関連して流行したのである。

できればこういう生き方もしてみたいが、やはり世間の目は気になる。

（清宮　剛）

三月三日《さんがつみっか》　女子のための佳日《かじつ》

中国における古くからの習俗の一つ。旧暦の三月上旬、巳《み》の日になると、人びとは川で禊《みそぎ》をして不浄を祓い落とした。この日を三月上巳《さんがつじょうし》、上巳節句《じょうしのせっく》と呼んでいた。三国時代のころ、女子のための佳日として三月三日に定着し、今日に至っている（『芸文類聚《げいもんるいじゅう》』）。

唐のころ、この日になると、長安《ちょうあん》近郊の水辺には、少女たちの美しく着飾った姿が見られたという。

「三月三日　天気新たに／長安の水辺　麗人多し」（杜甫《とほ》「麗人行《れいじんこう》」）

この風習は古く日本に伝来し、女子の幸福を祈る流《なが》し雛《びな》、雛祭《ひいなまつり》として受容される。近世に入ると、雛壇を設けて雛人形を飾り、菱餅《ひしもち》、白酒、桃花を供えて祭るようになった（『守貞謾稿《もりさだまんこう》』）。

雛祭をうたった詩歌の数は少なくないが、与謝野鉄幹の「雛祭」（一八九三年三月作）はとりわけ印象深い。鉄幹の母は、わずか四歳で夭折《ようせつ》した娘（鉄幹の姉）を悼《いた》みながら、毎年、雛壇を飾っていたという。その母の姿が、美しく描かれている。

（小野　四平）

不立文字《ふりゅうもんじ》　ことばに頼らず己の心に問う

このことばは単独ではなくて、「以心伝心、不立文字」（心をもって心を伝え、文字をたてず）のように用いられることが多い。

唐代中期の禅僧・宗密《そうみつ》は言う。

「達磨《だるま》、法を天竺《てんじく》に受けて、躬《みず》から中華に至るや……月の指に在らず、法は是《こ》れ我が心なるを知らしめんと欲するが故に、但《た》だ以心伝心、**不立文字**といえり」（『禅源諸詮《ぜんげんしょせん》集都序《しゅうとじょ》』）

この大要は、こうだ。月をさす指にこだわれば月が見えなくなる。仏法はことばや文字によって示されるが、そのことばや文字にこだわったら肝心の仏法が見えなくなってしまう。仏法は、いつも自分自身の心にある。そのことを理解しなければいけない。

これは、達磨によって確立された禅宗の、基本的な立場とされる。ことばや文字を軽視しているのではない。それにたよるより、まず自分の心に問うことが大切だというのだ。そして、そのための体験的方法として坐禅が重視されることになる。

（小野　四平）

四面楚歌《しめんそか》

孤立無援の絶望的な状態

四方を敵に囲まれた、孤立無援の絶望的な状態をいいます。

紀元前三世紀の末、秦《しん》の始皇帝《しこうてい》の死後の混乱の中から登場してきた二人の英雄、楚《そ》王項羽《こうう》と漢王劉邦《りゅうほう》は天下を争って死闘を繰り返します。はじめは項羽が優勢だったのですが、やがて形勢は逆転、垓下《がいか》という所で項羽は漢軍に包囲されてしまいました。

その夜、「漢軍の四面みな楚歌するを聞き、項王すなわち大いに驚きて曰《いわ》く、漢みな既に楚を得たるか、これ何ぞ楚人の多きやと」(『史記《しき》』)。劉邦の計略で四面から楚の歌が聞こえてきたので、項羽は根拠地の楚を占領されてしまったと思い、がっくりします。

そこで翌朝、項羽は最後の突撃を敢行《かんこう》して玉砕《ぎょくさい》、劉邦が皇帝の位について漢の天下となりました。ちなみに項羽を慕って戦陣にもずっと付き従っていた虞美人《ぐびじん》という女性は、項羽が脱出させようとするのを聴かず、のどを突いて自殺します。その血の滴《したた》りの跡から咲き出した花は虞美人草と呼ばれるようになりました。

(村上　哲見)

無上菩提《むじょうぼだい》

煩悩《ぼんのう》から放たれた究極の悟り

西行は「わしの山うへ暗からぬ峯なれば　あたりを払ふ有明の月」(『山家集《さんかしゅう》』)と無上菩提の心を詠んだ(わしの山とは釈尊が説法された霊鷲山《りょうじゅせん》のこと)。

無上とは中国で帝自ら無上将軍と称した(『後漢書《ごかんじょ》』)ように、この上なくすぐれたの意。菩提は仏教語で正しい悟りの智をいう。

無上菩提とは究極の悟り、一切の煩悩から解放された迷いのない状態をいい、阿耨多羅三藐三菩提《あのくたらさんみゃくさんぼだい》と音写される。この悟りを求める衆生を菩提薩埵《さった》、略して菩薩、求める心を無上菩薩心、その心を発《おこ》すことを発《ほっ》菩提心、発《ほっ》心《しん》という。

のち、祖先の成仏、冥福《めいふく》を祈ることを菩提を弔《とむら》うといい、信徒の属する寺院を菩提寺、菩提所と言うようになる。

道元《どうげん》禅師は「究極の悟りは出家して戒の規則を受けたときに成就する。それが不退転の境地で、あらゆる生きとし生けるものを不退転ならしめるものだ」(『正法眼蔵《しょうぼうげんぞう》』)と説かれる。

(荘司　格一)

半途而廃《はんとにしてはいす》　最後までやり通せない

半途而廃は道の途中で倒れること、物事を最後までやり通せないこと。「半塗」は「半途」に同じ。『中庸《ちゅうよう》』に、君子は道理に従って行動する。半途にして廃すとも、私（孔子《こうし》）はそれを止めることはできない、とある（『朱子章句』第十一章）。

孔子は冉求《ぜんきゅう》に、力の足りないものが「中道にして廃す」のは仕方ないが、自分で自分を見限るのはよくないと戒《いまし》めている（『論語《ろんご》・雍也《ようや》篇』）。

後漢《ごかん》（西暦一～二世紀）の楽羊子《がくようし》が遊学に出て一年で戻ってきた。妻に訳を聞かれ「家が恋しくなって」と答えたら、妻は刀を持って織機に近づき、「あなたが勉学を止めて、中道《ちゅうどう》にして帰《かえ》って来るのは、機《はた》織り途中のこの布を切断するのと同じことです」といさめた。以後、楽羊子は七年間戻ることなく勉学に励んだ（『後漢書《ごかんじょ》・列女伝』）。

「断機悟夫《だんきごふ》――機（の布）を断ちて夫に悟らしむ」の故事である。

何事も初志貫徹、途中で止めてはいけないと、知ってはいるけれど、それがなかなか。

（小川　陽一）

三従四徳《さんじゅうしとく》　賢夫人の徳操

賢夫人の徳操を述べたもの。三従とは、幼い時には親に従い、嫁しては夫に従い、老いては子に従うことをいう（『儀礼《ぎらい》・喪服伝《そうふくでん》』）。

四徳についても幾つかの出典があるが、班昭《はんしょう》の『女誡《じょかい》』が詳しい。それによれば、四徳とは、婦徳・婦言・婦容・婦功のことだという。

さらに詳しく述べれば、婦徳とは、清らかでしとやか、恥を知った行い、法にかなった立ち居振る舞い。婦言とはことばを選んで話し、汚いことばを口にせず、言うべき時に口を開き、人にいやがられない。婦容とは心身をいつも清潔にし、まめに洗髪入浴し、身に垢《あか》をつけない。婦功とは紡《つむ》ぎ織ることに専念し、ふざけることを好まず、心を込めた酒食を客に勧める。以上のようである。

まさに男性の理想を絵にかいたような女性像であるが、今どきこんなにすべてがそろった女性など話に聞いたこともない。ウチの女房につめの垢でもせんじて飲ませてみたいものだ。

（清宮　剛）

黄茅白葦《こうぼうはくい》　凡庸《ぼんよう》で個性のない人

茅《ちがや》も葦《よし》も、イネ科の多年草。原野や水辺に、いちめんに自生する植物。**黄茅白葦**は黄色のチガヤと白色のヨシのことで、同じようなものが見わたすかぎり広がっている単調な情景を意味することば。転じて、内容のない平凡な文章を指して、次のように用いられた。

「近年、文章界の衰弱はひどい。王安石《おうあんせき》が文壇の指導者になってから、こうなった。彼の文章はよい。だが、人びとが彼の文章をまねしたのがいけなかった。……いまでは荒瘠斥鹵《こうせきせきろ》（荒れた土地）に、いちめんの**黄茅白葦**である」（蘇軾《そしょく》「張文潜《ちょうぶんせん》に答うる書」）

　また、次のような例もある。

「あの魏了翁《ぎりょうおう》は、誠に優れた人だ。彼の前では、同時代の人がみな**黄茅白葦**である」（張元幹《ちょうげんかん》『蘆川《ろせん》帰来集』）。ここでは、凡庸で個性のない、似たり寄ったりの人びとを指している。

　ある日のこと、友人が語ったものだ。「東京の永田町かいわいに住む人びとを見たらいい。みわたすかぎりの**黄茅白葦**ではないか」。私は黙っているしかなかった。

（小野　四平）

他山之石《たざんのいし》　世の俗塵《ぞくじん》こそ人の心を鍛える

「他山《たざん》の石、以《もっ》て玉を攻《おさ》むべし」（『詩経《しきょう》』）に基づくことば。どんなにつまらない石でも、玉を磨くのに役立つということ。また、自分を向上させるのに役立つ、他人の言行などを指して言うときに用いる。

　ただし、「先輩のおことばを他山の石とします」のように、目上の人の言行などを指して言うのは誤り。

　幕末の人、鎌田柳泓《かまたりゅうこう》は、**他山之石**について紹介したあとで次のように書いた。

「剣を磨《とぐ》に……粗礪《あらきと》石《いし》にかけて始《はじめ》て光明を発すべし。其《その》ごとく人心《ひとのこころ》も……必《かならず》逆境に臨んで……益《ますます》光明を発すべし。かくのごとく修業すれば世上の俗塵反《かえ》つて我《わが》心を磨く研草《とぎくさ》なれば世上にいとふべきことなかるべし」（『心学五則《しんがくごそく》』）

　つまり、逆境の中での、世上の俗塵こそが、人の心を鍛えてくれる、ということだ。

　このような認識は旧《ふる》いかもしれない。だが、実は今こそ最も必要な考え方なのではあるまいか。その意味で、これはきわめて新しい認識なのだと言ってよい。

（小野　四平）

輾転反側《てんてんはんそく》

眠れず何度も寝返りをうつ

中国の古典歌謡集『詩経《しきょう》』にみえる詩の句。輾転はごろごろと転がるさま、反側は寝返りをうつこと、**輾転反側**は眠れないで何度も寝返りをうつさまです。

『詩経』の最初の一首「関雎《かんしょ》」は、「窈窕《ようちょう》たる淑女は、君子の好逑《こうきゅう》」、しとやかな乙女は、立派な男のよき相手、と歌い出します。しかし、それがすぐに実現したのでは詩になりません。「これを求めて得ざれば、寤寐思服《ごびしふく》す」、寤寐は寝ても覚めても、思服は思い慕う、そして「悠《ゆう》なるかな悠なるかな、輾転反側す」、なかなか巡り合えないで思い悩みます。もとより最後は結ばれて仲むつまじく過ごすさまが詠じられます。

紀元前十世紀ごろの歌謡といわれますが、古代以来、立派な男とすてきな乙女が結ばれるというのは、万人のあこがれだったのでしょう。それにしても近ごろは、ひたすらに思い慕って夜も眠れないなどというのは、あまりはやらなくなっているようです。

(村上　哲見)

四書五経《ししょごきょう》

儒教の教えの根本となる文献

儒教の教えの根本となる文献を経書《けいしょ》といいます。経はもともと織物のたて糸、すじ道が通っていて物事の基準となることを意味します。

四書は『論語《ろんご》』『孟子《もうじ》』『大学』『中庸《ちゅうよう》』で、五経の前に学ぶべきものとされております。

五経は易《えき》、書《しょ》、詩《し》、礼《れい》、春秋《しゅんじゅう》ですが、テキストがいろいろあって複雑で、標準的には『周易《しゅうえき》』『尚書《しょうしょ》』『毛《もう》詩《し》』『礼記《らいき》』『春秋左氏伝《しゅんじゅうさしでん》』をいいます。

むかしの中国の知識人は、こどもの時に文字を習うと、まずこの**四書五経**を暗記したそうです。日本でも素《そ》読《どく》といって、意味を考えず棒読みすることから学問を始めました。『論語』から始めるのでこれが一番普及し、江戸時代を通じてのベストセラーでした。

近ごろの教育では暗記はとかく嫌われますが、それも事によりけりで、古典に親しむにはまず暗記してしまうのが近道のようです。わけもわからずに覚えた百人一首が、後で役に立ったという話をよく耳にします。

(村上　哲見)

極楽浄土《ごくらくじょうど》　苦悩などのない楽しい国

生も死も、寒さも暑さも、心配も苦悩もない楽しい清浄な国、これが仏教でいう**極楽浄土**である。安楽世界、安養世界、西方浄土、極楽とも。インドの西方イラン高原のオアシス楽園が祖型かとは仏教学者岩本裕博士の説。

宇宙にはたくさんの仏がおり、それぞれ国土をもち教《きょう》化《け》にあたっている。阿閦《あしゅく》仏の妙喜国、薬師如来《にょらい》の浄瑠璃《じょうるり》世界、阿弥陀《あみだ》仏の極楽世界などで、仏たちは仏国土の建設を目ざして修行し、完成すると迷える衆生を導き入れるために永遠に活動をつづけるという。

極楽浄土は三界《さんがい》の内にある、いや外だ、と二説あるが、ともに娑婆《しゃば》世界から西方へ十万億仏国土をすぎたところにあるという。

「極楽世界の宮殿は　瑠璃の瓦を青く葺《ふ》き、真珠の垂木《たるき》を造り並《な》め、瑪瑙《めのう》の扉を押し開き」とは『梁塵秘抄《りょうじんひしょう》』。江戸時代には「ああ極楽極楽」と安楽な、いい気持ちの意に用いられる。もちろん本義の巧みな転用。

（荘司　格一）

欣欣向栄《きんきんきょうえい》　草木が茂り花が咲く

「欣欣として栄に向かう」。草木が茂り花が咲くこと。転じて、人の暮らし向きがだんだんよくなること。「欣欣」は、うれしそうな様子。

陶淵明《とうえんめい》は十年あまり役人をしていたが、窮屈なのがいやになり、辞めて郷里に戻ると、「帰去来辞《ききょらいのじ》」という詩を作って、田舎暮らしの自由をたたえた。そのなかに「木は欣欣として栄に向かい／泉は涓涓《けんけん》として始めて流る」とある。

草木はうきうきとして花が咲こうとし、凍っていた泉は解けてちょろちょろと流れ始めた、と束縛から解放された喜びを、春の訪れに託してうたった。

田舎では気ままな農耕生活を楽しんだ。酒を飲んでは、「悠然として南山を見」ていた。その結果、束縛からは解放されたが、同時に収入の保証もなくなった。餓死寸前になるほどの貧乏暮らしを強いられる日もあった。

日本でも近ごろは都会での会社勤めを辞めて田舎へ移り住む人が多くなった。**欣欣向栄**なれ。

（小川　陽一）

白雲孤飛《はくうんこひ》　親元を遠く離れ思いをはせる

白雲孤飛――白いちぎれ雲がひとつはるかかなたに浮かんでいる。その下にわが両親が住んでいる、という遠くから親を思いやる子の気持ちにたとえる。「白雲親舎《はくうんしんしゃ》」（白雲の下に親が舎《す》む）ともいう。

七世紀の人、狄仁傑《てきじんけつ》は并州《へいしゅう》（今の山西《さんせい》省太原《たいげん》）へ赴任の途中太行《たいこう》山脈を越えた。そのとき山頂ではるか河陽《かよう》（今の河南《かなん》省孟《もう》県）の方を眺めると、白いちぎれ雲がひとつぽっかりと浮かんでいた。従者に「わが両親はあの白雲の下に住んでおられる」とつぶやき、じっと眺めやり、白雲が見えなくなるまで立ちつくした。『旧唐書《くとうじょ》』『新唐書』の狄仁傑の伝記に記されている。

十六世紀ころの『日記故事大全』には「望雲而思――雲を望みて思う」の題で収められた。この本は江戸時代にわが国でも出版されているから、よく知られていたことだろう。

声や姿まで即時に届く電話やパソコンのご時世だが、青い空をゆったり漂う白いちぎれ雲に託して思いを寄せるのもいいなあ。

（小川　陽一）

擗踊哭泣《へきようこっきゅう》　極度の悲哀

擗は、女性が手で胸をうつこと。踊は、男性が足で大地を踏むこと。大声を上げて哀しむのが哭、声をたてないで涙を流すのが泣。

擗踊哭泣は、父母の死を悲しんで胸をかきむしり、じだんだ踏んで泣きわめく行為を意味していたが、やがてそのような悲哀を表す形容語になっていったと考えられる（『孝経《こうきょう》』、魏《ぎ》の曹植《そうしょく》「文帝誄《ぶんているい》」など）。

また、擗踊哀号《あいごう》ともいった。「母が最後の息をひきとり天に帰ります。王冕《おうべん》は擗踊哀号し、近所の人たちも貰《もら》い泣きです」（『儒林《じゅりん》外史』）。

かつて台湾で暮らした人によれば、かの地の葬式では「なきおんな」が雇われ、哀切をきわめる声で泣いていたという。同じ習俗は、朝鮮や日本でも古くから行われていたことが知られている。日本では「なきめ」（哭女とも書く）といった（『古事記』など）。

両親が死んで、すぐに泣けるものではない。極度の悲哀は、それを表す方法を忘れさせてしまうもののようだ。哭女を雇うのは、その意味で自然な営みだったのかもしれない。

（小野　四平）

尾《び》生《せい》之《の》信《しん》　いのちがけで約束を守る

橋の下で女と会う約束をして、待っていたが女は来ない。水かさが増してきたので、男は橋脚にしがみつく。結局、水に流されて死んだ。男の名は、尾生。いのちがけで信（約束）を守った話として、戦国時代に流布《るふ》した。だが、評判はあまりよくなかった。

「名声を気にしすぎて、生命を軽んじた愚か者である」（『荘子《そうじ》』）。「たかが、一人の人間を欺《あざむ》かなかっただけのこと。大騒ぎするねうちはない」（『戦国策《せんごくさく》』）

ところで江戸期の人、柳沢淇園《やなぎさわきえん》の指摘は、少し変わっている。

「これらを見れば、いかひたわけ（大変な愚か者）の様に思ふなれど、人は左様な心中がなければ、やくにたたぬもの也《なり》」（尾生は、たわけものである。だが、ちょっと持て。これぐらいの心がまえの人間でなければ、実は初めからものの役に立ちはしないのだ）（『ひとりね』）。

淇園の指摘で、尾生の名誉はいくらかは、確かに回復されている。

（小野　四平）

漁父《ぎょふ》之《の》利《り》　争っている間に第三者が得を

ハマグリが口を開いて日なたぼっこをしていると、シギがその長いくちばしでハマグリの身を食べようとしました。ハマグリが急いで口を閉じたので、シギはくちばしを挟まれてしまいました。

シギは言いました、「このままではお前はひからびて死ぬぞ」。ハマグリは言い返します、「その前にお前が飢えて死ぬさ」。こうなると根比べです。

そこに漁師がやって来て、シギもハマグリもひとまとめにつかまえてしまいました。漁父は漁師のこと、「ぎょほ」とも読みます。**漁父之利**は漁師まるもうけということで、両者が対立して争っている間に、第三者が利益を独り占めにすることをいいます。

『戦国策《せんごくさく》』という中国の古典にみえる寓話《ぐうわ》、紀元前三世紀の戦国時代、蘇代《そだい》という人がこの話で趙王《ちょうおう》を説得して、隣国を攻めるのをやめさせました。この時代は七つの国の対立でしたから、単純に相手を圧倒すればよいのではなく、複雑な外交戦術が必要でした。

（村上　哲見）

安心立命《あんじんりゅうみょう》　悟りを得て動じない

「あんしんりつめい」とも読む。『景徳伝燈録《けいとくでんとうろく》』に安身立命と見え、天命にまかせて他のことで心を動かされないこと。のち禅宗で安心といいかえ、悟りを得て動じないことをいう。

禅宗で最初に安心の語を用いたのは菩提達磨《ぼだいだるま》といわれる。慧可《えか》との問答、「わたくしの心はまだ安《やす》んじておりませぬ。どうか安んじさせてください」、「心をもってこい」、「心はもとめても不可得《ふかとく》です」、「心を安んじさせたぞ」。不可得（得べからず）を悟ったということで、達磨禅の主旨であるともいわれる。

天台宗では智顗《ちぎ》が善巧《ぜんぎょう》安心（仏法の道理のままに心が安定する）を説き、浄土宗では往生を願う信心が定まることを安心決定《けつじょう》という。真宗では宗意《しゅうい》安心といい、それと異なる教義を異安心《いあんじん》とよび、斥《しりぞ》けた。

『碧巌録《へきがんろく》』に「山々そそりたち深い谷ができたとき、合図の太鼓をわしが打つが、さて、諸人いずこに安身立命せん」と見える。

（荘司　格一）

因果応報《いんがおうほう》　報いはそれ相応の理由あり

因果は原因と結果、応報は応じて報われることで、その報いは因果の道理によっていて、けっして誤りがない。善い因には善い果（善因善果）が、悪い因には悪い果（悪因悪果）が必ずある。その事実は明白である（因果歴然《れきねん》）という仏教の考え。

因果説は紀元前八世紀ごろインドで定着していた思想で、立場によるさまざまな主張があった。否定する（因果撥無《はつむ》）のもあったが、仏教はこれを取り入れ、いかなるものも因果の法則に支配されるとし、三世《さんぜ》にわたる善悪応報の理（三世因果）を説き、それを実践修道にあてはめ修因得果《しゅいんとくか》（修が因でさとりという果を得る）とした。

わが国でも「因果歴然の理」（『太平記』）、「因果の道理も知らざりし時」（『沙石集《しゃせきしゅう》』）といい、因果者とは果報者に対して不運な者をいう。川柳の「因果な奴《やつ》だなとすて子あやす也《なり》」（『柳多留《やなぎだる》』）は、因はともあれ涙ぐましい。

（荘司　格一）

劉氏左袒《りゅうしさたん》　味方する意思をしめす

一方に味方する意思のあることを証明するたとえ。「左袒《さたん》」とは左の片肌を脱いで肩を出すこと。

漢の高祖《こうそ》の皇后は悪女として名高い呂后《りょこう》である。かつて高祖が寵愛《ちょうあい》した戚《せき》夫人を高祖の死後、目や耳をつぶし、舌を抜き、両手両足を切り落として厠《かわや》に転がし、「人ブタ」と呼んで復讐《ふくしゅう》を遂げた残忍極まる女性である。

高祖の死後、呂后は漢の功臣を次々と殺害し、自分の一族である呂氏を取り立てて専横《せんおう》を極め、やがて漢の天下をも奪おうとした。高祖は天下を平定した時、「劉氏《りゅうし》でなくて王となるものが出たら、天下こぞってこれを討て」と大臣たちに命じていた。

周勃《しゅうぼつ》と大臣の陳平《ちんぺい》は、呂氏一族を討滅《とうめつ》しようと図り、軍を挙げ、兵士たちに向かって「呂氏のために尽くしたいものは右の片肌を脱げ。劉氏に加勢するものは左の片肌を脱げ」と言ったところ全員が左の片肌を脱いで劉氏に味方することをしめしたという（『史記《しき》・呂后本紀《ほんぎ》』）。

（清宮　剛）

刻苦勉励《こっくべんれい》　ひたすら勉学に努める

刻苦と勉励のそれぞれの用例は古くからありますが、刻苦勉励と続く例は中国の古典にはなかなか見当たりません。

刻苦は唐の韓愈《かんゆ》が友人の柳宗元《りゅうそうげん》を悼《いた》んだ文章に「閑に居てますます刻苦し、記覧《きらん》を努め、詞章《ししょう》を為《つく》る」と、地方の閑職に在りながら勉学に励んだことを述べているのが早い例です。

勉励は晋《しん》の陶淵明《とうえんめい》の詩の「時に及んで当《まさ》に勉励すべし、歳月人を待たず」の二句が有名です。この二句はひたすらに勉学に努めよとの意に解されているようですが、この詩の前の方には「歓を得なば当に楽を作《な》すべし、斗酒比隣《ひりん》を聚《あつ》む」、近所の人たちと酒を飲んだりして、楽しむときには楽しむべしとあります。

つまり限りある人生を精いっぱい悔いのないように生きようということを詠じていたのに、それが後の方だけ切り取られて、禁欲的な勧学の詩にされてしまったのでした。さらに「刻苦勉励」と四字ひと続きの熟語になるのは、どうやら日本においてのようです。

（村上　哲見）

円融無礙《えんにゅうむげ》　すべてがうまく融けあう

一般には「えんゆうむがい」と読み、なだらかで滞《とどこお》りなく妨げるもののないこと。仏教語としては「えんにゅうむげ」と読み、すべてのものがうまく融けあい、邪魔するもののないことをいう。無礙は無碍《むげ》とも書く。

華厳《けごん》宗の教義に、菩薩《ぼさつ》が修行によって仏の悟りを得るまでの階位をタテとヨコに配し、タテを行布門《ぎょうふもん》、ヨコを円融門《えんにゅうもん》と呼ぶ。タテは浅から深へと順次に進み、ヨコは一つの位の中にすべての階位を収めるとする。また、この二門が同時に成り立ち妨げがないとも説く。

無礙のつく語に、無礙智（仏の智慧《ちえ》）、無礙光（阿弥《あみ》陀《だ》仏の光明）、無礙（遮《しゃ》）大会《だいえ》（すべてのものに施す斎《さい》会《え》）、無礙人（仏）などがある。

『往生要集《おうじょうようしゅう》』に「当《まさ》に知るべし、生死《しょうじ》即涅槃《ねはん》、煩悩《ぼんのう》即菩提《ぼだい》、円融無碍にして無二無別なることを」とあり、生死がそのまま涅槃、煩悩がそのまま菩提で、別のものではないという。

（荘司　格一）

師子奮迅《ししふんじん》　仏陀の偉大な力、行動力

師子は獅子（ライオン）のことで、中国で古く師子と書いた（『漢書《かんじょ》』『後漢書《ごかんじょ》』）。奮迅はすさまじく奮いたつこと、勢いのさかんなことをいう。仏教語としては仏陀の偉大な力、行動力のこと。

仏陀の瞑想《めいそう》を**師子奮迅**三昧《ざんまい》というのは、瞑想に入ると、獅子のように奮いたって外道《げどう》を圧倒すること、あたかも百獣の王が小さな獣どもを畏伏《いふく》させるようであるから。

また仏陀は何ものをも畏《おそ》れぬこと獅子のようであるゆえ獅子王（獅子の中の王）とよび（菩薩《ぼさつ》とも）、仏陀の座を獅子座（転じて高僧の座も）とよぶ。獅子身中の虫とは獅子が死ぬと他の獣はその肉を食わないが、身中から虫が生じて食うということで、獅子は仏法、虫は悪比《あくび》丘《く》のたとえ。内に恩恵をうけながらもあだとなすものをもいう。

近松門左衛門の浄瑠璃《じょうるり》に「かげろふ、稲妻、**師子奮迅**」（『国性爺合戦《こくせんやかっせん》』）、『節用集《せつようしゅう》』に「**師子奮迅**は刺撃の法なり」と見える。

（荘司　格一）

不多不少《ふたふしょう》
多からず少なからずがよい

「多からず少なからざれ」。金銭は多からず、少なからずというのがよい。あまり多いと運用に苦労し、少ないと生活に差し支え、どちらも精神と肉体を労する。大事なのは心身のゆとりだ。清《しん》の銭泳《せんえい》『履園叢話《りえんそうわ》』の不多不少の項にみえる。

この後に続けて――私は六十歳だが髪が黒々としているので、特別な養生法があるのかとよく聞かれる。ある日、金持ちと貧乏人が来て、養生法を教えてくれと言った。二人とも五十前なのに髪もひげも白かった。私は笑って答えなかったが、二人が帰った後で、居合わせた人に「金銭は人の髪を白くする怪物だ」と言った。それは一人は金銭が多すぎ、一人は少なすぎるという意味だ、と記す。

銭泳は「不貧不富《ふひんふふ》――貧ならず富ならざれ」ともいっている。意味は不多不少と同じである。

多すぎてもだめ、少なすぎてもよくない。ちょうどいいのがいい。そうだろうなあ。望んでかなえられるものなら。

（小川　陽一）

金谷酒数《きんこくしゆすう》
詩が作れない時の罰杯

詩のでき上がらない者に対する罰杯のこと。

晋《しん》の石崇《せきすう》は金持ちで派手好みであった。彼の生活の豪《ごう》奢《しゃ》さは『世説新語《せせつしんご》』にいくつもの話が見える。

当時彼と豪奢を競ったのは王愷《おうがい》という人であるが、王愷がある時、高さ二尺もあるサンゴ樹を石崇に自慢したことがあった。石崇はそれを砕いた後に、三、四尺もあるサンゴ樹を数本取り出して償《つぐな》ったという。

こんな話が伝わるほどの金持ち石崇が、自分の別荘である金谷園で大勢の客を招いて酒宴を開いた。その時客に詩を作らせ、もし詩が作れない時は罰として酒を三斗飲ませたという故事によるものである。

酒宴の豪華さ、金谷園の自然の美しさは、『金谷園詩序』に詳しく述べられている。

後に李白《りはく》は「春夜桃李《とうり》の園に宴するの序」の中で「如《も》し詩成らずんば、罰は金谷の酒数に依《よ》る」と、この故事を引用している。

桃の花の咲き誇る下で風流な酒を飲む姿が思い浮かぶ。

（清宮　剛）

良妻賢母《りょうさいけんぼ》　夫を支え内助の功をつくす

日本では**良妻賢母**というが中国では「賢妻良母」の方が一般的。日本では明治以後、中国でも近代の成語である。良母より賢母を求めるのは子どもの教育を母親任せにする日本的特徴。では良妻と賢妻はどう違うか。

「賢」の字は元来、人格的に優れているというニュアンス。立派なのだ。『紅楼夢《こうろうむ》』の王熙鳳《おうきほう》のように大家族をてきぱきと切り盛りして皆に信頼される美人でしっかり者タイプの女性が、中国では評判がいい。

でも妻が立派すぎるとちょっと怖いし、けむたい。そうですよね。

『紅楼夢』第七十八回にも「賢妻美妾《びしょう》というけれど、性情《きだて》が和順《すなお》で挙止《ものごし》が沈重《しっとり》な方がもっといい」という言い方が出てくる。気丈《きじょう》で活動的な賢妻とは違う、すなおでもの静かなタイプを求めていて、日本の良妻に近い。

良妻は夫を支えて内助の功を尽くす、やさしくもの静かで芯《しん》の強い女というおもむき。そんな女性をかつて日本では理想とした。中国の男性陣も密《ひそ》かに憧《あこが》れている。しかし現在はほぼ絶滅、賢妻がめざましく増加中だ。

（島森　哲男）

温故知新《おんこちしん》　歴史に習熟し、現在を認識

四月は入学式のシーズンである。受験期のさまざまな思いを胸に抱きながら、希望に燃えて校門をくぐる若者の姿が眩《まぶ》しい。この時期は大学の教員にとってもまた忙しいうちに緊張の喜びを感じる時である。大学の自己点検、自己評価が推進される中で、昔のようにのんびりと研究に打ち込んでばかりはいられなくなった。授業のテーマ、方法について真剣に考えなければならない。

温故知新は有名な『論語《ろんご》』のことばであり、掛け軸などでもよく見かけるが、実はこれは先生たるものの資格について述べたものである。

「故《ふる》きを温《あたた》めて（たずねてとも読む）新しきを知る。以《もっ》て師と為《な》るべし」――古い歴史に習熟し、その中から現在の問題を認識する、それでこそ人の先生となれる。

授業の方法も大切だが、これこそ教師たるものの最も重要な心得であると厳しく述べる。後漢の王充《おうじゅう》は言う。「古きも今も知らずして、師と称するは何ぞや」。耳の痛いことばである。

（清宮　剛）

白砂青松《はくさせいしょう》

海岸の白い砂浜と松林

「白い浜辺の松原に、波が寄せたり返したり」と唱歌にも歌われた三保《みほ》の松原。**白砂青松**の四字から日本人が思い浮かべるのは、何といっても海岸の白い砂浜と松林でしょう。しかし同じ四字でも、中国の人たちの抱くイメージはだいぶ違うようです。

まず白砂（中国では白沙と書くことが多い。砂と沙は通用、沙はまた水辺の砂地）と青松のそれぞれはよく見られることばですが、この四字がひと続きになることはほとんどありません。

また白沙というと杭州《こうしゅう》の西湖《せいこ》に白沙堤があり、明《みん》代に陳白沙《ちんはくさ》という有名な学者がいますが、その出身地白沙里は広東《かんとん》省の潭江《たんこう》という川のほとり、双方とも水辺ではあっても海岸ではありません。

青松の方も、心変わりしないことを「青松之心」といったりするように、松林・松原というイメージはないようで、**白砂青松**の四字から「白い浜辺の松原」を思い浮かべるのは、もっぱら日本人だけのようです。

（村上　哲見）

起死回生《きしかいせい》

瀕死《ひんし》の人を生きかえらせる

不況を克服する**起死回生**の施策はないのだろうか。ちかごろ、こんなことばを耳にする。

春秋《しゅんじゅう》時代の名医・扁鵲《へんじゃく》の話が有名だ（『史記《しき》』）。瀕死の人を救ったところ、人々が「死人を生かした」と称賛した。だが、彼はこう答えたという。

「ちがう、まだ生きていた。私は、起こしただけなのだ」。ここから「起死」の語が生まれた。時代が下《くだ》って、唐代になると「回生」（生きかえる。廻生とも書く）の語が出てくる（李義山《りぎさん》『寓懐《ぐうかい》』）。

ふたつの語が結びつくのは、唐代から宋代にかけてのころだったようだ。『太平広記《たいへいこうき》』に収める民間説話の中に、太玄女《たいげんにょ》という仙女が「起死廻生」の術で多くの人命を救ったとある。全く実現不可能だと知っていても、しかし希望は捨てられない。そんな切ない想《おも》いが刻まれている。

現代の文豪・魯迅《ろじん》になると、皮肉たっぷりだ。「さて名医と言えば、起死回生とくる。ところが、どこの病院の看板にも、そのように書いてあるから面白い」（『朝花夕拾』）。

（小野　四平）

現世利益《げんぜりやく》　幸福、恩恵をこの世で受ける

現世とは現在の世、人の生命のある間のこと、利益とは信心によって得られる幸福、恩恵で、この世でそれを受けるという仏教語。

現実中心のわが国では仏教が伝えられると除災招福《じょさいしょうふく》（災いを除き福を招く）の**現世利益**を求めて寺院を建て、仏像を彫り、写経などをした。

やがて深遠な教理が認識されるようになっても一般には**現世利益**を求める傾向がつよく、この世での無事安穏《あんのん》な生活を願った。密教ではそのために祈禱《きとう》をするが、浄土教ではおのずから与えられるものとする。真宗ではこの世に生きながら仏になることをいい、死後浄土に生まれることを後生《ごしょう》利益といった。中国でも現実的な傾向が根強い。

親鸞《しんらん》に現世利益和讃十五首がある。「南無阿弥陀仏《なむあみだぶつ》をとなふれば　この世の利益きわもなし　流転輪廻《るてんりんね》の罪きえて　定業中夭《じょうごうちゅうよう》のぞこりぬ」はその一首（末句は業により定まっている寿命、若死がのぞかれる、の意）。

（荘司　格一）

孝子順孫《こうしじゅんそん》　父母や祖父母に尽くす子や孫

孝子順孫は父母や祖父母を大事にし、孝養を尽くす子や孫のこと。「孝子慈孫《じそん》」ともいう。子が父母によく仕えることを孝といい、孫が祖父母によく仕えることを順という。

「**孝子順孫、貞女義婦**」といって、婦女は貞節・節義も求められた。

旧中国の封建道徳は、とりわけ女性にひどかったが、女性はただ甘受《かんじゅ》していたわけではなかった。明《みん》代の「孝順なる嫁たち」という笑話に――。

ある老人がいうには、「わしには三人の嫁がおるが、三人とも孝順でのう。長男の嫁はわしが薄味が嫌いなのを心配して、塩を増やしてくれる（増塩＝憎嫌＝憎み嫌う）。二男の嫁はわしが寂しがるのを心配して、いつも竹筒《たけづつ》をたたいて聞かせてくれる（竹筒をたたくのはこじきが食を乞うときのやりかた）。三男の嫁はもっと親孝行で、『夕飯が少ないと、九十九歳まで生きられる』と聞いて、朝飯も食べさせてくれぬ」（馮夢龍《ふうむりゅう》『笑府《しょうふ》』巻八）。

旧中国では、女性は虐《しいた》げられたが、小説や笑話で見る限り、庶民の女性はしたたかだった。

（小川　陽一）

花好月円《かこうげつえん》 ほんとうに最高の瞬間

春夜、雨の音に耳を傾けると、心までしっとりする。一夜明ければ、陽《ひ》の光は潤いに満ちて、静かな目覚め。「小楼《しょうろう》一夜　春雨《しゅんう》を聴き／深巷明《しんこうみょう》朝　杏花《ちょうきょうか》を売る」（宿の二階で一夜、雨の音を聴く。ふと目覚めれば、小路の奥に花売りの声。売杏花《マイシンホアー》、杏花《シンホア》。まっ白な杏《あんず》の花に、昨夜の雨のしずくが光る）（陸游《りくゆう》）「清明《せいめい》の時節　好風光《こうふうこう》」というけれど、まことにこの時期はすべてが光に満ちて、風もここちよく、ひんやりした酒は心を温める。ちょっとおおげさだが、生きている喜びが心の奥にふくらんでくるような、そんないい季節だ。

人生いろいろだが、花はさかりに月はくまなき好時節というものが、ときにはあるものだ。**花好月円**、花美しく月まどか。ほんとうに最高の瞬間。それが、人みな仲よく集まっていかにもなごやかな様子を表すことばとなった。とくに新婚の二人をことほぐことばとして用いられる。花にあらしのたとえもあるぞなどと、やぼなことはこの際、言うまい。

（島森　哲男）

漏泄春光《ろうせつしゅんこう》 忍ぶほど目立つ男女の恋模様

柳の枝がいつの間にか、ぼおっと薄みどりにけむって、日差しも柔らかになってきた。**漏泄春光**（春光を漏泄す）ということばがある。厳しい冬が去って、春の光が柳の枝頭にそっと漏れることをいう。

杜甫《とほ》の「臘日《ろうじつ》」という詩に、微《かす》かな春の訪れを描いて、「雪色を侵陵《しんりょう》して萱草還《けんそうかえ》り／春光を漏泄して柳条《りゅうじょう》有り」（雪をおかしてカンゾウはまた顔を出し、春の日差しは柔らかに柳の枝先に漏れている）とある。

春が冬の扉のすき間からそっと顔をのぞかせるといった風情である。

ところでむかしから「春」ということばには男女の愛情の意がある。そこで**漏泄春光**は、男女のひそやかな愛が図らずも外に漏れてしまうということを表すことばとなった。

元《げん》の雑劇《ざつげき》『西廂記《せいしょうき》』にも、「乱るる心《こいごころ》とととのえて、かの幽容《おもかげ》に伝えたい。されどふたりの春光、乃堂《かかさま》に漏れたらなんとしょう」と、ヒロイン鶯鶯《おうおう》に恋い焦がれる青年、張君瑞《ちょうくんずい》は歌っている。いくら忍んでも恋心は色に出るものです。

（島森　哲男）

佶屈聱牙《きっくつごうが》　ごつごつした分かりにくい文

字句が難しく、文章の分かりにくいことをいう。ごつごつ、ぎくしゃくのこと。

唐の韓愈《かんゆ》に「周誥《しゅうこう》、殷盤《いんばん》は、**佶屈聱牙**なり」(『進学《しんがく》解《かい》』)とある。『書経《しょきょう》』の「周書《しゅうしょ》・五誥《ごこう》篇」と「商書《しょうしょ》・盤《ばん》庚《こう》篇」の文章は、ごつごつしていて分かりにくい、というのだ。

のち「たとえば幾つかの文章、特にいわゆる直訳で書かれたものは**佶屈聱牙**である」(鄒弢奮《すうとうふん》『経歴』)というように、広く用いられてきた。ちなみに、鄒弢奮(一八九五―一九四四年)は、現代中国の著名な散文作家である。

正岡子規にも「其角嵐雪《きかくらんせつ》は人事を写さんとして端無《はしな》く**佶屈聱牙**に陥《おちい》り或《あるい》は人をして之《これ》を解するに苦しましむるに至る」(『俳人蕪村《ぶそん》』)と記す例がある。

俳句で「人事的美」を描くのは難しい、と子規は考える。だから芭蕉《ばしょう》と去来《きょらい》は「天然に重きを」おき、「何の苦もなく」成功したのは蕪村だけ。其角と嵐雪は、その難事に挑戦して失敗し、**佶屈聱牙**に陥ってしまったというのである。

(小野　四平)

和而不同《わしてどうぜず》　主体性を持ちつつ調和する

孔子《こうし》は君子と小人という二つの人間類型を挙げて、人はいかにあるべきかを説きました。お手本にするべき立派な人格が君子、小人はその反対、いわば反面教師です。「君子は和して同《どう》ぜず、小人は同じて和せず」とは『論語《ろんご》』にみえる孔子のことばです。

和と同については、孔子の少し先輩の晏子《あんし》が主君の斉《せい》の景公《けいこう》をいさめたことばが『春秋左氏伝《しゅんじゅうさしでん》』にみえます。同とは善くても悪くてもハイハイと同調すること、和とは例えば料理における五味、音楽の五音七声《ごおんしちせい》のように、辛酸鹹苦甘《しんさんかんくかん》といろいろな味が調和して素晴らしい料理が生まれ、ドレミファといろいろな音が調和して素晴らしい音楽が生まれる。同ずる人でなく、和する人を選びなさい。

つまり**和而不同**とはそれぞれが主体性を持ちつつ調和する、無原則に相手に合わせるのではないということ、世の中にはむやみに調子のよい人がいるものですが、それは「同じて和せず」、気をつけましょう。

(村上　哲見)

落花狼藉《らっかろうぜき》　花が散り乱れる

のどかな春の午後、桜が今を盛りと咲き誇っている。枝々は花の重みに堪えかねてみな少し下がっている。花の下に男がいる。若くはない。と言って老けているわけでもない。人生の無常に気づき始めた年代であろうか。男の頬《ほお》を一陣の風が叩《たた》く。同時に静寂を保っていた満開の桜が舞う。散るのではない。花弁の一つ一つは自分の意志を持った生き物のように四方に乱れ跳ぶ。**落花狼藉**――こんな風景が目に浮かぶ。

この句は『和漢朗詠集』の大江朝綱《おおえのあさつな》のことばによる。

「**落花狼藉**たり風狂じて後、啼鳥龍鐘《ていちょうりゅうしょう》たり雨の打つ時」

落花と啼鳥の美しい対句である。花が散り乱れる意から派生して、女性を花にたとえて、女性に乱暴を働く意にも用いる。謡曲に「あら**落花狼藉**の人や、そこ退《の》き給へ」などとあるのはその用例である。

桜の散りぎわの良さは古来日本人の愛してきたものであり、桜の花であるからこそこのことばが生きる。いずれにしても風流である。

（清宮　剛）

大円鏡智《だいえんきょうち》　邪見《じゃけん》のない真実を悟る智慧

大きい円《まる》い鏡が一切をありのままに映すように、すべてを明らかにする曇りひとつない清浄《しょうじょう》な仏の智慧《ちえ》をいう。偏見、邪見のない、真実を悟る智慧のたとえである。

仏の智慧は四つ、すべてのものが平等であることを証する平等性智《びょうどうしょうち》、平等のなかにおのおの特性があることを証する妙観察智《みょうかんざっち》、あらゆるものを完成に導く成所作《じょうしょさ》智《ち》と**大円鏡智**である（四智という）。

では清浄とはどんなことか。心の本性はもともと清らかである（心性本浄《しんしょうほんじょう》）が、社会生活を続けてゆくとともに濁《にご》ってゆく。だから修行して本来の清浄さを取り戻さなければならない。善行を積み身体の曲がり、心の邪がない（身清浄と心清浄）ようにしないといけないと説かれる。つまり煩悩《ぼんのう》による汚れのないことである。また、智慧についてもさまざまに説かれるが、一般には世間を離れた、あるいは世事を見通す叡智《えいち》、賢さをいう。

（荘司　格一）

馬耳東風《ばじとうふう》　何を聞いても知らぬ顔

東風は春風、「東風《こち》吹かば匂《にお》ひおこせよ」のこちです。何を聞いても知らぬ顔、無関心のさま。

出典は李白《りはく》の詩句、「世人これを聞いてみな頭《こうべ》を掉《ふ》り(否定するさま)、東風の馬耳を射るが如《ごと》き有り」。すばらしい詩を作っても、世間からさっぱり認められないという詩人の嘆きです。

しかし馬が感じないのは西風でも北風でも同じはず。また「射る」という表現も異常です。何かさらに基づくところがあるのではと探していたら、「西風驢耳《せいふうろじ》(ロバの耳)を貫く」ということわざを見つけました。文献的には少し新しいのですが、おそらく古くからのことわざなのでしょう。そして李白はどうやらこれをひとひねりして句を成したようです。

西風のことわざが消えて東風の方が流布《るふ》したのは、せっかくの和やかな春風なのにと、無関心が強調されるためかと思います。日本でいう「馬の耳に念仏」も、せっかくのありがたいお念仏も馬には、というこころでしょう。

(村上　哲見)

燕語鶯声《えんごおうせい》　鈴をころがすような美しい声

早朝、ウグイスの声を聞く。自分の手柄でも何でもないのに、今朝ウグイスが鳴いていたよと、うれしくてだれかにしゃべりたくなる。

「千里鶯《うぐいす》啼《な》いて　緑紅《くれない》に映ず／水村《すいそん》山郭《さんかく》　酒旗《しゅき》の風／南朝四百八十寺《しひゃくはっしんじ》／多少の楼台煙雨《ろうだいえんう》の中《うち》」(杜牧《とぼく》「江南春」)

そのなめらかなさえずりは「流鶯《りゅうおう》」といわれ、よく詩に詠まれる。やわらかな風が吹いて、花の香りさえ漂ってきそうな、やさしいことばである。

やがてツバメもやって来る。夫婦で巣づくりをして、いかにも家族という感じ。何をしゃべっているのかと思わず耳を傾けたくなるような、明るくはずむ声。ツバメにはやわらぎの雰囲気がある。

鳥たちはさえずって爛漫《らんまん》の春を謳歌《おうか》し、聴く者もつられて心のどかになる。**燕語鶯声**はそんな春ののどけさを表すことば。転じて若い女性たちのやわらかく鈴をころがすような美しい声をも表す。あくまでも若い女性たちの声ですよ。やわらいで、楽しそうで、いいですねえ。

(島森　哲男)

下筆成章《かひつせいしょう》　たちどころに名文ができる

魏《ぎ》の曹操《そうそう》の子供たちの中で特に優れていたのは卞《べん》夫人の生んだ曹丕《そうひ》と曹植《そうしょく》である。二人の兄弟は曹操の跡目をめぐって深く対立し、兄曹丕が勝って魏の文帝《ぶんてい》となった。以後、文帝は弟曹植を徹底的に迫害した。**下筆成章**は、そのような対立がまだ起こらない、曹植が十歳前後のころのことばである。

曹植は多くの古典を朗誦《ろうしょう》し、文章をつづるのが得意であった。父曹操は彼の文章が素晴らしいのでだれかの代作かと尋ねたことがあった。それに対して曹植は「言を出《いだ》さば論を為《な》し、筆を下《くだ》さば章を為す」（ことばが口から出れば議論となり、筆をおろせば文章となります）、どうして人に頼みましょうと答えている。

たちどころに素晴らしい文章ができる、という意味である。曹操は彼の文才を愛し、何度か太子に立てようと迷ったこともある。これが兄弟の対立を深めた大きな原因である。後世杜《と》甫《ほ》と並んで詩の神様といわれる曹植の若い日の自信にあふれたことばである。

（清宮　剛）

狗急跳墻《こうきゅうちょうしょう》　ほんとに困ればいい手がある

犬も窮《きゅう》すりゃ塀《へい》を跳ぶ——中国の口語では、「犬」よりも「狗」を使う。「急」は進退窮《きわ》まること。「墻」は土塀。「窮鼠《きゅうそ》猫をかむ」の類《たぐい》だ。

「兎《うさぎ》も窮すりゃ人をかむ」「馬も窮すりゃ塀を跳ぶ」「鶏《とり》も窮すりゃ屋根に跳ぶ」などバリエーションが多い。「人も窮すりゃ梁《はり》に懸《ぶらさが》る」は悪のり。「豚もおだてりゃ木に登る」は、似て非なるものだ。

「虎と見て石にたつ矢のためしあり」は、年配の方にはおなじみ。四世紀の干宝《かんぽう》の『捜神記《そうしんき》』に出てくる話だ。夜道を歩いていた男、前方に虎。驚いて矢を射た。見事命中し、虎は動かない。恐る恐る近づいて見ると、石に矢が深くつきささっていた。石に矢がたつものかと試してみたが、はじき返されるばかり。わが国のことわざでは、「火事場のくそ力」。

『孫子《そんし》』に「窮寇勿追《きゅうこうはおうなかれ》」（敵を追いつめるな）と。

「人急智生——人窮すれば智生ず」、ほんとに困ればいい手があるものさ。

（小川　陽一）

月下花前《げっかかぜん》　男女の密会の場

春夜咲き匂《にお》う花の間に座して、独り一壺《いっこ》の酒を酌《く》めば、語るべき友もなく、ふと見上げれば月さやか。いっしょに飲もうや！　と杯を挙げて名月を迎え、月と我《われ》と我《わ》が身の影と、三人そろった飲み仲間。さあ飲もう春去らぬ間に（李白《りはく》「月下独酌」）。月と花と一壺の酒、こんな清雅なことはない。夜の風に心澄んで飄飄《ひょうひょう》、酒仙となる（これで美女がいればなあ、などと言えば清雅を欠く）。

白居易《はくきょい》も晩年、「昼は笙歌《しょうか》を聴き夜は酔うて眠る／若《も》し月下に非ざれば即《すなわ》ち花前」（「老病」）と詠じている。昼は音楽、夜は酒、春ごとの月下花前の楽しみこそ、老病の身の喜びだというのだ。かくして**月下花前**は清爽幽雅《せいそうゆうが》な境地、行楽の場を表すことばとなった。

しかし若い恋人たちにとって月下花前は逢瀬《おうせ》を楽しむ絶好の場所。密《ひそ》かに待ち合わせして、月の下に愛を語り、花影にひしと抱きあうだろう。酒よりは恋人、そんな時代も人にはある。後世**月下花前**の語がもっぱら男女密会の場を表すことばとなったのも自然なこと。

（島森　哲男）

局外中立《きょくがいちゅうりつ》　どちらの敵にもならない

対立している二つの勢力のどちらにも味方しないこと、つまりはどちらの敵にもならないということですから、国際外交の戦略としては理想的ですが、現実はなかなかそうはいかないようで、たいてい同盟とか条約とかに縛られることになります。

語源的にはこの局は棋局《ききょく》、碁《ご》や将棋《しょうぎ》の盤面のこと。碁も将棋も本来二人の対決で、わきの人は**局外中立**、助言は禁忌《タブー》です。しかし、これも実際にはなかなか守られないので、つい「アッそこはだめ」と口走ったり、ひどい場合はわきから手が伸びてきて、だれが指しているのか分からなくなったりします。

中国将棋（象棋《シャンチー》）の盤のわきによく記されている格言、「棋を観《み》ていわざるは真の君子」、黙って見ているのが本当の君子、つい口を出したくなるのは万国共通のようです。ちなみにもう一方には、「手を下して回《かえ》さざるは大丈夫」、待ったをしないのが立派な男、対句《ついく》になっているところが中国的です。

（村上　哲見）

一刻千金《いっこくせんきん》　貴重な春の宵《よい》の一時

四合院《しごういん》の古い邸宅の庭に春の日が落ちて静かに夜を迎えようとしている。昼間の喧噪《けんそう》は消え、けだる気な空気の中に春の愁《うれ》いが漂う。そんな春の宵には筵《むしろ》を中庭に広げ、その愁いに浸るがよい。できれば筵の上にささやかな肴《さかな》とわずかな酒を用意したい。

一刻千金は蘇軾《そしょく》の「春宵《しゅんしょう》一刻値千金《いっこくあたいせんきん》、花に清香《せいこう》あり、月に陰有り」に由来する。詩の題は「春夜」となっているが、夜といっても夜浅き時でなければならない。一刻は一日の百分の一、つまり約十五分のことであるが、そんなことはどうでもよい。貴重な春の宵の一時《いっとき》を精いっぱい大切にしなければならない。

清らかな香りを放つ花が中庭に咲いている。何の花かは分からないが、ここでは梅の花がふさわしい。そして月が出る。春の月はおぼろげであるからこそ風情がある。遠くからはかすかな笛の音と歌声が響いて来る。こんな中で詩人は何の思いにふけるのであろうか。

春の宵、詩人の思いを考えながら酒を酌《く》む。　（清宮　剛）

天衣無縫《てんいむほう》　優れた詩文、また人柄の純真さ

唐の滅んだあとを五代という。そのころに成立した『霊怪録』に、郭翰《かくかん》の話がみえる。

夏の夜、郭翰の所に美女がやってきた。天上の織女《しょくじょ》が、牽牛《けんぎゅう》の留守に遊びにきたのだという。ふたりは逢瀬《おうせ》をかさねる。あるとき、男が女の衣服に縫い目のないことに気づく。彼女は「天衣は針や糸で作りません」と語った。ここから生まれた**天衣無縫**は、やがて全く新しい意味を付与される。

「これらの数句は皆《み》な**天衣無縫**にして、自然に妙合せり」（周密《しゅうみつ》）というふうに、優れた詩文を指すことばとなるのだ。似たようなことばに、「良工の斧鑿《ふさく》の痕《あと》なきが如《ごと》し」（『宣和画譜《せんながふ》』）というのがある。後者の直喩《ちょくゆ》も面白いが、前者の隠喩《いんゆ》にみられるすきのない表現のみごとさに注目したい。

このことばは、わが国でも同じように用いられてきた（田山花袋《たやまかたい》『露骨なる描写』など）が、さらに転じて、人間の言動の純真さを形容するようになってくる。　（小野　四平）

無《む》用《よう》之《の》用《よう》　役に立たないものほど役に立つ

「人みな有用《ゆうよう》の用を知るも、無用の用を知るなし」とは中国古代の思想家・荘子《そうし》のことば。役に立たないものほど役に立つという逆説を展開します。

「人が大地に立つには足を置く所だけあればよいが、そこだけを残してまわりを全部削り取ってしまったら立っていられるか」ともいっております。

　さらに荘子と並んで老荘思想の元祖とされる老子《ろうし》になると「(粘土をこねて器《うつわ》を作ると) その無に当たりてその用有り」といいます。瓶でもおわんでも、中が無、からっぽだから役に立つ、何もない空間を生かすために瓶やおわんの形＝実体があるともいえるでしょう。

　大学では実学・虚学ということが時々話題になります。理工系の実用の学に対し、文学部などは虚学＝無用の学の巣みたいな所で、何の役に立つかと聞かれると説明に困るようなことばかり。世の中が実利実益一点張りになると文学部など要らないとなりますが、何か大切なことを忘れてはいないでしょうか。


（村上　哲見）

曲突徙薪《きょくとつししん》　災難を未然に防ぐ

本来の意味は、煙だし（煙突）を曲げたり、薪《たきぎ》を移動したりして、火災を予防すること。さらに、広く災難を未然に防ぐこと。

　二千年の昔、漢の宣帝の霍《かく》皇后が謀反《むほん》を企て、一族が処刑される事件があった。事件が起きる前に、徐福《じょふく》が予知して、何度も天子に注意していたのに、取り上げられなかった。果たして事件が起きると、その平定に直接功績のあった人々は表彰されたが、徐福には褒美《ほうび》はなかった。そのとき天子のもとに一通の手紙が届いた。

「通行人から、煙だしを曲げ、薪を移しなさい、と注意されたのに、聞かずに火事を出した家があった。その主人は消火を手伝ってくれた人にはごちそうしたが、注意してくれた人には何もしなかった。注意さえ聞いていれば、火事にもならず、ごちそうもしなくて済んだのに」。天子はあらためて徐福を表彰して高位につけた（『漢書《かんじょ》・霍光伝《かくこうでん》』）。

　この熟語は、論功行賞では目に付く働きが評価され、いくら重要でも隠微《いんび》な働きは評価されにくい、という意味も帯びている。


（小川　陽一）

勒馬《ろくば》懸崖《けんがい》　がけっぷちで思いとどまる

「馬を懸崖に勒《ひ》く」――がけっぷちで手綱を引いて馬を止め、転落を免《まぬか》れる。あと一歩のところで思いとどまり、情欲地獄に落ちるのを逃れること。

二百年前に、清《しん》の紀昀《きいん》が聞いた話――美少年が塾の帰りに変なおじさんに出会った。魔法をかけられたようになり、ふらふらと後をついて山中の庵《いおり》につくと、自分から裸になってベッドに横たわった。おじさんは少年にいたずらをしようとしては止《や》め、悩み悶《もだ》えた末に、刀で自分の腕を刺し、やがて心が落ち着くと、「お互いの身を破るところだった」といい、少年を家に帰らせた。

紀昀いわく、このおじさんは修行者で、一時魔がさして少年の美貌に迷ったが、修行のおかげで、「馬を懸崖に勒」きとめ、少年と自分の身を誤るのを免れたのだ、と。

情欲の海に流されながらも、すんでのところで踏みとどまり、地獄の入り口から生還した。迷いは仕方ないが、最後のところで思いとどまったのは立派であるという。『閲微《えつび》草堂《そうどう》筆記《ひっき》』巻十六にみえる。

（小川　陽一）

桃花《とうか》潭水《たんすい》　真心こもった友のもてなし

李《り》白《はく》が安徽《あんき》省の桃花潭に遊んだとき、村人の汪倫《おうりん》が美酒を用意してもてなしてくれた。「桃の花さく潭《ふち》」という地名もゆかしいが、もてなしてくれた土地の人々の心も、明るく優しさに満ちていた。

李白がそこを去るとき、村人たちは舟を追いかけて、岸の上で足を踏み鳴らし、村の踊りをおどって見送ってくれた。

「李白　舟に乗って将《まさ》に行かんと欲《ほっ》す／忽《たちま》ち聞く　岸上《がんじょう》踏歌《とうか》の声／**桃花潭水**　深さ千尺／及ばず汪倫　我《われ》を送るの情に」

桃花潭の水は深さ千尺、汪倫の心はそれより深い。感激した李白はそんな詩を贈って感謝の意を伝えた。李白と汪倫の名が詠み込まれ、字面の上でも李《すもも》の白と桃の紅が潭の碧《みどり》に映えて、さざ波のきらめくような明るさがある。汪倫の子孫は代々この詩を宝とした。

後世、**桃花潭水**は友情やもてなしの心の深さを象徴することばとなった。春に中国に行ったときは、このことばを使って歓迎に感謝すると、みんなきっと喜んでくれる。

（島森　哲男）

相逐心生《そうはこころをおうてしょうず》　心の善しあしで人相が決まる

面相（人相）は、その人の心を追いかけるようにして、生まれてくる。心の善しあしで、顔の善しあしが決定される。自分の顔は自分がつくるものだ、というのである。

十一世紀の呉処厚《ごしょこう》の『青箱雑記《せいそうざっき》』に、「心あれども相なければ、相は心を逐《お》うて生ず。相あれども心なければ、相は心に随《したが》って滅す」と、当時のことわざが引かれている。人相は心相（心の在りよう）と連動しているというのだ。

同じころに、人の運命は心相で決められるとする運命観が広まった。「福は心に由《よ》りて造られ、相は心に随って転ず」といわれ、運命と顔とが、心を介して繋《つな》がった。

運命が顔と結びついているから、顔を見れば運命がわかる。人相術はそこをよりどころにする。ただ、人の心はころころ変わるから、人相見も楽でない。

心が顔も運命も生み出す場所なので、人相術では心を心田《しんでん》といい、面相以上に重視して、「先相心田――まず心田を相《み》よ」という。

（小川　陽一）

形名参同《けいめいさんどう》　ことばと実績が一致すれば称賛

臣下のことば（名）と実際の成績（形）を調べ合わせて賞罰を与える方法で、戦国時代の韓非子《かんぴし》らが説いた法家《ほうか》の基本思想。刑名とも言われる。

君主が臣下をしっかりと統御して私心なく働かせるためには、二つのものを使わなければならない。刑罰と恩賞であり、この二つのものは君主みずからが発動し、決して臣下に貸してはならないとする。刑罰と恩賞はいかなる時に与えられるか。それはかねてのことばと実際の仕事が一致した時には賞せられ、一致しなければ罰せられる。

至極当然の道理であり、『韓非子』が現代の経営者たちに好まれる理由の一つはこういう点にあるのであろうが、韓非子の理論はさらに冷たい。実績がことばより小さければ罰せられるのは当然であるが、実績が大きかった場合もまた罰せられるからである。

言行一致が叫ばれながら、言い訳だけがまかり通る世には、こんな思想があってもよい。

（清宮　剛）

乗竜佳婿《じょうりゅうかせい》　将来有望な世界一の花婿

後漢《ごかん》のこと、前途有為の青年、孫文英と李元礼が、有力者の娘と結婚した。そのとき人々は、この娘たちが竜に乗ったと語り合ったという（『芸文類聚《げいもんるいじゅう》』）。ここから、花婿の美称としての**乗竜佳婿**ができた。日本の「三国一の花婿」（『椿説弓張月《ちんせつゆみはりづき》』）に当たる。

著名な作家・沈従文《しんじゅうぶん》に短編『大阮《だいげん》と小阮《しょうげん》』がある。五四運動から十数年の激動を生きた二人の青年、大阮（叔父）と小阮（おい）の物語。資産家の子弟を集めた北京の私立高級中学に入ってから、二人の運命が分かれていく。

大阮は北京大学に進み、芸術分野で成功し有力者の娘と結婚する。「地主・作家・**乗竜佳婿**という三種の資格を手にして、母校・高級中学の訓育主任に迎えられた」。

小阮は非合法の革命運動に参加して北京を逃れる。そのあと上海・日本・漢口《かんこう》を経て、天津で投獄され、「獄中で待遇改善を要求し、絶食して死んだ（絶食死了）」。

乗竜佳婿と絶食死了ということばに、対照的な二人の生き方が映し出されている。

（小野　四平）

雨奇晴好《うきせいこう》　晴れもいいが、雨も乙なもの

松島の観瀾亭《かんらんてい》の床の間に「雨奇晴好」の扁額《へんがく》が掛かっている。晴れた日の松島もいいが、雨に煙る松島もまた乙《おつ》なもの、という心であろう。五代藩主伊達吉村《だてよしむら》の書。

ことばの基づくところは宋の詩人蘇軾《そしょく》が杭州《こうしゅう》の西湖《せいこ》に舟を浮かべて酒を飲んだ時に詠んだ詩。

今朝、酒を携えて朝日の中を漕《こ》ぎ出したころは、さざ波がきらきら輝いてほんとうにいい天気だった。こんな日こそ最高だなとさしつさされつ漕ぎ行けば、日は早くも傾いて、いつの間にやら雨模様。湖畔の山々はぼんやりもやに煙って墨絵のようだ。いや雨の景色もなかなかいいものじゃ。

「水光瀲灩《れんえん》として晴れて方《まさ》に好く／山色空濛《くうもう》として雨も亦《ま》た奇なり」

この詩のほかにも蘇軾は、晴れから雨、雪から晴れといった天候の変化をよく詠んでいる。そうした大きな変化の中で「雨も亦た奇なり」と角度を変えてものを見られる心のゆとりは、波乱に満ちた人生をどんな時にもゆったり構えて生きたこの詩人の懐《ふところ》の深さに由来する。

（島森　哲男）

人面獣心《じんめんじゅうしん》　顔は人間だが、心は畜生

春秋《しゅんじゅう》時代、呉越《ごえつ》の戦いで最後に呉を滅ぼしたのは越王・勾践《こうせん》。彼を助けたのが范蠡《はんれい》。降伏してきた呉の使者に、勾践が同情した。それを抑えて范蠡が語った。「私は人面だが、実は禽獣《きんじゅう》にそっくりなのだ」（『国語』）。自分は無法者だといって降伏の使者を追い返し、呉の息の根を止めたのである。

また、「人間の中にも獣心を持った者がいる」と語って、夏《か》の桀王《けつおう》や、殷《いん》の紂王《ちゅうおう》を非難したという例も知られている（『列子《れっし》』）。

このようにして、「顔は人間だが、心は畜生」という意味の**人面獣心**ということばが作られていく。

「夷狄《いてき》の人は貧《どん》にして利を好み、被髪《ひはつ》・左衽《さじん》（衣服を左まえに着ること、夷狄の習俗）して、**人面獣心**なり」（『漢書《かんじょ》』）は、その早い例だ。このことばは、のち冷酷非情の人をののしることばとして用いられる。

「云《い》はしておけば法外千万、お主様《しうさま》を女房にするとは**人面獣心**、かやうな奴《やつ》は生けておかれぬ」（河竹黙阿弥『吾嬬《あづま》下《くだり》五十三駅《ごじゅうさんつぎ》』）は、日本での用例である。

（小野　四平）

日常茶飯《にちじょうさはん》　ごくありふれた日々のありさま

日本人が日常的にお茶を飲むようになるのはそんなに古い話ではなく、庶民の生活の中にまで行き渡るのは、江戸時代になってからのようです。従って**日常茶飯**ということばもそう古いものではなく、またもっぱら日本でだけ使われる漢語です。

中国語には「家常便飯《ジャーチャンビエンファン》」ということばがあって、街角で見かける小さな食堂などによくこのことばが掲げられております。要するにふだんの食事ということで、「日常茶飯」とよく似ておりますが、実際の使い方はかなり違います。日本でも家庭的な食事を出す食堂はその辺にいくらもありますが、「日常茶飯」と掲げることはまずないでしょう。

つまり「家常便飯」がふだんの食事そのものを指しているのに対し、**日常茶飯**の方は、毎日毎日のお茶や食事のように、ごくありふれたものという、比喩的な意味にしか使いません。日本語と中国語の間には、字面は似ていても実質は違うということがよくあります。

（村上　哲見）

実事求是《じつじきゅうぜ》　**事実に基づいて真理を探究**

事実に基づいて真理を探究するということ。古くから安定した意味を与えられてきたことばだが、中国文明の転換期になると、よみがえって人々の心を動かしてきた。

漢帝国は武帝《ぶてい》の時に最も盛んになったといわれるが、武帝の弟・河間献王《かかんのけんのう》が、秦《しん》の始皇帝《しこうてい》による焚書坑儒《ふんしょこうじゅ》によって散佚《さんいつ》した書物を収集し、中国における後世の学問研究に貢献した。彼の態度を評して「学を脩《おさ》むるに古《いにしえ》を好み、実事もて是《ぜ》を求め」たという（『漢書《かんじょ》』）。

下《くだ》って清《しん》代になると、**実事求是**をスローガンとした人々によって清朝考証学が創始された。満族による異民族支配という厳しい現実の中で、政治的抑圧に抗しながら、厳密なテクスト・クリティークによる儒学の復権を進め、大きな成果を挙げたのである。

二十世紀に入って、中国は革命の時代を迎えた。中華人民共和国をつくった毛沢東も、このことばをよみがえらせたひとりだった（『我々の学習を改造しよう』）。

（小野　四平）

煙霞絢爛《えんかけんらん》　**かすみがかった美しい夕映え**

煙霞は、もやとかすみ。絢爛は模様があって美しいこと。ここでは日没後の、もややかすみがかかった、夕映えの美しいことをいう。

夏の真昼の太陽はぎんぎらぎんと派手で美しく、豪華絢爛としているが、春・秋の日暮れがたの煙霞も、豪華さはないが、しっとりと静かで美しい。

明《みん》末の洪自誠《こうじせい》の『菜根譚《さいこんたん》』に、「日すでに暮れて、しかもなお**煙霞絢爛**たり。歳まさに暮れんとして、しかもさらに橙橘芳馨《とうきつほうけい》たり」という。日没後にも煙霞は美しく、歳の暮れになると、ダイダイやミカンは、いっそう香りがよくなる。

「だから人生、晩年にこそ精神を奮い立たせて、絢爛と生きようではないか」。年をとっても、しょぼくれないでやりましょう、と結ぶ。

蘇軾《そしょく》も、若者の文章はカラフルで、老人の文章は淡泊だが、淡泊こそ絢爛の極致だという。

日本でも「菜の花畑に入り日薄れ、見渡す山の端《は》霞《かすみ》深し」と、かすみたなびく春の夕暮れの美しさをうたう。これ晩年賛歌か。

（小川　陽一）

照顧脚下《しょうこきゃっか》 まず己を顧みよ

照顧とは心こめて見、さらにふりかえり見ること。脚下とは足もと。自分の足がいまどこをどうふまえているか、ふりかえりよく見なさいということである。

禅寺の玄関にはこの字が書かれた木札がかけられているのをよく見る。反省、熟慮の意がこめられている。転じて、履物をきちんとそろえよという意になる。

禅の修行にかかわって言われると、脚下とは修行者自身のことをさす。自己をあきらめることなしに、いたずら《いまし》に外にむかって真理を追い求めることをきつく戒める警告となる。

中国の臨済《りんざい》禅師の言行録『臨済録《りんざいろく》』に、「なんじ、言下《ごんか》にすなわち自ら回光返照《えこうへんしょう》して、さらに別に求めず……」とある。

回光返照とは夕日の照り返しで照らされていたものが照らす立場に立つこと。光も照も自覚する際の知の働きをいったもので、自分の光を内にむけて、もう外には求めるな、つまり**照顧脚下**と同意。

（荘司　格一）

一笑千金《いっしょうせんきん》 美女の笑顔

美女はなかなか笑わない。周《しゅう》の幽王《ゆうおう》の妃・褒姒《ほうじ》はぞっとするほどの美女だったが、にこりともしない。彼女を笑わせるために、王はのろしをあげては諸侯を集め、なんでもなかったといってみんなをぽかんとさせていた。ほんとうに敵が攻めてきたときには、だれものろしを信用せず、周の王朝は滅亡する。

初めにのろしをあげて、褒姒をほほほと笑わせた男に、幽王は千金のほうびを取らせた。彼女の笑顔はそれほどの価値があったのである。これを「千金買笑《せんきんばいしょう》」という。

後漢《ごかん》の崔駰《さいいん》の「七依」という詩にも千金の笑顔が出てくる。夜もふけて宴もたけなわ、舞姫さっと舞い出で、細い腰をたわめれば、袖《そで》はふわりと風に舞う。そのあでやかな舞い姿。揺れるまなざし値百万、にっこり笑えば値千金。

「回顧すれば百万／一笑すれば千金」

この、ひとみをめぐらしてにっこり、というのに男はふらりとくる。明るいひとみに白い歯。美女には笑顔がよく似合う。

（島森　哲男）

少喫多香《しょうきつたこう》　食事は少なめにかみしめて

少し食らえば香り多し——食事は少なめに、ゆっくりかみしめて取ると、「鯨飲馬食《げいいんばしょく》」にはない、深くて微妙な味わいがある。少食の勧めである。「少食は滋味《じみ》多し」ともいう。

中国では「医食同源《いしょくどうげん》」。医も食も本はひとつだといい、飲食に気を使う。ことわざ・成語にも、これが多い。

「一口へらせば、一夜快適」「一口へらせば、九十九まで生きられる」。その逆は「飽病《ほうびょう》は医《い》し難し」。大食は不治《ふち》の病《やまい》だ。「食多ければ身を傷《いた》め、話多ければ人を傷める」ともあるので、食事もおしゃべりもほどほどに。「食多ければ屎《し》多く、稲多ければ灰多し」というのもあるが、これは別だろう。

「食後に百歩せば、薬物を服さず」「食後に動かざれば、定めて病《やまい》生《しょう》ぜん」は運動の勧めである。「少食飯、軽走路——飯を食すこと少なければ、路を走ること軽し」。大食しないで、足取り軽く歩きましょう。

（小川　陽一）

鬼神敬遠《きしんけいえん》　重んじつつも近づき過ぎず

人間が死んでなる神が「鬼」、天の神が「神」であるが、漠然と神々を意味している。「敬遠」とは、尊敬はささげるけれども、ある距離をおいた存在として扱う。「鬼神を敬して之《これ》を遠ざく」。『論語《ろんご》・雍也《ようや》篇』のことばである。

やや転じて、表面は敬う様子をして、実は疎《うと》んじ遠ざけて親しまないことの意味にも使われる。野球の「敬遠」もこれから出る。

孔子《こうし》が無神論者であったか否かは学者によっていくつかの説があるが、人間を第一とし神への意識を第二としたことは、『論語・先進篇』の「いまだ人に事《つか》うること能《あた》わず。いずくんぞ能《よ》く鬼に事えん」（人間への奉仕さえ十分にできないのに、どうして鬼神への奉仕が可能であろうか）ということばにもよく表れている。

念のために言えば孔子は決して神々を軽視しているのではない。不可知の世界よりもまず可知の人間を第一にせよと言うのである。

（清宮　剛）

柳暗花明《りゅうあんかめい》　曲折を経て新局面を見出す

政争に敗れ郷里に帰った宋の詩人・陸游《りくゆう》は、ある春の日、農家の人たちから酒の招きを受け、山路をひとり歩いて行く。山は重なり川また川、遥《はる》かな村を訪ね行けば、いつしか路を見失い、さてどうしたものかと小暗い柳の木陰をたどるうちに、目の前がぱっと開けて春花爛《らん》漫《まん》。あぁこんなところにも村がある。ここだここだ。

「山重なり水複《かさ》なりて路無きかと疑う／柳暗く花明らかにして又一村《またいっそん》」

村人たちの大歓迎。今日はほんとにごちそうさま。月夜の晩にまた来るよ（「山西の村に遊ぶ」）。

山や川に遮《さえぎ》られて路を見失い、小暗い路をひとりたどる姿は、陸游の人生の姿でもある。しかし「花明らかにして又一村」とほっと明るい、桃源郷《とうげんきょう》的世界におのずから抜け出すところが陸游らしい。その柔軟な力強さ。

もともと春の美しい景色を表すことばとして唐代以来使われてきた**柳暗花明**の語が、陸游のこの詩を通じて、曲折を経て新たな局面を見出すという人生の道行きを表す表現になった。

（島森　哲男）

一簣之功《いっきのこう》　最後までやる意志が大切

簣はモッコ、土を運ぶ竹かご、功は仕事、またはその成果、**一簣之功**とはモッコ一杯の仕事。昔は土を運ぶにはモッコで一杯ずつ担《かつ》いで運びました。

「山を為《つく》ること九仞《きゅうじん》、功を一簣に欠く」（九仞の功を一簣に欠く）とは『書経《しょきょう》』にみえることば。九仞は山の高さ、高い山を造ったのに、モッコ一杯分の土が足りない、つまりあと一歩というところでも、未完成は未完成だというのです。

『論語《ろんご》』に「たとえば山を為るがごとし。いまだ一簣を成さざるも、やむはわがやむなり」とあり、あと一杯というところでやめるのも自分の責任であるとの意、これは最後までやり遂げる意志が大切だという教えです。

このごろは土を運ぶとなるとパワーショベルにダンプカー、モッコで一杯ずつなどという作業はバカにされて、だれもやろうとはしません。しかしどんな時代になっても、コツコツと積み上げる努力、最後までやり遂げる意志、そういうものは大切にするべきでしょう。

（村上　哲見）

流《りゅう》水《すい》高《こう》山《ざん》

会えなくても通じ合う友情

古代中国においては音楽が非常に重視された。今は亡《ほろ》んで伝わらないが、儒学の経典《けいてん》の一つに『楽経《がくけい》』があった。伝説の皇帝・舜《しゅん》の時代に「韶《しょう》」という管弦楽が作られ、孔子《こうし》はその音楽を聴いて三ヵ月間、肉を食べてもその味を空虚なものに感じたという。音楽は人間の感情を最も豊かに表現する芸術といえよう。

この**流水高山**も音楽にかかわることばである。春秋《しゅんじゅう》時代の琴の名手伯牙《はくが》とその友人鍾子期《しょうしき》の熱い友情に由来する。

伯牙が琴を弾いて志太山《たいざん》にあれば、鍾子期はそれを聴いて、巍巍乎《ぎぎこ》として太山の如《ごと》しといい、志流水にあれば、湯湯乎《とうとうこ》として流水の如しと称賛したという。鍾子期が死ぬと伯牙は音楽を知るものがいなくなったとして琴を破った（『呂氏春秋《りょししゅんじゅう》・本味《ほんみ》』）。音楽の高妙なこと、また知《ち》己に遇《あ》い難い喩えとして使われ、「伯牙絶弦」ということばもある。

このような熱い友情を人は求め続ける。

（清宮　剛）

蝸《か》角《かく》之争《のあらそい》

狭い世界でのつまらない争い

「蝸牛角上之争《かぎゅうかくじょうのあらそい》」ともいいます。蝸も蝸牛もカタツムリのこと、従って角も牛や鹿《しか》の角《つの》ではなくて、カタツムリのかわいらしい触角のこと、ごく小さなもののたとえです。このことばの出典は『荘子《そうじ》』、魏《ぎ》の国の王さまが隣国の斉《せい》を攻めようとした時に、ある人が王を説得してやめさせた話です。

その人はこういう話をしました。――カタツムリの左の角と右の角にそれぞれ国があって対立し、戦争になって数万の死者を出したそうです／何だ、作り話か／いえいえそうでもありませんよ。この広い宇宙に心を遊ばせて地上の国を眺めるなら、カタツムリの角の上の国のようなもの、戦争をして死者を出して何になるというのです。

唐の白居易《はくきょい》につぎのような詩があります。「蝸牛角上に何事をか争う、石火光中《せっかこうちゅう》に此《こ》の身を寄す」（「酒に対す」）、石を打ち合わせた火花のような一瞬の人生、カタツムリの角の上で何を争っている、という意です。

（村上　哲見）

玩物喪志《がんぶつそうし》　本来の目標や理想を見失う

「人を玩《もてあそ》べば徳を喪《うしな》い、物を玩べば志を喪う」とは『書経《しょきょう》』にみえる帝王の戒《いまし》めですが、後世はその後半だけが独り歩きしております。

宋代の儒学者・朱子《しゅし》は、学問において知識や字句の解釈ばかりにこだわって儒教の精神を見失うことを**玩物喪志**といって戒めました。

一般的には美術品など（物）を愛好するあまりに本来の目標や理想（志）を見失い、本業をおろそかにすることをいいます。

たとえば古典学者には書画骨董《こっとう》の趣味を持つ人が少なくありませんが、中にはどちらが専門か分からなくなる人もおります。また実業家には美術品のコレクターがしばしば現れますが、そのために事業に失敗し、コレクションが売りに出るという例もあります。

政治家とは政治的理想をめざして活動する人のはずですが、資金が必要ということで、いつの間にか金集めにばかり一生懸命になり、汚職などで失脚する人も出てきます。これこそ**玩物喪志**の最たるものでしょう。

（村上　哲見）

五里霧中《ごりむちゅう》　何もかも、分からなくなる

「五里の霧中」でなく、「五里霧の中」のこと。何もかも、分からなくなることをいう。

「彼は今日迄其《までその》意味が解《わか》らずにまだ**五里霧中**に彷徨《ほうこう》していた」（夏目漱石『明暗』）

「政治協商会議の協議を知らない者にとって、それは現在でも**五里霧中**なのだろう」（郭沫若《かくまつじゃく》「非公式な五人組のこと」）

このように、**五里霧中**の用法は日中両国で全くひとしい。そこで、念のため出典を読んでみる。

成都の張楷《ちょうかい》は「道術を好み、能《よ》く五里霧を作った」。裴優《はいゆう》という男も「能く三里霧を作った」が、この男は霧で姿を隠し賊をはたらいた。張楷は人物・学識ともに優れていたのだが仕官せず、山中に隠れていた。けれども、彼の居所は、彼を慕う人々でいつもいっぱいだったという（『後漢書《ごかんじょ》』）。

五里霧とは、張楷が人々から身を避ける手段だったらしい。**五里霧中**はここから生まれたのだが、一転して、霧にまきこまれた人が何も見えなくなることを意味するようになる。

（小野　四平）

托鉢乞食《たくはつこつじき》

世俗の欲を捨て解脱《げだつ》求める修行

古代インドでバラモン（僧侶《そうりょ》）階級の人々は一生を学《がく》生《しょう》、家住《かじゅう》、林棲《りんせい》、遊行《ゆぎょう》の四期に分けて送った。聖典の学習、家庭生活、宗教的修練、遍歴（一所不住《いっしょふじゅう》）である。

遍歴とは世俗的欲求を超越し、解脱を求めて順次に家を訪ね食を乞《こ》う。順次に、ということは金持ちや好ましい家をのみ選んではならないということで、修行の意味がこめられ、これが**托鉢乞食**（鉢を托し食を乞う）である。釈尊はこの修行形態を取り入れて頭陀行《ずだぎょう》とした。

もともとインドの社会的慣習であるが、修行者への布施、供養の考えに立っている。

これが中国に伝えられ、おそらく宋代から托鉢の語が用いられた。とくに禅宗では重要な修行の一つとされ、鉢を手に食堂《じきどう》に行くこともあった。乞食は十二頭陀行の一つで十のよい点、目的（十利、十為《じゅうい》）が明示される。

日本では乞者《こつしゃ》、乞丐《こつがい》とも書いた。転じて道心がなく食だけ乞うのは〝こじき〟と読む。乞は漢音キツ、呉音はコチで、コツジキと読むのは慣用音による。

（荘司　格一）

酒池肉林《しゅちにくりん》

豪奢な酒宴、淫楽《いんらく》の限り

紀元前一一〇〇年ごろというと日本では縄文時代ですが、中国では殷《いん》という王朝が栄え、紂王《ちゅうおう》という暴君の元祖のような人が登場します。人間だれしも快楽を求めるとはいえ、絶対権力者が自制心を失って徹底的に快楽を追求すればどうなるか、その見本のような紂王の行状が司馬遷《しばせん》の『史記《しき》』にしるされております。

紂王は妲己《だっき》という女性を愛して贅沢三昧《ぜいたくざんまい》にふけり、淫楽の限りを尽くします。「酒を以て池と為《な》し、肉を懸けて林と為し、男女をして裸にてその間に相遂《あいお》わしめ、長《ちょう》夜《や》の飲《いん》を為す」とあり、別の文献ではその池で三千人が並んで牛飲《ぎゅういん》したとか、酒かすで千里の堤ができたとか、話がさらに大きくなります。

東洋史の大家・宮崎市定《いちさだ》博士は、古代の贅沢《ぜいたく》は量の多さを誇ることだったとして紂王の例を挙げております（「中国における奢侈《しゃし》の変遷」）。バブルの時代の日本を振り返ると、やたらに多さや大きさを誇る低俗な贅沢が横行していたような気がします。

（村上　哲見）

山静日長《やましずかにしてひながし》　静かで落ちついた山中の生活

山中の生活は静かで落ちついたものだ、ということ。

宋の唐庚《とうこう》の「睡眠の詩」に、「山静かなること太古に似て／日長きこと小年のごとし」（山中の暮らしは大昔のように静かで、一日がまるで一年のように長い）とある。「小年」は、「こ一年」「一年ほど」の意で、一日が長く感じられることをいう。

宋の羅大経《らたいけい》（呼び名は景綸《けいりん》）は家族と深山に住んでいた。その『鶴林玉露《かくりんぎょくろ》』にこう詠じている。晩春・初夏のころになると、青いこけが石段に満ち、花びらが小径《こみち》を埋め、訪れる客もなく、木々の間を、小鳥が鳴いて飛び交う。たっぷり昼寝をして目が覚めると、泉の水をくんできて、松の枝を拾って沸かし、『史記《しき》』や杜甫《とほ》の詩などを気の向くままに読みながら、茶をいれて飲む。

これこそが唐庚の詩の世界だが、名声と利益に心を奪われた者には、このよさが分からない、という。

だが、そのよさがよく分かっても、「街騒がしくして日短し」の生活を、現代のぼくらは避けられないのです、羅景綸さん。

（小川　陽一）

四大不調《しだいふちょう》　病気は四大（元素）の不調和

四大とは四つの大（元素）、すなわち地大、水大、火大、風大のことで、仏教の考え。人間のかたい骨、めぐる血、体温、呼吸や行動がこれにあたる。

四大がうまく保たれて成熟、成長する。調和がとれると健康に、調和を失う（不調）と病気になる。一つの大に百一の病がおこる。そこで病気全部を四百四病という。

『平家物語《へいけものがたり》』に「四大日々におとろえて」、『今昔物語《こんじゃくものがたり》』に「**四大不調**《ととのわず》して弥《いよいよ》変じて百節皆苦しび痛む」、『往《おう》生要集《じょうようしゅう》』に「もし衆生《しゅじょう》**四大不調**ありてよくために療治をなす」などと見えるが、すべて病気のことである。

四大が調和をなくし、ばらばらになるともちろん死ぬ。死を四大分離という。

なお、五大、六大というのは、四大に空大《くうだい》（虚空）を、さらに識大《しきだい》（精神のはたらき）を加えての言い方。よく見かける五輪塔は五大を表したもの。空大は成長の因となり、識大は生きもののよりどころになると説かれる。

（荘司　格一）

三年窺墻《さんねんきしょう》　男を慕う女の心

三年、墻《かき》より窺《うかが》う。女が男を慕うことである。戦国時代の末、楚《そ》の国に宋玉《そうぎょく》という詩人がいた。美女を描かせたら並ぶもののない、中国の美女文学の先駆者である。ある男が王の前でその宋玉を好色だとそしった。宋玉は自分が好色でないことを証明するために、さっそく詩を作って反論した（「登徒子《とうとし》好色《こうしょく》　賦《のふ》」）。

「天下に美女は多けれど、楚国にかなうものはなし。とりわけわが住むふるさとは、とびきり美女の多いとこ。なかでも隣の娘子《むすめご》は、くらべものなきぴかいちで、眉《まゆ》は翡翠《ひすい》の羽のごと、肌はまっしろ雪のごと、腰はほっそりなよやかで、歯ならびかわいく貝のごと。にっこり笑えば街中が、うっとりするよなかわいい娘《こ》」

そう歌いながら宋玉は、その娘がおれにぞっこんでねえ、もうかれこれ三年、毎日、塀から身を乗り出しておれのようすをうかがっているのさ。だけどおれは知らんぷり。おれが好色じゃないことはこれで証明できたろう、と言ってのけた。言ってみたいねぇ……。まあ無理ですな。（島森　哲男）

破釜沈船《はふちんせん》　決死の覚悟で戦いに臨む

決死の覚悟で戦いに臨むこと。「破釜《はふ》」は炊事用具の釜《かま》を壊すこと。「沈船《ちんせん》」は軍船を沈めることをいうが、これがなぜこのような意味を有するようになったかは、『史記《しき》・項羽本紀《こううほんぎ》』による説明が必要である。秦《しん》と戦っていた趙《ちょう》を救援するために項羽は楚《そ》軍を率いて鉅鹿《きょろく》に赴いた。そこで意を決し、黄河《こうが》を渡るとその時使った船をすべて沈め、釜などの炊事用具を壊し、宿舎を焼き払い、わずか三日の食糧を持っただけで、生還する意思がみじんもないことを士卒に示した。

このことによって楚軍は見事に秦軍を破り、楚軍の勇猛さは諸侯の間で有名となり、項羽は諸侯の上将軍となったのである。

戦闘は人間の生死を分ける問題であり、人間の真価問われるときでもある。「背水之陣《はいすいのじん》」（九五ページ参照）などということばもあり、四字熟語も多くはこういう場面に出典を持つ。

古代の戦いは決死の覚悟と勇猛さで勝負が決まることが多かったが、現代の戦いはより複雑である。（清宮　剛）

一日三笑《いちじつさんしょう》　日に何度か笑いましょう

一日に三笑せよ――日に何度か笑いましょう。「一日三笑、不用喫薬」（一日に三笑せば、薬を喫するを用いず）ともいう。笑いに関することわざは非常に多い。「笑長命、哭生病」（笑えば命長く、哭《な》けば病生ず）、笑うは長生きのもと、泣くは病気のもと。「笑一笑、少一少。悩一悩、老一老」（ちょっと笑えば、それだけ若く、ちょっと怒れば、それだけふける）。これは訓読にはなじまない口語的な表現。「悩」は腹を立てること、悩むこと。心の持ちようが健康に大事なことをよく知っていた。それにしても、「笑一笑、十年少」（ちょっと笑えば、十歳若返る）はオーバーだ。「笑門福来」（笑う門《かど》には福来《きた》る）は、わが国にもなじみ深い。「笑門開、幸福来」（笑門開けば、幸福が来る）というのがあるが、「幸福」という言い方からすると、かなり新しいものだろう。

以上「笑い」づくしのお粗末。お笑いぐさになれかしと。

（小川　陽一）

結草亢敵《けっそうこうてき》　旧恩に報いる

「草を結びて敵を亢《こう》す」。亢とは遮《さえぎ》ること。旧恩に報いることを意味する。

春秋《しゅんじゅう》時代、晋《しん》の魏武子《ぎぶし》が病気になった時、子供の魏《ぎ》顆《か》に「わたしが死んだら愛妾《あいしょう》を再婚させるように」と言った。危篤になると、「殉死させるように」と言った。父の死後、魏顆は最初の遺言に従い愛妾を再婚させた。やがて魏顆が秦《しん》と戦った時に一人の老人が草を結んで敵を遮っているのを見た。秦の将がそれにつまずいて倒れたので生け捕りにすることができた。夜、その老人が夢に現れて言う。「私はあなたのおかげで再婚させてもらえた娘の父親です。今そのご恩返しをしたのです」。話は『春秋左氏伝《しゅんじゅうさしでん》・宣公十五年』に見える。

同じく報恩《ほうおん》の熟語としては「結草銜環《けっそうがんかん》」というのもある。「結草」はここに由来し、「銜環」は、後漢《ごかん》の楊宝《ようほう》がスズメを助けたところ、夢に黄衣の童子が現れ、白環（輪状の玉）四枚を口に銜《ふく》んで礼をしたという故事による。報恩して死んでも忘れない意に用いられる。

（清宮　剛）

奇芳絶艶《きほうぜつえん》　ツツジの花の美しさ

艶《つや》っぽい美人を想起させることばであるが、これは唐の詩人・白居易《はくきょい》が、ツツジの花の美しさを形容したものである。奇も芳も美しく優れた意、絶艶はたぐいない艶《えん》色《しょく》。唐以後の詩人たちは好んでこの花の美しさを詠んだが、白居易は特にこの花を好んだ。親友元稹《げんしん》を憶《おも》って作った「山石榴《さんせきりゅう》 元九《げんきゅう》に寄す」詩の中にある。「花中此《こ》の物是《こ》れ西施《せいし》なり、芙蓉芍薬《ふようしゃくやく》皆嫫母《ぼぼ》なり」の後にこの語が続く。ツツジこそは西施（美女）。芙蓉も芍薬も嫫母（醜女《しゅうじょ》）でしかないという。

ツツジの別名は多く、この詩の山石榴花のほかに躑《てき》躅《ちょく》、映山紅《えいざんこう》、杜鵑花《とけんか》などともいう。映山紅は緑に映えるツツジの紅をいい、杜鵑花は杜鵑《ほととぎす》の鳴くころに咲くから、あるいは血を吐くような悲痛な鳴き方が赤を連想させるからともいう。

杜鵑の鳴き声を「不如帰去《プールーグイチュ》」と聞く中国の詩人たちにとっては、ツツジの花は望郷の念を呼び起こすものであったのかもしれない。こう考えると**奇芳絶艶**の語が生きてくる。

（清宮　剛）

神出鬼没《しんしゅつきぼつ》　予測できない敏捷《びんしょう》な行動

「鬼神を敬して遠ざける」と述べたのは孔子《こうし》だが、古代中国では、超人的かつ霊妙なはたらきを鬼神によるものと考えていた。

姿を現したかと思うと、たちまち隠れてしまう。そのような、だれにも予測できない敏捷な行動を、鬼神に託して表現したのが**神出鬼没**である。もと軍事上の作戦行動から出たともいうが、いまは幅広く用いられている。

このように鬼神に託してつくられたことばが、中国では少なくない。神頭鬼面《しんとうきめん》（奇怪きわまる顔つき）、神愁《しんしゅう》鬼哭《きこく》（耐えられないほどの悲哀）などだ。だが神出鬼没を除けば、日本ではほとんど通用しなかった。民族的な選択がはたらいていたのかもしれない。

ところで、**神出鬼没**の語からウルトラマンを連想するのは若い人だろう。高齢者なら、猿飛佐助《さるとびさすけ》かもしれない。そして、忘却の淵《ふち》から、それぞれの「子ども時代」を呼び戻すだろう。ひたむきに、**神出鬼没**に跳びはね回ったころを。

（小野　四平）

頭陀第一《ずだだいいち》　衣食住の欲を捨て修行に励む

釈尊には十大弟子がいる。その優れた特性を第一としてその名につけて呼ぶ。頭陀第一といわれるのが摩訶迦《まかか》葉《しょう》である。

頭陀とは衣食住についての貪《むさぼ》りを払い落として修行に励むことで、林野に伏す生活をいった。

迦葉は大長者の両親が神に祈り授かった子であったが、その財を捨てて出家し、頭陀行に打ち込んだ。釈尊が座を分かち与えたとか、緊那羅《きんなら》（歌神）の琴の音に思わず座を立ち舞ったとか、拈花微笑《ねんげみしょう》（二五二ページ参照）したことなどで知られるように、釈尊の法を継いだといわれる。

頭陀の行には十二の規律があり、先に挙げた托鉢乞食《たくはつこつじき》（四六ページ参照）のほか、糞掃衣《ふんぞうえ》（ぼろきれの衣）を着る、常に坐《ざ》して臥《ふ》せぬ、塚間《ちょうけん》（墓場）に住むなど厳しく律せられる。のち禅僧を頭陀といい、乞食《こつじき》修行のこともいう。

頭陀袋とは修行僧が首にかける袋であるが、死者の首にかけるものについてもいうようになる。頭陀門といえば乞食修行者の実践のこと。

（荘司　格一）

浅酌低唱《せんしゃくていしょう》　歌を口ずさみ粋に杯を重ねる

酒池肉林《しゅちにくりん》（四六ページ参照）というと豪華だけれども趣味のよくない、量の多さを誇るだけの古代的な贅沢《ぜいたく》ですが、時代はずっと下って十一世紀、唐を過ぎて宋代になりますと、量の多さを競う贅沢などより洗練された趣味を誇る文人たちが活躍します。

浅酌低唱の酌は酒を酌《く》む、浅酌はあっさりと飲む、低唱は微吟《びぎん》とほぼ同じで、小声で歌を口ずさむこと。同じく酒を飲むにしても、酒池で牛飲《ぎゅういん》などとはまるで反対の、しゃれたセンスを表しております。

宋の柳永《りゅうえい》という人は大変な秀才で、高級官僚の国家試験（科挙《かきょ》）で優秀な成績を挙げましたが、品行不良のために落第となります。流行作詞家として評判になり、花柳界の人気者になっていたからです。

しかし柳永は反省するどころか、「浮名《ふめい》をもって**浅酌低唱**に換うるに忍びんや」（つまらぬ名誉と**浅酌低唱**の楽しみを取り換えられるものか）と歌を作ってますます有名になりました。

（村上　哲見）

物畏其天《ものそのてんをおそる》

大きさだけで能力は測れない

生き物はそれぞれの天敵を恐れる。その天敵の強さは、体の大きさに関係なく、内に潜む天与《てんよ》の能力に由来する。以下は宋の羅大経《らたいけい》の見聞談——村の子供たちが、水たまりにカエルがたくさんいたので捕まえようとしたら、近くに大蛇がとぐろをまいて、ねらっていた。カエルは逃げようとせず、のみ込まれる順番を待つだけだった。

老人が、蛇がムカデに追われるのを見た。蛇は追いつかれると、止まって口を開けた。ムカデは口から入り込み、間もなく出てきたが、蛇はすぐ死んだ。後日行ってみると、無数の小さなムカデが蛇の口からはい出してきて、蛇の死体を食べていた。

羅大経はムカデがクモに追われるのを見た。ムカデが追いつめられて、生け垣の竹の中にもぐり込むと、クモは竹に登って、小便を注ぎ込んだ。その竹を割ってみると、ムカデがどろどろに溶けていた（『鶴林玉露《かくりんぎょくろ》』）。

カエルが蛇にかなわないのは別として、蛇はムカデより、ムカデはクモより大きい。大きいだけが能ではないなあ。

（小川　陽一）

花残月欠《かざんげつけつ》

夫婦仲冷め感情がぎくしゃく

花残月欠は「花好月円《かこうげつえん》」（二八ページ参照）と反対の四字熟語。「残」は残るではなく、そこなわれる、しおれるの意。花はしおれ、月は欠ける。美しい時節が過ぎてしまうこと。また夫婦の仲が冷めてお互いの感情がぎくしゃくしてくること。

元《げん》の関漢卿《かんかんけい》の戯曲の一節に「この良き宵の宴《うたげ》、只《ただ》まさに低唱浅酌《ていしょうせんしゃく》すべし。花残《しお》れ月欠《か》くるを待つことなかれ」とあるのは、好時節が過ぎるのを表す用例。

また元《げん》の馬致遠《ばちえん》の戯曲の一節に「われらふたりの恩義も絶え、花残れ月欠けぬ。いまさら錦《にしき》のとばり、薄絹のカーテンの陰に愛を語った日々を恋うて何になろう」とあるのは、夫婦仲ひんやりの用例。

花がしおれ月が欠けるのがこの世の習いならば、夫婦の仲もいつまでも円満というわけにはいかぬのが道理。せめて満ちては欠け、欠けては満ちて、ほどほどを保ちたいもの。

家人「これってうちのこと?」、私「いや、あのその……」。まあフルムーン旅行でもして、また「花好月円」にもどりましょう。

（島森　哲男）

林下風気《りんかのふうき》

知的で自律的で優雅な婦人

四世紀、東晋《とうしん》の時代、謝《しゃ》家にひとりの娘がいた。雪の日に叔父の謝安《しゃあん》がこの紛紛《ふんぷん》と降る雪は何に似ているかなと子どもたちに尋ねると、塩を空にまいたようだとか、みんないろいろ答える中で、「柳のわたげ（柳絮《りゅうじょ》）が風に吹かれて舞うようだわ」と答え、謝安をうならせた。娘の名は謝道韞《しゃどううん》。後に王羲之《おうぎし》の二男、王凝之《おうぎょうし》に嫁いだ。知的でさわやかで、しかもしっとりして上品な彼女のことを、その弟が誇らしげに話すと、張り合う男がいて、顧《こ》家に嫁いだおれの妹の方がずっといいと自慢。決着がつかず両夫人とお付き合いのある尼さんに尋ねると……。

王家の奥さまは心のびやかで明るく、「林下の風気あり」、竹林《ちくりん》の七賢《しちけん》のような知的で閑雅《かんが》な趣がおありです。「閨房《けいぼう》の秀《しゅう》」、ご婦人として第一級のお方ですと答えた（『世《せ》説《せつ》新語《しんご》・賢媛篇』）。

竹林は俗世に批判的な知識人たちが隠遁《いんとん》する場所。そこに集う人たちのような、知的で自律的で優雅な婦人を称して「林下の風気あり」というのである。

（島森　哲男）

負荊請罪《ふけいせいざい》

深く自分の罪を謝する

罪人を罰するための杖《つえ》を自ら負い、深く自分の罪を謝することをいう。

戦国時代、趙《ちょう》の国の将軍廉頗《れんぱ》は多くの戦いで功績があった。藺相如《りんしょうじょ》は位の低い家臣であった。当時、秦《しん》の国は強大であり趙の国は弱小であった。秦はたびたび趙に難題をもちかけたが、藺相如の策により危うく難をのがれてきた。

この功績により藺相如は上卿に列せられ、位は廉頗の上にあった。面白くないのは廉頗である。機会を見つけて相如を辱《はずかし》めようと思っていた。これを知った相如は廉頗と顔を合わせるのを避け、廉頗の車を見ても隠れた。相如の舎人はそれを恥ずかしく思い暇《いとま》を願い出た。それを止めて相如が言う。

「今、強秦がわが国を侵さないのは廉頗将軍と私がいるからだ。両者が戦えばともに生きることはできない。国家の急を第一とし、私情を二の次としているのだ」。廉頗はこれを聞き、肌を脱ぎ、杖を負い、相如の門に至って謝罪した（『史記《しき》・廉頗藺相如列伝』）。

（清宮　剛）

之《し》乎《こ》者《しゃ》也《や》　もったいぶり学をひけらかす人

之・乎・者・也は、いずれも中国の古典に用いられる助字。これらをひとまとめにして**之乎者也**とすると、もったいぶった堅苦しい言い方で学をひけらかす者を風刺する意味となる。

「あの男の話し方ときたら、すべて**之乎者也**なのだ。だからだれにも分からない」（魯迅《ろじん》『孔乙己《コンイーチー》』）。この部分の翻訳は、改造社版（一九三七年）では「口から出るのは悉《ことごと》く『**之乎者也**』の類《たぐい》で」とあり、注釈で詳しい説明を加えている。この後、岩波書店版（一九五六年）では「なりけりあらんや」、学習研究社版（一九八四年）では「左様然《さようしか》らば」となっている。

「左様然らば」の例として、日本では「イヤモウ、左様然れば四角四面、気が張って居にくい」（並木五瓶《なみきごへい》『五大力《ごだいりき》恋緘《こいのようじめ》』）などが知られている。**之乎者也**と「左様然らば」が全く同じだといえないにしても、よく似たことばとして用いられていたことが分かる。

相互の影響なしに、このようなことばが日中両国で別々に生み出され、同じように用いられていたのは興味深い。

（小野　四平）

落《らっ》花《か》流《りゅう》水《すい》　男の切なる思いに絆《ほだ》される

春の名残の景色を表すのに**落花流水**ということばがある。逝《ゆ》く春を惜しみつつ、どうにもできない嘆きの情が、ことばの奥ににじむ。

宋に滅ぼされ、囚《とら》われの身となった南唐王朝最後の皇帝・李煜《りいく》は、遥《はる》か江南《こうなん》の地に思いを馳《は》せながら歌う。「別るる時は容易《やす》く　見《あ》う時は難《かた》し／**流水落花**　春去りぬ／天上人間《じんかん》」。川は流れ花は散り、春が去って、時は二度ともどらない。死を目前にした李煜の哀戚《あいせき》と孤独の思い。

ところで中国には「落花意有るも、流水情無し」という成語もあって、落花はそのつもりで流水に身を寄せるが、流水は無心に落花を送る。こっちはその気があるのに、相手はしらんぷりという男女の片思いの関係を表す。

それが日本では、落花（男）が流水（女）に身を寄せれば、水も花を載せて流れる。魚心《うおごころ》あれば水心。切なる思いに絆されて男をやさしく受け入れる。そんな思いを**落花流水**の情という。日本の女性はどうしてこんなにやさしいのだろう。

（島森　哲男）

怒髪衝冠《どはつしょうかん》　激しい怒りで感情が大爆発

怒髪冠《どはつかんむり》を衝《つ》く、と訓読する。激しい怒りで頭髪が逆立ち、冠を突きあげることをいう。

　戦国時代。天下の至宝《しほう》・和氏璧《かしのへき》を持つ趙《ちょう》に、秦《しん》の昭王《しょうおう》が十五城との交換を申し出た。藺相如《りんしょうじょ》が使者に立ち璧をさしだすが、武力を背景にした昭王には初めから十五城をだす気がなかった。それが分かったとき、相如は「璧には瑕《きず》がある、それを示す」と言って、璧を受け取る。そのまま昭王の前から後ずさりして柱により、**怒髪衝冠**して語った。

「王が約束を破るなら、この璧を砕いて私も死ぬ」。驚いて昭王が謝る。相如も璧を持ち返り、辛うじて趙の面目を保つことができた（『史記《しき》』）。

　下って南宋。北中国を占領した異民族を駆逐《くちく》して先祖伝来の墳墓を奪回《だっかい》する。この、南宋・漢民族の悲願を、将軍の岳飛《がくひ》が、こう歌った。「**怒髪衝冠**して、欄《らん》に凭《よ》る処《ところ》、蕭々《しょうしょう》として雨歇《や》みぬ、……」（「満江紅」）。

　過激な表現の、このことばには、実は国家や民族の危機に寄せる抑え難い悲哀と憤怒《ふんぬ》の情が込められていた。怒髪衝天《どはつしょうてん》ともいう。

（小野　四平）

君子豹変《くんしひょうへん》　態度を急に変える

　よく使われるこの語は、『易経《えききょう》』の「革《かく》」の卦《け》の「君子は豹変し、小人は面《めん》を革《あらた》む」ということばによる。「革」の卦は革命についてのものであり、このことばは革命が完成した後のこととして述べられている。

　古来いくつかの解釈があるが、君子（善人）は聖王の感化を受けて、過ちを改めて善に遷《かえ》ること、その変化はヒョウの文様のごとくはっきりと外に表れる。小人（下《か》愚《ぐ》の人）は心から変革はできないが、顔つきだけ変えて上の命令に従う、というのが代表的な解釈である。

　このように元来君子が過ちを改め善に向かうことがきわめて鮮明であることを説明したものであるが、俗用では態度を急に変える、それも無節操に変えるような場合に使う。文学作品に「特別の理由もないのに豹変しちゃ将来君の信用にかかわる」（夏目漱石『坊っちゃん』）などとあるのはその例であるが、ただ素早く変わるというのは本義ではない。

　この意味を知ると簡単には豹変できない。

（清宮　剛）

月下氷人《げっかひょうじん》　仲人のこと

月夜の晩に、韋固《いこ》という青年が老人に出会う。老人は、赤い糸で若い男女を結ぶ神さまだった。十四年後に、青年は老人の予言した娘と結婚する（『続幽怪録《ぞくゆうかいろく》』）。仲人を意味する「月下老人」がここから生まれ、中国では広く用いられてきた。江戸のころ、日本にも紹介されている（『ひとりね』）。

ところが、もう一つの話がある。令孤策《れいこさく》という者が氷上に立って、氷下の人と語り合った夢をみた。索紞《さくたん》が、この夢を占って「氷の解けるころ、きみは仲人をつとめる」と述べ、占いは実現した（『晋書《しんじょ》』）。これが韋固の話と結びついて**月下氷人**が生まれたというが、中国では用例がない。

幕末から明治にかけての人、河竹黙阿弥《かわたけもくあみ》に「計らず出逢うたのは、**月下氷人**のひきあはせ」（『階子乗出初晴業《はしごのりでぞめのはれわざ》』）とあるのが古い例らしく、これは日本生まれのようだ。「氷人」という語の、ピンとはりつめた語感が日本人に好まれたのかもしれない。

（小野　四平）

好好先生《こうこうせんせい》　人がいいだけ

何事にもよしよしと言い、人の意に逆らわない人、自分の考えを主張しない人のこと。中国語読みで「好好《ハオハオ》先生《シェンション》」という。先生とあるが教師とは限らない。

後漢末の司馬徽《しばき》は、人の欠点は口にせず、「好好《ハオハオ》」を連発する癖があった。安否を問われると、いつも「好好」。知人の息子が死んだと告げられたときにも「好好」と言ったので、妻が「こんなときに好好と言うなんて」とたしなめると、「おまえのことばもまた好し」と意に介さなかった（馮夢龍《ふうむりゅう》『古今譚概《ここんたんがい》』）。

司馬徽は変人奇人ではあったが、諸葛亮《しょかつりょう》と龐統《ほうとう》を劉備《りゅうび》に推薦した見識の持ち主だった。**好好先生**ということばが、人がいいだけで毒にも薬にもならない人の意味になるのは後のことである。

後世の笑い話――ある教師、だれからも嫌われたくなくて、あだなが好好先生。張三《ちょうさん》と李四《りし》がけんかした。張三には「あんたが正しい」。翌日、李四にも「あんたが正しい」。後で二人が文句を言ったら「どちらも正しい」。聞いていた妻「一体どっちが正しいの」、教師「おまえの言うのも正しい」。

（小川　陽一）

天壌《てんじょう》 王郎《おうろう》　妻の意に満たぬ夫

貴族を貴族たらしめているものは生来、身についた自負心である。東晋《とうしん》時代、貴族のトップを形成していたのが王氏と謝氏であった。

「林下風気《りんかのふうき》あり」（五三ページ参照）といわれた謝道韞《しゃどううん》はその謝氏の娘。おじの謝安《しゃあん》は後に宰相にまで登りつめるのだから、一門の隆盛はいうまでもない。謝安は若いころ、例の蘭亭《らんてい》曲水の宴に参加していて、王羲之《おうぎし》とは親しい間柄だが、さすがの王氏一門（琅邪《ろうや》の王氏）も王羲之の息子の代になると、没落の道を歩み始める。

そんな時代に、謝道韞は王羲之の息子、王凝之《おうぎょうし》と結婚した。才気ある女性なので、夫がばかに見えてしかたがない。里帰りして謝安に向かって言うには、私のまわりはおじさまも従兄弟《いとこ》たちもみんな立派な人ばかり。天壌の中《うち》（天地の間）にまさか王郎（王凝之）のような人がいるとは思いませんでしたわ。

ここから**天壌王郎**とは妻の意に満たぬ夫をさすことばとなった。そう言われた王凝之さんに何だか親しみを感じる私……。

（島森　哲男）

上楼去梯《じょうろうきょてい》　はかりごとは絶対秘密

はかりごとをする場合に絶対秘密で外に漏れる心配のないことにたとえる。

出典は『三国志《さんごくし》・蜀書《しょくしょ》・諸葛亮《しょかつりょう》伝』。かの有名な諸葛《しょかつ》孔明《こうめい》が一時劉表《りゅうひょう》のもとに身を寄せていたことがあった。劉表には二人の子供があり、劉表は後妻のいうことを聞いて末子の劉琮《りゅうそう》を愛し、長男の劉琦《りゅうき》を喜ばなかった。劉琦は孔明の才能を高く買っていたので、自分の身の安全について孔明に策を請うたが、孔明はそのたびに拒否して相談に乗らなかった。

そこで劉琦は孔明と花園を逍遥《しょうよう》し、高殿に登って宴を張り、その間にはしごを取りはずさせて言った。「今日は上は天に届かず、下は地につかず。ことばはあなたの口から出て私の耳に入るだけです。何か話してください」。孔明はそこで口を開いて昔の故事を話し、その意味を悟った劉琦は身の安全を得た。

「屋根に登らせて梯《はしご》を外《はず》す」というのは、人をおだてておいて足をすくうというような意味であるが、**上楼去梯**との関係は明確でない。

（清宮　剛）

笨鳥先飛《ほんちょうさきにとぶ》

不器用なら早めに取りかかれ

遅い鳥は先に飛び立つ――そうすれば、早く着ける。「私は仕事がのろいので、早めに始めさせていただきます」というへりくだったいいかた。

「笨」は「のろま」「不器用」の意。「笨鳥も先に飛べば、早く林に入る」「笨鳥は先に飛ぶも、遅く林に入る」ともいう。近世の戯曲や小説に出てくる。

なにをやらせても、てきぱきと素早くやる人がいるが、そういう人はとちることがあって危ない。「どじ」で「のろま」で「気がきかない」といわれる人は、仕事が遅いが、確実で安心できる。スピードも必要だが、確実さも大事だろう。鈍重《どんじゅう》――遅鈍《ちどん》でも重厚は貴重である。

わが国のウサギとカメの話は、「遅くてもうまずたゆまずに」という教えだろうが、こちらは「早めに取りかかれ」の戒《いまし》めだ。

不器用でのろければ、人より早く始めればいいではないか。原稿を頼まれたら、早く書こう。

（小川　陽二）

漆身呑炭《しっしんどんたん》

復讐《ふくしゅう》のために苦心惨憺《さんたん》する

「身に漆《うるし》して炭を呑《の》む」。体の形状を変え声をつぶして、復讐のために苦心惨憺する。

春秋《しゅんじゅう》時代、晋《しん》の智伯《ちはく》に仕えた予譲《よじょう》は智伯に大変目をかけられた。やがて智伯は趙《ちょう》の襄氏《じょうし》らに攻め滅ぼされ、その頭蓋《ずがい》骨は便器にされた。予譲は主君の恨みを晴らすことを固く心に誓った。

襄氏に気付かれないようにするため、体に漆《うるし》を塗って皮膚をただれさせ、乞食《こじき》をして歩いたが、妻でさえ分からなかった。しかし妻は声がそっくりなのを怪しんだ。そこで炭をのんでのどまでつぶした。

しかし復讐は失敗し、襄氏に捕らえられた。襄氏は予譲の義に感じ、請われて自分の衣服を予譲に与えた。予譲は剣を抜いて三度その衣服を切り、その剣で自分の胸を刺して死んだ。

主君の恩に報いるため、ここまでして復讐を図る予譲の話は有名である。この話は『戦国策《せんごくさく》・趙策《ちょうさく》』に出てくるものであるが、この篇には「士は己《おのれ》を知る者のために死し、女は己を説《よろこ》ぶ者のために容《かたち》づくる」という名句もある。

（清宮　剛）

夫唱婦随《ふしょうふずい》　夫婦の仲睦《むつ》まじさ

思わず夫唱不随、婦唱夫随と書きたくなるが、**夫唱婦随**が正解。夫が何か言い出せば妻が素直についてくる、それが天下の道理というもんだと『関尹子《かんいんし》』にある。

夫唱婦随の語釈に二種類あり、第一は「封建時代の男尊女卑の表現」というもの。夫の言うことにすべて従わなければならなかった時代の一方的な夫婦関係を表す。中国には「鶏に嫁げば鶏に随《したが》い、狗《いぬ》に嫁げば狗に随う」ということわざもあって、夫に合わせ、夫に素直についてくる妻がよしとされた。

夫唱婦随はやがて「夫婦の仲睦まじさを示す表現」となる。お互い気が合うから婦唱夫随のケースもある。実際、明《みん》代の文献に「夫随婦唱」という言い方が出てくる。

そして今日めでたく勢力逆転。夫婦《めおと》茶碗などというやっかいなものをもらったわが友人某氏、日ごろの訓練行き届いて、敵が何も言わないのに「ぼく、こっちね」と小さい方を取った。これを不唱夫随という。夫婦円満、万事《ばんじ》如意《にょい》。

（島森　哲男）

国色天香《こくしょくてんこう》　人々を狂わせる美しさ

牡丹《ぼたん》の季節となった。唐の白居易《はくきょい》の「花を買う」と題する詩に「みやこの春も暮れんとし／車馬《しゃば》にぎやかに大《おお》路《じ》行く／牡丹は咲きぬあでやかに／みな連れ立ちて買いに去《ゆ》く」とあるように、都の人々は競って牡丹を買い求めた。

単に「花」と言うだけで牡丹を意味するほど広く流行し、「一城の人（街中の人）みな狂えるがごとし」という熱中ぶり。わずか一叢《ひとむら》の真紅《しんく》の花が、中流家庭十軒分の税金の額に相当するという高騰をみせた。

人々を狂わせる美しさ。当然それは豊満艶麗《えんれい》な美女を連想させる。玄宗《げんそう》皇帝の愛妃、楊貴妃《ようきひ》こそは牡丹の花に似つかわしい美女であった。

国色天香は、牡丹の花の美しさや美女の艶麗さを表す。国いちばんの美しさ、天からふりそそぐ（または天下第一の）かぐわしい香り。

宋の范成大《はんせいだい》の「続長恨歌《ぞくちょうごんか》」には、酔うてほおを染める楊貴妃のあでやかさを詠じて、「金杯瀲灩《れんえん》として暁粧《ぎょうしょう》寒く／**国色天香**　牡丹に勝る」とある。

（島森　哲男）

巻土重来《けんどちょうらい》　勢いよく巻き返してくる

「けんどじゅうらい」とも。

項羽《こうう》と劉邦《りゅうほう》はわれわれ日本人にもなじみ深い名であるが、この二人を比べると中国人も圧倒的に項羽に好意を寄せる者が多い。

垓下《がいか》の戦いで敗れた項羽を劉邦は烏江《うこう》（今の安徽《あんき》省和県の東北）まで追いつめる。烏江の亭長《ていちょう》は舟を用意して項羽を迎えたが、多くの部下を失った項羽は「何の面目ありてか之《これ》に見《まみ》えんや」と長江《ちょうこう》を渡ることを拒否して自殺する。悲劇の英雄項羽にふさわしい最期であった。

唐の詩人・杜牧《とぼく》が烏江を訪ね、「烏江亭に題す」という詩を作ったが、**巻土重来**はこの詩の中に見える。

勝敗は兵家の常。羞《はじ》を忍ぶこそ男子と詠じ、続けて言う。

「江東の子弟才俊多し、**巻土重来**未《いま》だ知るべからず」。

「巻土」は砂煙を巻き上げること、「重来」は再びやってくること。勢いよく巻き返してくるという意味である。

杜牧は項羽の死を悼《いた》み、**巻土重来**の可能性を詩にしたのだろう。

挫折の中で**巻土重来**を期する者は多い。

（清宮　剛）

道聴塗説《どうちょうとせつ》　聞きかじりの受け売り

道に聴き塗《みち》に説く、と訓読する。聞きかじりの受け売りをいう。街談巷語《がいだんこうご》（街に談じ巷《ちまた》に語る。うわさばなし）と併用される。

古代中国では稗官《はいかん》という役人がおかれ、政治の参考に供するために広く民間の街談巷語、**道聴塗説**を集めていた。それらの話は、のちに「小説」と呼ばれ、「小道なりといえども必ず観るべきものあり」というように、一定の評価を与えられていく（『漢書《かんじょ》・芸文志《げいもんし》』）。民衆のものに対する、それなりの敬意が認められる。現在の「小説」ということばも、ここから出てきた。

だが、次の例になると事情は違う。

「おかしいのは、あの知ったかぶりをするやつらだ。生半可な**道聴塗説**で、天下第一とうぬぼれている」（毛沢東『実践論』）

「酔っぱらった高等遊民の群れは／田舎臭い議論を**道聴塗説**し」（高村光太郎「夏の夜の食慾」）

無責任な知識人の**道聴塗説**が、ここではきちんと退けられている。

（小野　四平）

不《ふ》飲酒戒《おんじゅかい》　酒を飲まぬ、飲ませぬという戒

酒を飲まぬ、飲ませぬという戒のこと。戒は修行の規則を自律的に守ろうという決心のことである。

原始経典に「悪を厭《いと》い離れ、飲酒を制し、徳行《とくぎょう》をゆるがせにしないこと、これがこよなき幸せである」「飲酒を行ってはならぬ。この不飲酒の教えを喜ぶ出家者は他人をして飲ませてもならぬ。他人が酒を飲むのを容認してもならぬ。これは終《つい》に人をして狂酔《きょうすい》せしむるものであると知って」などとある。

迦葉仏《かしょうぶつ》の時、優婆塞《うばそく》（男の在家信者）が酒を飲み、他人の妻を犯し、その鶏を盗み殺し、問われて盗んでいないとうそを言った。四つの罪を犯したのも酒のせいであると経典に説かれる。

禅寺では「葷酒山門《くんしゅさんもん》に入るを許さず」と石に刻んで表示するが、実際には酔っぱらってはいけない教えであるといわれる。江戸初期の禅僧・鈴木正三《しょうさん》は「酒を飲まぬ戒であるが、世間の人はそうもゆかぬだろう。そのときはただ心が乱れぬように慎しむことだ」（『反故集《ほごしゅう》』）と寛容である。

（荘司　格一）

巧言令色《こうげんれいしょく》　本心を隠してよくみせかける

『論語《ろんご》』にみえる有名なことばです。「巧《たく》みな言《ことば》と令《よ》い色《ようす》」、色は表情や態度、令色は本心を隠して外見をよくみせかけること。『論語』には孔子《こうし》のことばとして「巧言令色鮮《すくな》し仁《じん》」とあります。

仁は孔子が最も重んじた徳目《とくもく》で、立派な人格をいいます。鮮は「すくなし」と読みますが、少しはあるというのではなく、ほとんどない、むしろないということを少しやわらげて表現したといってよいでしょう。つまり「巧言令色の人に仁者はいない」ということで、世の中には思い当たることがいくらもあると思います。

孔子の教えはもともと礼儀を尚《たっと》び、洗練された教養を重んずるものですが、それだけに表面だけを飾るようなことは徹底的に嫌ったようです。

『書経《しょきょう》』という儒教の古典にも、君主が明哲《めいてつ》であれば臣下の**巧言令色**に惑《まど》わされることはないと、このことばがみえます。君主でなくても、**巧言令色**に惑わされない本心を見抜く賢明さを持ちましょう。

（村上　哲見）

山鶏舞鏡《さんけいかがみにまう》

美しき身を誇り、はかなく散る

山鶏《さんけい》（ヤマドリ）はキジに似た美しい鳥で、自分の姿が水に映ると、その美しさを誇って、死ぬまでやむことなく舞い続けるといわれた。

六世紀の『異苑《いえん》』に載っている話——南方の国から曹《そう》操《そう》に山鶏が献上された。曹操はその鳴いて舞う姿を見たいと言ったが、山鶏は鳴かず飛ばずだった。家来が困っていたとき曹操の子の蒼舒《そうじょ》が大きな鏡を前に置かせたところ、山鶏は舞い始め、やがて疲れ果てて死んだ。

曹操には二十五人の男子があったが、この蒼舒を一番かわいがった。この子は五、六歳のころから大人顔負けの知恵があった。呉の孫権《そんけん》から象が献上されたとき、だれもその目方を量れなかったが、蒼舒が象を舟に乗せ喫《きっ》水線《すいせん》に印を付けておき、あとで物を載せ、そこまで沈むようにすれば、その物とおなじ目方だとわかるといった。だがこの天才少年は十三歳で夭折《ようせつ》した。

ギリシャ神話のナルシスは水に映った自分の美しさに恋をして、かなえられぬまま、やつれ果てて死んで、水仙の花に化した。

（小川　陽一）

花容月貌《かようげつぼう》

みとれるほどあでやかな女性

「解語《かいご》の花《はな》」（ことばの分かる花）とその美しさを称《たた》えられた楊貴妃《ようきひ》。牡丹《ぼたん》の花を眺める彼女のあでやかなすがたを、李白《りはく》は「雲には衣裳《いしょう》を想《おも》い花には容《かんばせ》を想う／春風檻《しゅんぷうかん》（欄干《らんかん》）を払って　露華《ろか》濃《こま》やかなり」と詠んだ。牡丹の花を眺めて、思わず楊貴妃のあでやかなかんばせを想起したというのである。

花容月貌。女性の容姿の美しさを表すことば。花のように美しく月のようにさやかな、そのかんばせ。「花顔《かがん》月貌」「花容玉貌《ぎょくぼう》」「玉顔花貌《ぎょくがんかぼう》」などとも言い、「雪膚《せっぷ》」（雪のように白い肌）ということばとあわせて「花貌雪膚」とも言う。

『紅楼夢《こうろうむ》』第五回、夢で訪れた仙女の世界で賈宝玉《かほうぎょく》が見た「薄命司」の額《がく》のある建物の対聯《たいれん》に「春恨秋悲皆自《みずか》ら惹《ひ》く／花容月貌　誰《た》が為《ため》にか妍《うつく》しき」とある。

この世の恨み悲しみは、すべて自ら招くもの。そのうるわしのかんばせの、あでやかなるはだれのため……。それは美しいまま若くして死ぬヒロイン林黛玉《りんたいぎょく》の運命を予示するものであった。

（島森　哲男）

極醜無双《きょくしゅうむそう》

比類なき醜《みにく》さ

戦国時代、斉《せい》の国、無塩《むえん》の村に鍾離春《しょうりしゅん》という女がいた。離春という名前からしてすでに春（恋）とは縁遠い年増女《としまおんな》のイメージ。『列女伝《れつじょでん》』という本によると、これが**極醜無双**、比類なき醜さであったという。

どれくらい醜いかというと、「臼頭深目《きゅうとうしんもく》」（おでこ飛び出し目は奥目）、「長指大節《ちょうしだいせつ》」（指がでかくてごつごつし）、「仰鼻結喉《ぎょうびけっこう》」（鼻は大ばな天井向きボコンと飛び出す喉《のど》ぼとけ）、「肥項少髪《ひこうしょうはつ》」（首は猪首《いくび》で髪薄く）、「折腰《せつよう》出胸《しゅっきょう》」（ラクダの背中にハトの胸）、「皮膚如漆《じょしつ》」（肌はまっ黒うるし並み）という態であった。

すさまじい四字句のオンパレードで、さすが漢字の国と感心する一方、そこまで言わなくてもと同情したくもなる。

この女、矜恃《プライド》もなければ遠慮もない。ばしっともろに斉の宣王《せんおう》の欠点を指摘。おべっかに飽きたか、美女に飽きたか、王はすっかりこの女が気に入った。お高くとまった美女より心根よく、ついにはお后《きさき》にしてその意見を重用し、おかげで斉国はよく治まったという。

（島森　哲男）

沈冤莫白《ちんえんばくはく》

冤罪《えんざい》を明白にできない

宋の張商英《ちょうしょうえい》が言う。「人民は、冤罪に問われても訴えられず、重病に罹《かか》っても悲しむだけであります」（「鄂州《がくしゅう》にて上に謝するの表」）。

ここから、冤罪に沈んでも（沈冤）それを明白にできない（莫白）という意味の**沈冤莫白**が生まれ、絶望的な苦悩を表すことばとなる。

こんな用例がある。殷《いん》の紂王《ちゅうおう》に虐殺された賈《か》夫人の霊が、紂王の夢枕《ゆめまくら》に立って語る。「昏君《ばかもの》よ。お前は皇后をはじめ臣下の妻女たちを無残に殺した。私も高台から突き落とされた**沈冤莫白**の身。今日こそ恨みを晴らしてくれましょうぞ」（『封神演義』）

また、元《げん》代の戯曲『竇娥冤《とうがえん》』を思い出す。幼時に母と死別した竇娥。十三歳で、科挙《かきょ》のために上京した父とも離別。その後の悲惨な運命の中で冤罪のまま処刑された。二十歳。そこに役人として赴任してきた父。娘の霊が父の前に立つ。犯人が挙げられ、娘の霊は消える。

無力だが、誠実に生きた娘。その**沈冤莫白**の運命が、今もなお、多くの人びとの涙をさそっている。

（小野　四平）

水性楊花《すいせいようか》

女心は移ろいやすい

かわいい少女にばかり囲まれて育った賈《か》家のお坊ちゃん賈宝玉《かほうぎょく》は、男が嫌い。「女の子の体は水でできている。男は泥だ。だから女の子に会うとぼくはすうっといい気持ちになる。男は汚くて臭い」（『紅楼夢《こうろうむ》』第二回）。「山川日月の精秀《エッセンス》はみんな女の子に集まる。男はせいぜいそのかすや濁った泡だよ」（第二十回）。

女は水で男は泥とは、子どものくせにいいことを言う。水の澄んだ美しさ、純粋さ、滑らかさ、柔らかさ。しかし女は水性《みずしょう》のもの。水は流れ移ろう。はかなく、変わりやすいのだ。

水性楊花（『紅楼夢』第九十二回）。女心の変わりやすさを表すことばである。楊花というのは柳のわたで、春の終わりに雪のように空一面にふわふわと漂う。柳絮《りゅうじょ》である。流れに浮かぶうたかたのように、空に舞う柳絮のように、女心は移ろいやすい。たしかにそうだよなあ。「女人花」（梅艶芳《アニタ・ムイ》）という歌の歌詞に、風に漂う女人花、柔らかな手で抱きとめて、とある。

（島森　哲男）

布《ふ》衣《い》之交《のまじわり》

庶民同士の付き合い

今はだれでも着たいものが着られますが、昔は身分地位によって着るものが制限されておりました。布衣は「ほい」とも読み、麻布などで作った、一般庶民の着る粗末な衣装のこと、つまり庶民を意味し、**布衣之交**とは庶民同士の付き合いということです。

そこで「布衣の交わりあり」といえば、出世する前、低い身分の時からの付き合いということ、また「布衣の交わりを為《な》す」といえば、身分地位の違いにこだわらず、対等に付き合うことをいいます。今では武士とか町人とかいう身分の違いがなくなったので、このことばも意味を失ってしまったようです。

しかしそうはいっても、社会的地位の違いは現在でもやはり人と人との付き合いに影響します。社長と平社員とでは、なかなか対等とはいかないでしょう。「釣りバカ日誌」はその常識をひっくり返しているから面白いので、あの社長と平社員の付き合いこそ、むかし風にいえば「布衣の交わりを為す」です。

（村上　哲見）

難値難遇《なんちなんぐう》　偶然に出合うのもむずかしい

値《あ》いがたく遇《あ》いがたし。仏教思想を表すことばで「ありがたし（むずかしい）」と言い換えられる。値、遇は予期せずにあう意を含むから、偶然に出合うのもむずかしい意。

原始経典に「人間の身を受けることはむずかしい。死すべき人々に寿命があるのもむずかしい。正しい教えを聞くのもむずかしい。もろもろのみ仏の出現したもうこともむずかしい」とある。

また釈尊は人間として生まれる前、計り知れないほど長い間、いろいろの生類《しょうるい》に生まれ変わり修行を重ね、自分を犠牲にし善行を積み、多くの天人たちを教化《きょうけ》された功徳《くどく》によって、人間界に人間として生まれ変わり、仏陀となることを願われたという。

そのため釈尊の人間としての姿を最後身《さいごしん》、つまり修行する身体として最後であるというのである。

私どもも凡夫《ぼんぷ》も最後身であり、仏陀になるための道のりを歩んでいることになる。その自覚に目覚めたいものである。

（荘司　格一）

剛毅木訥《ごうきぼくとつ》　毅然《きぜん》として、素朴で口べた

剛も毅も「つよし」と読めますが、物理的に力が強いというよりは、むしろ気性がしっかりしている、意志強固などの意味の「つよし」です。

木は朴に通じ、素朴、かざり気がない、訥はすらすらしゃべれないこと、口べた。孔子《こうし》は「**剛毅木訥**は仁に近し」といっております（『論語《ろんご》』）。

同じ『論語』にみえる「巧言令色《こうげんれいしょく》鮮し仁《すくなし》」（六一ページ参照）を裏返しにしたかのようで、お世辞を並べ、いい顔をする人に仁者はいないというのに対し、毅然としてかざり気がなく、ぺらぺらしゃべらない人は仁に近いというのです。

しかし、それがすなわち仁者であるとはせず、「仁に近し」といっているところにも注意すべきで、『論語』の別のところには「剛にして学を好まざれば、その弊《へい》や狂《きょう》」とあります。

剛直《ごうちょく》はよいのだが、学問をしないと狂（常識外れ）になってしまうということで、「巧言令色」よりはよいけれども、やはり学問教養の洗練がなければという
のです。

（村上　哲見）

風花雪月《ふうかせつげつ》　自然界の優れた景物

風と花と雪と月、自然界の優れた景物。「風雲雪月《ふううんせつげつ》」「雪月花《せつげつか》」などともいう。古くから詩文の題材にされた。白居易《はくきょい》の詩に「雪月花の時最も君を憶《おも》う」（「殷協律《いんきょうりつ》に寄せる詩」）とある。

明《みん》の朗英《ろうえい》の『七修類稿《しちしゅうるいこう》』に収められる「ことわざの道理」の第二項目に、「つけで酒買うのは風花雪月のとき。その飲み方は『流星赶月《りゅうせいかんげつ》』。請求すれば『水底摸月《すいていもげつ》』。これは無法者をたとえたもの」という月づくしの四字熟語を並べたものがある。

つけで酒を買うのは好風、花見、雪見、月見の好時節。その飲みっぷりといえば、流れ星や走る月のように速い。だがその代金の取り立ては、水に映る月影をすくい取ろうとするのと同じく不可能だ。

流星は流れ星で、速いことのたとえだが、赶月がよく分からない。やはり速いことのたとえに解したが、望文生義のそしりは免《まぬか》れまい。

「水底摸月」は「水中撈月《すいちゅうろうげつ》」「水中捉月《さくげつ》」（「そくげつ」とも読む）（七九ページ参照）ともいう。無駄な努力のたとえだ。

（小川　陽一）

不痴不聾《ふちふろう》　細かいことをがみがみ言うな

「痴ならず聾《ろう》ならざれば、姑公《ここう》とならず」の後半を省略したもの。痴は愚か、聾は耳が聞こえないこと、姑はしゅうとめ、公はしゅうと。嫁に対して、ときには愚かなふりや、聞こえないふりをしなければ、姑や公はつとまらない。気がつかないふりをしたりして、あまり細かいことを、がみがみ言うな、ということ。

「瞽《こ》（目が見えない）ならず聾ならざれば、公となるあたわず」などいろいろな言い方がある。

唐の名将郭子儀《かくしぎ》の第六子・郭曖《かくあい》は、時の天子・代宗《だいそう》の娘と結婚した。二人がけんかした折に、曖が「親が天子だからって威張るな。おれの親父《おやじ》は天子など頼まれてもならない」と言ったら怒って、代宗に告げた。

代宗は取り合わなかったが、驚いたのは郭子儀。曖を連れて処置を願い出たところ、「『痴ならず聾ならざれば、家翁《かおう》（しゅうと）とならず』と言うではないか。夫婦喧嘩《げんか》など、かまってはおれぬ」と、とがめなかった（『資治通鑑《しじつがん》』巻二二四）。

（小川　陽一）

妍《けん》姿《し》艶《えん》質《しつ》　つややかでなまめかしい美女

「妍《けん》」は研磨《けんま》の研に通じて磨きのかかった美しさ。「艶《えん》」は「色が豊か」でエロチックななまめかしさ。だから**妍姿艶質**はつややかでなまめかしい女性の肉体。

にっこりふりかえれば城を傾け、再度ふりかえれば国も傾けてしまうという絶世の美女、李夫人《りふじん》（漢の武帝《ぶてい》の寵姫《ちょうき》）を題材に、美女にはくれぐれも気をつけなさいよという教訓の詩を白居易《はくきょい》が作った。

「男はみんな美女に惑う。生きているときはその色香《いろか》に惑い、死ねば涙に暮れる。周の穆王《ぼくおう》は盛姫《せいき》を失って三日泣き暮らし、唐の玄宗《げんそう》は楊貴妃《ようきひ》を失って一掬《いっきく》の涙を注いだ。人は石でもなければ木でもない。みんな情けをもっている。だからたとえ**妍姿艶質**の美女が化して土となっても、恋人を思う心は永遠に消えぬ。そんなに惑うものならば、むしろ美女にめぐりあわぬが男の幸せ……」

白居易先生はそう結論を下していらっしゃるが、美女にめぐりあわずに何の人生でしょう。惑いこそ生きる喜びです。

（島森　哲男）

寸《すん》草《そう》春《しゅん》暉《き》　報いきれない深い母親の恩

母の恩は深くして報いきれるものではないということを表すことば。**寸草春暉**の感を深くするというような使い方をする。

寸草は春先に芽生える若草、春暉は春の太陽の輝き。春の若草は太陽の輝きを受けて生長するが、その恩恵の万分の一も報いきれないということ。

中唐の詩人・孟郊《もうこう》は幼くして父を失い、母の手一つで育てられた。苦労に苦労を重ね、四十六歳にしてようやく官職を得た。「遊子吟《ゆうしぎん》」（旅人の歌）はそれまでの母の苦労を思っての作。

「慈《いつく》しみ深い母親は、息子のために服を縫う。ひと針ひと針丁寧に。いつ帰れるか分からない、その息子の旅立ちに……。ああ春の光の輝きに、一寸の草は何として、ご恩に報いられようか（誰《たれ》か言う寸草の心、三春の暉《ひかり》に報い得んとは）」

仕事を求めて旅立つ息子。そうすぐには帰れまい。旅の衣がほつれぬように、ひと針ひと針丹念に縫う。そんな慈母の心根に、今こそ私は報いるのだ。そう孟郊はいう。

（島森　哲男）

海棠春睡《かいどうしゅんすい》　ほお染める美人の色っぽさ

海棠の花は、目のさめるような紅のつぼみから、咲きほころびたころの濃いピンク、そしていつしか淡い紅に変わりゆく色の移ろいが、何とも魅力的な花である。その薄紅の花びらはあたかも美人が酔うてほおを染めうっとりとしているようで、そうした美人のほんのりとした色っぽさを表すのに海棠春睡ということばがある。

楊貴妃《ようきひ》がある朝、卯酒《ぼうしゅ》に酔い、ほんのりと甘い眠りに漂うていると、玄宗《げんそう》皇帝からお呼びがかかった。卯酒とは卯《う》の刻限（朝六時ごろ）に飲む朝酒のことである。高力士らに抱えられて御前に出たが、酔いも眠気もいまだ醒《さ》めず、ほおもまなざしもほんのりとして、ほつれ髪のあやうい風情は何とも色っぽかった。

玄宗はそんな貴妃の様子を見てほほ笑みながら言った。「海棠の睡《ねむ》り未《いま》だ足らざるか」（『唐書《とうじょ》・楊貴妃伝』）。美人・眠り・酔いのイメージと、海棠のうつむきかげんの花びらの薄紅のやさしさがぴたっと結びついて、いかにも美しい。

（島森　哲男）

桃花靧面《とうかかいめん》　桃の花で顔を洗って美人に

「靧」はむずかしい字だが、顔を洗うの意。桃の花で顔を洗う。美人のことをいう。唐の虞世南《ぐせいなん》の『史略《しりゃく》』に見える話に基づく。

紀元六世紀、北斉《ほくせい》の時代に盧士深《ろししん》という人物の妻女で、才たけて学ある夫人がいた。桃の花咲き乱れる春のある日、季節外れの淡雪《あわゆき》が降った。夫人は淡雪を手のひらにすくって、紅《あか》い桃の花とまぜ、幼い娘の顔をそっとなで、歌うようにおまじないした。

「紅い花、白い雪、洗えばお顔はぴっかぴか／白い雪、紅い花、洗えばお顔はつうるつる／花紅く、雪白く、洗えばお前は美人さん！」

娘が色白の美人になるように祈る母と、雪と桃の花で顔を洗われて、冷たい！　と首をすくめながら、うれしそうにしている幼い娘。なんとも美しい情景である。

母親にかわいがられた子は、きっとまた自分の子にも同じ愛情を注ぐだろう。次の世代につながる愛。母親のやさしいおまじないが、子に孫に伝わり、みんなが心やさしく美しくなる。

（島森　哲男）

夏の章

応病与薬《おうびょうよやく》

たくみな対症療法

病に応じて薬を与える。たくみな対症療法をいう。釈尊が人々の素質に応じて教えたことを医術にたとえ、釈尊を医者にみたてて大医王といった。薬は教え。

釈尊の教化《きょうけ》には、問いをそのまま肯定する、問いを分析して答える、反問する、答えない、という四つの方法があった。問いの内容、問う人の資質をはかってのことである。このことから、人の性質、素質、理解力などに応じて適切な指導をする意に用いられる。つまり、相手のツボをおさえて対応することで、対機《たいき》説法、随機《ずいき》説法ともいう（機は素質）。

「善く衆病を療《いや》すに**応病与薬**なるべし」（『維摩経《ゆいまぎょう》』）、「時《じ》節因縁《せついんねん》（時節が到来し因縁が合う）またすべからく**応病与薬**なるべし」（『碧巌録《へきがんろく》』）などと見える。

いま、教育があらためて問われている。教師と学生の間にスキマ風がふきぬける。医王たる教師の時節因縁の与薬をまつのは学生ばかりではあるまい。

（荘司　格一）

東施効顰《とうしこうひん》

むやみな人まね身の程知らず

美しい人はより美しく、そうでない人はそれなりに、というCMがあった。「そうでない人」とはっきり区別しつつ、「それなりに」と救うところが、おかしく巧《たく》み。

美しい人といえば、昔、越《えつ》の国に西施《せいし》という女がいた。呉王夫差《ごおうふさ》に愛された絶世の美女。胸を病んでいたというから、きっと肌がすきとおるような美人だったのだろう。その西施がときおり苦しげに眉《まゆ》を顰《ひそ》めると、見ていてふるえがくるほどの美しさだったという。

西施の家の隣に、かなり「そうでない人」がいて、眉を顰めたときの西施の美しさに心打たれ、なるほどああすれば美しく見えるのね、美しさの秘密はあれだわと、早速まねをした。そのひどい顔に村人はみな門を閉ざし、耐え切れず引っ越す者もいた（『荘子《そうじ》・天運篇』）。

西施の隣なので、東施《とうし》という名を与えられたこの女、むやみに人まねして「顰《ひそみ》に効《なら》う」身の程知らず。悲しくもあわれ。どこかに「それなりに」よさがあるはずなのに。

（島森　哲男）

喜怒哀楽《きどあいらく》　喜び、怒り、悲しみ、楽しみ

　喜び、怒り、悲しみ、楽しみ——人の感情の総称。儒教の古典『礼記《らいき》』の中庸《ちゅうよう》篇に、「喜怒哀楽が表に現れない状態を中といい、節度ある現れ方を和という」とある。縮めて「喜怒」、長くして「喜怒哀懼愛悪欲《きどあいくあいおよく》」とも。「懼」は恐れ、「悪」は憎しみ、「欲」は欲望。

　唐の小説『杜子春《とししゅん》』に、杜子春が仙人になるための試験を受けた。試験官の仙人に「今から目の前に起きることは、みな幻で現実ではないから恐れるな。何があっても声を出すな。そうすれば仙人になれる」といわれ、どんな怖いことでも我慢できたのに、自分の子が石にたたきつけられ、頭が砕け、脳みそが飛び散ったときに「あっ」と一声。

「喜怒哀懼悪欲はみな捨てることができたが、まだ愛にとらわれておる。おまえには、仙人は無理じゃ」

　今の世の中には、愛を捨てることのできる人が少なくない。でもこやつは欲が捨てられないから、やはり仙人は無理じゃや。

（小川　陽一）

人馬辟易《じんばへきえき》　相手を恐れ、立ち退く

　辟は避ける、易は易《か》える。相手を恐れ、路をあけて立ち退《の》くこと、逃げ去ることの意である。転じて手がつけられなくて閉口する意にも用いられる。

　このことばは『史記《しき》』の中でも圧巻とされる「項羽本《こううほん》紀《ぎ》」の中に出てくる。

　一時優勢を誇った楚《そ》の項羽も次第に漢の劉邦《りゅうほう》に追われる身となる。「四面楚歌《しめんそか》」（一四ページ参照）の熟語や虞美《ぐび》人《じん》との別れが出てくるのも敗色が濃くなったこの時期のことである。

　自分が劉邦に敗れるのは自己の力のせいではなく運命によるものだと言い切った項羽は自分の手で虞美人を殺し、自分の敗北が運命であることを示すために、わずか二十八騎の従者をもって数千人の漢軍に最後の戦いを挑んだ。

　この時、漢の将軍が項羽を追撃したが、項羽は目をいからしてしかりつけた。すると「人馬《じんば》倶《とも》に驚き、辟易《へきえき》すること数里」であったという。

　司馬遷の筆は常に項羽に対して好意的であるが、この場面も悲劇の英雄にふさわしい。

（清宮　剛）

光焔万丈《こうえんばんじょう》　詩文など輝かしく力強いこと

唐代の著名な文学者・韓愈《かんゆ》は、先輩に当たる李白《りはく》と杜甫《とほ》を高く評価した。

「李杜《りと》文章在《あ》り、**光焔万丈長し**」（「張籍《ちょうせき》を調《あざけ》る」）

その意味は、李白と杜甫の詩はだれの目にも明らかなものとして存在し、その燃え上がる炎のような文学は永遠に輝くであろう、ということ。

ここから**光焔万丈**ということばが生まれ、詩文など、物事の輝かしく、また力強いことを指すようになる。

「こんなことを語るのは、大抵が『文学者』たちで……彼等は私を除去すれば、自分たちの文章が**光焔万丈**になると思っているのです」（魯迅《ろじん》「韋素園《いそえん》に致す」）

全く同じことを表すことばとして「光芒万丈《こうぼうばんじょう》」がある。「唐・宋の人たちによる唐詩の選集をみると、李白と杜甫の詩を採用していないものが多い。今日では光芒万丈なのだけれども、当時の人びとにとっては単なる隣人の一人に過ぎなかったのであろうとみられる」（兪樾《ゆえつ》『茶香室叢鈔《ちゃこうしつそうしょう》』）。

このことばから、李杜に対する韓愈の理解が同時代の人々を凌駕《りょうが》していたことが分かる。

（小野　四平）

破夏分散《はげぶんさん》　修行を中途で投げ出す

夏《げ》を破り分散する。夏は安居《あんご》で九十日間定住して修行する期間をいう。破夏とは安居に加わりながら全期間を終えず、中途でやめたり、禁足の制を破り外に出かけることで、分散は大衆《だいしゅ》（多くの修行者）が退出すること。

『臨済録《りんざいろく》』に「臨済破夏の因縁」という話《わ》（問題が提起される対話）がある。臨済が半夏《はんげ》（夏の半ばの日で六月一日）に黄檗山《おうばくさん》にゆく。黄檗はお経を見ていた。「なんだ、お経読みの坊主か」といい、数日して辞した。黄檗は「おまえは途中に来て夏も終わらぬうちにゆくのか」、「わたしは和尚さまを試しに来ただけです」。

黄檗はすかさず打って追い出した。歩いて数里（一里はほぼ五百六十メートル）、ふっとこの事を疑問に思って戻り、夏が終わるまでいた。

この事とは仏法の根本問題、疑問とはその深みに気付いたこと。満々たる自信がすさまじい勢いで否定されて大事に気付いた。臨済がのち大きな光になったのはこの一疑にあるといわれる。

（荘司　格一）

洞房花燭《どうぼうかしょく》　新婚の夜の華やいだ雰囲気

洞房は奥まった部屋、新婚夫婦の部屋。花燭（華燭とも書く）は表面に龍《りゅう》や鳳凰《ほうおう》などの模様を描いた結婚式用の赤い絵ろうそく。**洞房花燭**《どうぼうかしょく》で新婚の夜の華やいだ雰囲気、また広く新婚そのものを表す。

むかし結婚の宴は日が暮れてから開かれたので（婚＝女＋昏《くら》い）、赤いろうそくを点《とも》し、新婦を迎えた。花嫁の赤い衣装が、赤いろうそくの光に映え、新郎の顔は輝き、ほろ酔いの賓客《ひんきゃく》も赤い顔で笑う。

北周の庾信《ゆしん》の詩に「洞房　花燭明らかに／燕余《えんよ》　双《なら》び舞うこと軽《かろ》し」（洞房に花燭は点り、宴ののち共に舞えば心軽やか）とある。

宋の洪邁《こうまい》という人の本によれば、当時「得意の詩」というのがあって、やったぁと跳び上がるような喜びの時を四つあげている。「久しく旱《ひでり》して甘雨に逢う／他郷にて故知《ゆうじん》に見《あ》う／**洞房花燭**の夜／金榜《きんぽう》（科挙《かきょ》合格発表掲示板）に名の掛かりたる時」。

人生最良の時、**洞房花燭**の夜。願わくはそれが生涯よき思い出のままでありますように。

（島森　哲男）

名花傾国《めいかけいこく》　牡《ぼ》丹《たん》の花と楊貴妃《ようきひ》

毎年五月八日から十日にかけて山形市で日本三大植木市の一つが薬師寺周辺で開催される。多くの人々が花を求めて出掛けるが、ひときわ目立つのが牡丹の花である。花色は白、黄、桃とさまざまであるが、濃い紅のものがやはり一番美しい。

名花傾国とはこの牡丹の花と楊貴妃を指して唐の大詩人・李白《りはく》が言ったことばである。

「名花傾国両《ふた》つながら相歓《よろこ》ぶ、長《つね》に得たり君主の笑みを帯びて看《み》るを」（「清平調詞《せいへいちょうし》」）

これは春のある日、沈香亭《ちんこうてい》というあずまやで、玄宗《げんそう》が楊貴妃を牡丹のそばに立たせて、双方の美しさをめでながら李白に作らせた詩である。華やかな長安《ちょうあん》の春に酔う帝王の楽しみであり、楊貴妃こそは唐王朝に咲いた大輪の牡丹であった。

牡丹は中国原産で、古くはもっぱら薬用とされ、観賞の風習はなかったが、唐の則天武后《そくてんぶこう》のころから「花中の王」として多くの詩に詠まれるようになった。

（清宮　剛）

百尺竿頭《ひゃくしゃくかんとう》　すべてを仏に任せ切る

百尺ある竿《さお》のてっぺんのこと。続けて一歩を進むべしというのは、そのてっぺんからさらに一歩を踏み出す決断をして進みゆけということで、自己を仏に投げ入れる、すべてを仏に任せ切るという意である。

道元《どうげん》禅師は「百尺の竿頭にのぼって足を離せば死ぬと思ってしがみつく心があるものだ。それを一歩進めというのは思い切って身命を投げ出すことである。すべての計らいを捨て切ることであって、そうしなければ法も道も得られないのだ」（『正法眼蔵随聞記《しょうぼうげんぞうずいもんき》』）とさとす。

大乗仏教では上求菩提《じょうぐぼだい》、下化衆生《げけしゅじょう》という。自らが悟るのみでなく、上に向かっては菩提を求め、下に向かっては衆生を教化《きょうけ》救済しなければならない。そこまでに至るには**百尺竿頭**一歩を進めなければいけないということである。

悟りのみか何事もつまるところかくなければならないと頭では理解できるのだが……。

（荘司　格一）

珪母具酒《けいぼぐしゅ》　母が息子の友人を歓待

王珪《おうけい》の母が酒宴を具《そな》えて息子の友人を歓待したという話に由来する。

唐の王珪は幼くして父を失い、母の手で育てられた。生活は貧しかったが立派に成長し、やがて唐王朝創業の功臣の一人になる。その王珪がまだ世に出る前のこと――。

ある日母に、「おまえはきっと出世するだろうが、でも今どんな人たちとお付き合いしているのか心配だから、今度その方たちを家に連れていらっしゃい」と言われ、連れてきたのが房玄齢《ぼうげんれい》と杜《と》如晦《じょかい》だった。この二人を見た母はびっくりして酒食を具え丁重にもてなした。二人が帰ると「あのお二人は天子を補佐なさる才能をお持ちのおかた。立派なお友達で安心しました」（『新唐書《しんとうじょ》』巻九十八）。この二人もやがて唐王朝建国の功臣となる。

電子メールばやりの今、子供がどんな相手と交際しているのか親は分かっていないだろう。いや当の本人でさえよく分かっていないらしいのだから無理もないが。

（小川　陽一）

日東月西《にっとうげっせい》　遠く隔《へだ》たって会えない悲しさ

「東《ひむがし》の野にかぎろひ（暁の光）の立つ見えて　かへり見すれば月傾《かたぶ》きぬ」（柿本人麿《かきのもとのひとまろ》）、「菜《な》の花や月は東に日は西に」（蕪村《ぶそん》）。いずれも日月を東西に配した壮大な風景。

中国にも**日東月西**ということばがあって、似た情景の描写かと思いきや、これは遠く隔たって会えない、悲しい別れを象徴することばであった。

二世紀、後漢《ごかん》時代、蔡邕《さいよう》という大学者の娘で蔡琰《さいえん》という人がいた。夫に先立たれ、実家に戻っていたが、後漢末の戦乱の中、匈奴《きょうど》に捕えられ、はるか北の草原に連れ去られた。その地で結婚し二人の子どもをなす。十二年後、曹操《そうそう》によって連れ戻されるが、子どもは胡地《こち》に残された。十歳にも満たぬはずである。彼女は子らのことが忘れられず、詩を詠む。

「…思いは茫茫《ぼうぼう》たり／我と児《こ》と各《おの》おの一方にあり／日は東に月は西に　徒《いたず》らに相望《あいのぞ》み／相随《あいしたが》うを得ず　空《むな》しく断腸《ちょう》す」「天と地と隔たり　子は西　母は東」（「胡笳十八拍《こかじゅうはっぱく》」）

日東月西の悲しみに泣く母親はつい半世紀前にもたくさんいた。

（島森　哲男）

水深《みずふかく》　火熱《ひあつし》　悪政続き、生活環境が劣悪

水攻め火攻めのような政治の苦しみ。生活環境の極端に苦しく劣悪な状態。

斉《せい》の宣王《せんおう》が北方の燕《えん》の国を伐《う》った。紀元前三一四年のことであった。当時、燕の国は宰相の子之《しし》が権力を持ち、国王の噲《かい》が子之に位を譲るという内乱状態にあり、それに乗じて斉は勝利を収めたのである。そして宣王はこの機会に燕を併合すべきかどうかを孟子《もうし》に相談した。

孟子は言う。燕の国民が斉の軍隊を喜んで迎えたのは水火の苦しみを逃れようとしてのことである。もし「水のますます深きが如《ごと》く、火のますます熱きが如くなれば」彼らはほかに救いを求めるでしょう。併合するかどうかの唯一の標準は燕の民が喜ぶかどうかにあるというのである。「如水益深、如火益熱」という語が簡略化されて**水深火熱**となった（『孟子・梁恵王篇《りょうけいおうへん》・下』）。

宣王は燕を併合したが、仁政を行わず、ついに燕の民が反乱を起こすという事態を招いた。いつの時代も民の喜ぶ政治こそが第一である。

（清宮　剛）

三舎退避《さんしゃたいひ》

戦いの場でも恩義を重んじる

相手をはばかり、引き下がって不戦の意を示すこと。舎とは軍隊の一日の行程で三十里の距離。周代の一里は現在の四百五十メートルに相当するから、三舎とは約三六・五キロになる。

このことばは春秋時代《しゅんじゅう》の覇者、晋《しん》の文公に由来する。文公は名を重耳《ちょうじ》というが、晋の国のお家騒動にまきこまれ、諸国を流浪すること十九年、ようやく王位に就いた人である。その一代記は『国語・晋語』『左伝《さでん》・僖公《きこう》』に詳しい。宮城谷昌光氏の小説『重耳』はこの歴史的事実を踏まえた名著である。

重耳が晋の国に帰れたのは、ほかの諸侯の後押しがあったからである。楚《そ》の国もその一つであった。楚に恩義を感じた重耳は「いつか楚と戦うことがあれば、三舎退いて返礼としたい」と約束した。後に実際に楚と戦った時に、このことば通りに三舎退いたという。

弱肉強食の世にありながらも、義や恩を重んじる戦争は中国的である。

（清宮　剛）

北風之恋《ほっぷうのこい》

望郷の思い

漢代から六朝《りくちょう》時代にかけてのころに作られたと見られている作者不詳の「古詩十九首」がある。その中の「胡馬《こば》は北風に依《よ》り、越鳥《えっちょう》は南枝に巣くう」が、広く知られてきた。

北方の胡《えびす》から来た馬は北風が吹くといななき、南方の越《えつ》から来た鳥は南側の枝に巣を作るということ。ここから望郷の思いを表すことばとしての**北風之恋**・南枝之思《なんしのおもい》が生まれた。「城廓《じょうかく》を築いて異郷に暮らす軍人たちでさえ、**北風之恋**から逃れられない。まして長期の旅に過ごす文人たちは、きっと南枝之思を持つに違いあるまい」（『周書・杜杲《とこう》伝』）。

このことばは、早くから日本にも受容され、同じ意味に用いられてきた。「所謂《いわゆる》、馬に北風の愁《うれい》あり、鳥に南枝の悲《かなしみ》あり。何ぞ況《いわ》んや、人倫《じんりん》の思《おもい》に於《おい》て、何ぞ懐土《かいど》の情《こころ》なからん」（『将門記《しょうもんき》』）。

全く同じ意味なのだが、**北風之恋**を北風の愁に、南枝之思を南枝の悲にと少しずつことばを換えて、日本人に分かりやすいようにする工夫がほどこされている。

（小野　四平）

旧雨新知《きゅううしんち》

苦境で実感、友のありがたさ

「旧雨」は古くからの友人、「新知」は新しい知人。「旧雨新知、一堂に会して、宴会は夜更けまで続いた」などと使う。

どうして「旧雨」が老朋友《ラオポンユウ》の意になるのか。杜甫《とほ》の文章「秋述」の中の記述による。四十前後の杜甫は就職活動ままならず、ロバにまたがり、とぼとぼと高官や政商たちの門を訪ねまわる日々を送っていた。残り物のごちそうをあてがわれ、ひそかに悲辛《ひしん》する毎日だった。秋になって長雨がふり、杜甫は病の床に臥《ふ》した。

「つきあう友も、旧《むかし》は雨がふっても来てくれたものだが、今は雨がふればだれも来ない。……私は棄物《やくたたず》だ。四十にして無位無冠とは」。そんなふうに落ち込む杜甫を訪ねてくれた友がいた。「秋述」は病の床でその悲嘆と喜びを記した文章である。

みんな自分のことだけで精いっぱい、人のことなど知らんぷりの世の中。そんな中で、ひとり苦しんでいるときに、そっと声をかけてくれる古い友のありがたさは無上のものだ。

（島森　哲男）

一刀両断《いっとうりょうだん》

物事をすばやくはっきり解決

一太刀《ひとたち》で真《ま》っ二《ぷた》つに断ち切ること。物事をすばやく、はっきりと解決することを形容する。

宋代の朱子《しゅし》のことばに、こうある。

「克己《こっき》、すなわち自分の欲望を抑制するには、根源からの**一刀両断**にかぎる。それが再び芽をだすことのないように」（『朱子語類』）

明《みん》・清《しん》の小説では、「離縁状さえ手に入れたら、あとのことは**一刀両断**で解決できる」（『古今小説』）とあるように、男女のもつれを解くときに用いる例がみられる。ともすればごたごたしやすい男女関係に苦しんだ人々の、それを解決したいという願いが認められる。

一刀両断と同じ意味のことばに「快刀乱麻《かいとうらんま》を断つ」がある。数年前のこと。ある中学校の学園祭で、生徒たちがこのことばをスローガンにしていた。思春期に特有の潔癖な思いの中で、彼らは、世の中のさまざまな不条理に対して激しく抗議していたのだった。

一刀両断に、快刀乱麻を断つことができたら、どんなにすっきりすることだろう。最近、そう思うことが少なくない。

（小野　四平）

小心翼翼《しょうしんよくよく》　気が小さくてびくびく

ことばは時代により意味が変わることがあり、「明哲《めいてつ》保身《ほしん》」（一五三ページ参照）などもその例で、『詩経《しきょう》』にみえる古代歌謡では、周王朝の建国の功臣、仲山甫《ちゅうさんぽ》をたたえる表現だったのに、後世は要領よく立ち回るという悪い意味で使われます。

同じ詩にみえる**小心翼翼**も同様で、仲山甫が慎み深い人物だったことをほめる表現でしたが、気が小さくてびくびくしていることをいうようになります。

『詩経』には同じ表現が別の詩にも使われており、こちらは功臣どころか、周王朝の基礎を築いた聖人、文王《ぶんのう》をたたえて「これこの文王、**小心翼翼**」とあって、注では「うやうやしく慎むさま」と説明しております。

現在の中国語で「小心《シャオシン》」といえば、気をつける、用心するなどの意味で、日本のように軽蔑《けいべつ》のニュアンスはありません。紀元前からのことばが日本と中国で、それぞれ意味が変わってきております。そこにはいろいろおもしろい問題がありそうです。

（村上　哲見）

一日三秋《いちじつさんしゅう》　恋人によせる深い思慕の情

「一日見《いちじつみ》ざれば、三秋《さんしゅう》の如《ごと》し」（一日不見、如三秋兮）という『詩経《しきょう》』のことばからきている。「一日見ざれば、三秋を隔つるが如し」（一日不見、如隔三秋）とも。恋人に寄せる若者の、思慕の情の深いことをいう。日本では、「一日千秋《いちじつせんしゅう》」となることが多い。

『紅楼夢《こうろうむ》』の主人公・賈宝玉《かほうぎょく》は、父の厳命によって家塾に通うことになる。そのために恋人の林黛玉《りんたいぎょく》と、これまでのように会えなくなってしまう。そのときのつらさを「昔の人が〝**一日三秋**〟と語ったのは本当のことだネ」と語る。恋の思いは、今も昔も変わらない。だが、魯迅《ろじん》によると、かなり違ってくる。

失業して行方不明になった友人の部屋を、「私」がたずねる。友人は不在だ。「ドアをあけて客間に入った。なんと〝一日不見、如隔三秋〟というやつだ。何もかも、がらんどうだ」（『孤独者』）

甘くて切ない雰囲気をもつことばが、一転して、耐え難い孤独を映しだすことばに変わっている。

（小野　四平）

入院退院《にゅういんたいいん》　住職として入寺《にゅうじ》、そして追放

病気で入院し治って退院、という院は病院のこと。院はもともと垣、役所、寺、学院など、の意で、院落というと垣根で囲んだ屋敷、その内庭をいう。今日、病院というと病人を治療する所のことだが、もともと病坊とか養病坊と呼ばれていたらしい。いつごろから病院というようになったかは分からない。

仏教語でいう入院とは寺に住職として初めて入ることで、入寺、入山《にゅうざん》、晋山《しんざん》ともいう。山とあるのは本来深山に寺を建てたからだといわれる。

退院とは住職の地位を退くことをいうが、近世になって僧侶の刑として職を解き寺から追放することをいった。これより重い刑に追院《ついいん》がある。いったん居住する寺院に帰ることも許さず直ちに追放する。

自発的に寺を退くことは出院《しゅついん》というが、これを「すいいん」と読むと、戒を犯したために寺を追放される意となる。入院は「じゅいん」とも読む。読み方に注意すべきよい例。

（荘司　格一）

水中捉月《すいちゅうさくげつ》　修行の真偽《しんぎ》を知れ

水中の月をとらえる、の意。撈月《ろうげつ》、水中月とも。水に映る月影は月そのものではない。そうと知りつつ、とってくれとせがまれて、とろうとするのは無駄な努力。修行においては悟りを得たいという目的をもって努力すればできると期してても、それは「真か妄か」と師匠に切り返される（大慧《だいえ》禅師）。妄だ、むなしいぞということである。道元《どうげん》禅師も「修行の真偽を知れ」と固く戒《いまし》める。

もうひとつ意味がある。大河であれ、庭の小さな池であれ、コップや杯の水にも月はひとしく映る。まったく自由自在、器の大小、所を選ばず月は宿《やど》る。月を仏にたとえると、どんなものにでも応じてその姿をあらわす。「仏の真の法身《ほっしん》（真如《しんにょ》のこと）はなお虚空《こくう》の如《ごと》し、物に応じて形をあらわす。水中の月の如し」（『正法眼蔵《しょうぼうげんぞう》』）という。

なお、捉は慣用で「そく」とも読む。撈は水中のものをすくう意。さて、私ども水中に捉月していないだろうか。

（荘司　格一）

掃眉才子《そうびのさいし》

女性で文才ある人

中国成都《せいと》の町外れ、竹林の中に望江楼という美しい建物がある。朝、霧が晴れると、錦江《きんこう》に四層の影を落として日に映える。唐の女流詩人、薛濤《せっとう》ゆかりの地である。長安《ちょうあん》生まれの薛濤は、父の死後、この地で妓女《ぎじょ》（芸者）となった。詩才ゆたかな彼女はたちまち街中の評判となり、名士たちと詩をやりとりする。

佐藤春夫の『車塵集《しゃじんしゅう》』に彼女の詩が収められている。「しづ心なく散る花に／なげきぞ深きわが袂《たもと》／情《なさけ》をつくす君をなみ／つむや愁《うれい》のつくづくし」（「春望」）。

たまたま着任した節度使《せつどし》（地方長官）が彼女を気に入り、校書郎（秘書官）にしようとしたため、薛濤は「女《じょ》校書《こうしょ》」と呼ばれるようになる。

彼女はまた**掃眉才子**とも呼ばれた。眉《まゆ》を掃《は》くというのはいかにも女性らしい、美しく化粧する姿を表している。その彼女が当時としては珍しい男性なみの詩才に恵まれていたところから、この称呼《しょうこ》がある。よって後世、女性で文才ある人を**掃眉才子**という。

（島森　哲男）

門庭若市《もんていいちのごとし》

諫言《かんげん》する人が満ちあふれる

諫言を進める人々が門前や部屋に満ちあふれること。

斉《せい》の国に有名な政治家で鄒忌《すうき》という人がいた。一方、城の北側に美男子で名高い徐公《じょこう》という男が住んでいた。ある日、鄒忌は盛装して鏡に向かい、傍《かたわ》らの妻に聞いた。「私と徐公ではどちらが美しいかね」。妻が答えるには「あなたの方がずっと美しいわ」。不思議に思った鄒忌は愛人や客に同じ質問をしたが、答えは同じであった。

数日して徐公に実際に会う機会があり、じっくり眺めてみると、どうしても徐公の美しさに自分は及ばない。考えた末の結論は「妻は私を偏愛し、愛人は私を恐れ、客は私に何か求めることがあってのことだ」ということであった。

鄒忌はそのことを斉王に報告した。王は感ずるところがあって国中に令を出し、諫言をしたものに褒美《ほうび》を与えることを約束したところ、「群臣諫を進むるもの、門庭《もんてい》市《いち》の若《ごと》し」であったという。このことにより斉は武力を用いずに周囲の国を服従させたという（『戦国策《せんごくさく》・斉策』）。

（清宮　剛）

直躬証父《ちょっきゅうしょうふ》　正直すぎると災いのもとに

直躬は楚《そ》の国の正直者の名。正直すぎることは災いとなることもあるという意味。

ある人が言った。「わが国には正直者の直躬という者がいて、父がよその羊をごまかして自分のものとしたのを、子供が証人となって有罪としました」。

孔子《こうし》が言うに、「わが村ではそうではない。父は子のためにかばい、子は父のためにかばいます。正直とはそういう中にあるものです」（『論語《ろんご》・子路《しろ》篇』）。

孔子の道徳は家庭内の愛情を基盤とする。この家庭内の愛情をより重視するのか、それとも客観的に悪を悪と判断するのかは、かなりむずかしく古来中国でも論争があるが、後代の中国の法律は孔子の倫理観に立って、近親間の証拠隠滅は罪にならないとした。

この**直躬証父**という熟語は『荘子《そうじ》・盗跖《とうせき》篇』に「直躬の父を証し、尾生《びせい》の溺死《できし》せしは、信の患なり」として出てくる（二〇ページ「尾生之信《びせいのしん》」参照）。

孔子のことばも情として分からないではないが、こういう考えが組織全体で行われては困る。

（清宮　剛）

蛟竜得水《こうりゅうとくすい》　才能ある人に飛躍の機会到来

蛟竜は、蛟《みずち》と竜《たつ》のこと。蛟は角《つの》のない竜をいう。また、鱗《うろこ》のある竜を蛟竜ともいう。

「蛟竜は水を得て、神立《しんた》つべきなり」（『管子《かんし》』）という。蛟や竜は水を手に入れると神妙な力を発揮して雲を呼び雨を降らせて、昇天するのだという。のち、才能のある人間が機会を得て実力を発揮することにたとえる。

「楊大眼《ようだいがん》という若者が仕官したがっていたが、大臣が認めてくれない。そこで、長さ三丈（約十メートル）の縄を体に結びつけて走った。すると縄がピンと伸びて矢のようになり、走る大眼に馬も追いつけない。大臣は彼を採用することにした。その時、大眼が『私は**蛟竜得水**の時を迎えた』と語った」（『魏書《ぎしょ》』）。

下って明《みん》の小説では、用法が少し違う。殷《いん》の紂王《ちゅうおう》が西《せい》伯《はく》（のちの周の文王《ぶんのう》）を捕らえて羑里《ゆうり》に閉じこめたが、西伯の恭順《きょうじゅん》な姿を見て釈放する。西伯は、祝宴を開く。その時のことを「**蛟竜得水**して泥沙《でいさ》を離れたり」（『封神演義』）と記している。ここでは、苦しい状況からの脱出を意味している。

（小野　四平）

青梅竹馬《せいばいちくば》　幼い男女の無垢《むく》の恋

幼い恋がある。恋と知らずに恋する無垢《むく》の恋。そんな幼い男女の筒井筒《つついづつ》の恋を表すことばが**青梅竹馬**である。語は李白《りはく》の「長干行《ちょうかんこう》」という詩に基づく。

「ひたいにゆれる前髪の、ひとり花つむ門の前。あなたは竹馬《ちくば》に跨《また》がって、庭の井桁《いげた》をまわってる。青い梅の実ころがして、仲良く遊べば日が暮れた。長干《ちょうかん》の里、筒井筒、疑うことも知らなんだ」

「幼い恋が実を結び、十四であなたの妻となる。うれしはずかし結ばれて、いついつまでも共白髪《ともしらが》。だけどあなたは旅に出て、待てど暮らせど帰らない。わたしはひとり愁《うれ》い顔。お帰りの時は知らせてね。ちゃんと迎えにいきますわ」

梅（＝楳）は媒（縁結び）に通じ、実がたくさんなるのも、子だくさんに通じて縁起がいい。古くは梅の実を投げて求婚する風習もあった。幼い遊びの中に結婚が約束されていたわけだ。青い梅の実と竹馬。何だか妙に懐かしい。梅の畑を思い出す。青いのをかじってしかられた。

（島森　哲男）

文人相軽《ぶんじんあいかろんず》　文人は互いに軽視するもの

誇り高い文人は、互いに相手を軽視するものだということ。魏《ぎ》の曹丕《そうひ》『典論《てんろん》』に基づくが、そこでは相手の文章表現を軽視することを意味していた。のち、このことばは相手の人格や言行を軽視することに用いられるようになる。

一九三五年のこと。当時の中国の文壇に流行していた**文人相軽**ということばに寄せて、魯迅《ろじん》がこのことばを題とする七篇の短い文章を書いた（『且介亭《しょかいてい》雑文』二集）。その中で、次のような文人論を展開している。

甲と乙が互いに相手を軽視しているとき、「甲も好《よ》し、乙も好し」という妥協に走る者がいる。また「甲もだめ、乙もだめ」という独善に立つ者がいる。妥協と独善をやめよ。そして、必要があれば「激しい憎悪をこめて『自分と違う者』を攻め、激しい憎悪をこめて『死の説教者』と戦うべきである」。これを実践する者が、まことの文人である。

言うは易《やす》く行うは難《かた》しという。が、魯迅は自分のことばをみごとに実践した人であった。彼の生涯が、それを証明している。

（小野　四平）

南柯之夢《なんかのゆめ》　人生のはかなさ

唐代の小説『南柯太守伝《なんかたいしゅでん》』から出たことば。やはり唐代の小説『枕中記《ちんちゅうき》』を出典とする「一炊之夢《いっすいのゆめ》」（二〇〇ページ参照）と同様に、夢の中でさまざまな体験をしてしまうというお話で、人生のはかなさを表します。

淳于棼《じゅんうふん》という人が酔いつぶれて眠っているとお迎えの車が来て、槐《えんじゅ》の大木の根元の穴を入って行くと国王夫妻に歓迎され、王女と結婚して南柯地方の長官（太守）として赴任し、いろいろ体験しますが、目覚めてみればすべてはもとのまま。『枕中記』同様の筋書きですが、槐の根元を掘ってみると城郭《じょうかく》宮殿のようなアリの巣が現れ、すべて夢の中の体験と符合したというところが違います。

『枕中記』は後に戯曲に発展し、日本にきて謡曲『邯《かん》鄲《たん》』となりますが、『南柯太守伝』も明《みん》代の戯曲『南柯記』となり、日本では滝沢馬琴《たきざわばきん》がこれをもとに小説『三《さん》七全伝南柯夢《しちぜんでんなんかのゆめ》』を書いております。「人生夢の如《ごと》し」とは普遍的かつ永遠の文学のテーマなのです。（村上　哲見）

遊戯三昧《ゆげざんまい》　信仰に身をささげ喜び生きる

仏教語。ひたすら仏《ほとけ》の境地に徹して雑念をはらい、それを喜び楽しんで生きることをいう。昔、中国の普願《ふがん》禅師が「**遊戯三昧**を得た」（『伝灯録《でんとうろく》』）というが、それ以上の説明はなく、具体的なイメージがつくれない。

ところで鈴木大拙《だいせつ》が、石川の人・浅原才市《さいち》を紹介している（『妙好人』）。下駄《げた》職人としての生涯を閉じたのが昭和七年。八十三歳。あとに六十冊の帳面が残され、そこには真率《しんそつ》な信仰告白がつづられていた。ほとんど平仮名で、ぎっしりと。一例を挙げる。

「わたしや　こまうたことがある／むねにくわんぎのあげたとき／これを　かくすこと　できません／なむあみだぶつとゆうて　かけ」。――仏と出合う「くわんぎ」（歓喜）が胸にこみあげると、「こまうた」（困った）ことに隠せない。だから、南無阿弥陀仏と書くのだ、という。

まことに**遊戯三昧**を生きた人の、いきいきした姿がここにある。（小野　四平）

遍照金剛《へんじょうこんごう》　世界を照らし堅くこわれない

弘法大師《こうぼうだいし》の名号を遍照金剛というが、もともとは光明が世界を遍《あまね》く照らし、その本体が金剛石のように不壊《ふえ》（こわれない）であるという意。密教では大日如来《だいにちにょらい》をいう。

金剛は梵語《ぼんご》ヴァジュラの漢訳で最も硬いダイヤモンドのこと。そのように壊れないものをいう。仏の身を金剛不壊身といい、金剛不壊の寿命、金剛不壊の勝地（すぐれた土地の意で寺院の建てられた地）などという。

わが国では「三密の金剛を揮《ふる》ふ」（『真言内証義《しんごんないしょうぎ》』）は金剛杵《しょ》のこと、「門には金剛の形像《ぎょうぞう》」（『万民徳用《ばんみんとくよう》』）は伽藍加護《がらんかご》の仁《に》王尊《おうそん》、「金剛の稲光《いなびかり》の伝助」（『浮世草子《うきよぞうし》』）は歌舞伎役者の草履取りのことで金剛は草履、「金剛は二束三文する物を」（『きのふはけふの物語』）は藺《い》のわらで作った草履を意味し、あるいはまた「野郎の草履取りを異名に金剛といふとかや」（『軽口露《かるくちつゆ》がはなし』）などと原義を遠く離れた意に用いられる。語義の転用のよい例である。

（荘司　格一）

克勤克倹《こっきんこっけん》　勤労に励み倹約に努める

読んで字のごとく、勤労に励み倹約に努めること。『尚書《しょうしょ》・大禹謨《だいうぼ》』に見えることばである。

黄河《こうが》の治水《ちすい》は歴代王朝が最も苦労したことであるが、伝説中の黄河治水の英雄は禹《う》という人間である。話は今から四、五千年も前のことである。当時の天子舜《しゅん》に治水を命ぜられた禹は群衆を率いて運河を掘り、黄河の水を大海に押し流すことによって治水に成功した。十三年間、この事業にすべてをかけ、その間に三度自分の家の門の前を通ったが立ち寄らなかったという。

この功績により舜は天子の位を禹に譲ろうとしたが、禹はこれを固辞した。その時、舜は言った。

「克《よ》く国に勤め、克く家に倹にして自ら満仮《まんか》せざるは、惟《こ》れ汝《なんじ》の賢なり」（よく国家のために勤労し、一家において倹約に努め、しかも尊大にならなかったのは、汝が賢明であったからだ）

このことばが略されて上記のようになった。禹の治世も素晴らしく、後世理想の聖天子とされた。

（清宮　剛）

麦秀之嘆《ばくしゅうのたん》　故国の滅亡を嘆く

故国の滅亡を嘆くこと。麦秀は麦の伸びているさま。『史記《しき》・宋微子世家《そうびしせいか》』にみえる。

殷《いん》の紂王《ちゅうおう》は夏の桀王《けつおう》と並んで、愚かで淫乱《いんらん》な政治を行ったことで有名である。多くの臣下が王の無道を諫《いさ》めたが決して聞き入れることはなかった。妾腹《しょうふく》の兄である微《び》子《し》は国外に逃亡し、王子比干《ひかん》は死を覚悟して諫めたあげくに殺されて心臓を取り出された。紂の親戚《しんせき》である箕子《きし》は、紂が象牙《ぞうげ》の箸《はし》を作った際に、このような奢侈《しゃし》の風潮の広まるのを恐れ、諫めたが聞き入れられなかった。しかし国を去ることは主君の罪を明らかにし、人民に対しては自分を弁解することになるとして、狂人を装って奴隷となった。

やがて周の武王《ぶおう》が紂を伐《う》って周の天下となってから、箕子は周に参朝する途中、殷の廃虚をよぎった。宮室は荒れ果て禾《いね》や黍《きび》が生えていた。悲しみをこらえて作ったのが「麦秀歌」である。

「麦の穂秀でて漸々《ぜんぜん》たり／禾黍《かしょ》の葉光りて油々《ゆうゆう》たり／かの狡童《こうどう》われと好《よ》からず」

（清宮　剛）

懸鶉百結《けんじゅんひゃっけつ》　粗末な身なり

懸鶉は、ぶら下がっている鶉《うずら》。ぼろ。鶉の姿・色の具合が、擦《す》り切れたぼろの着物に似ているという。百結は、つぎはぎの破れ衣。

孔子《こうし》の弟子・子貢《しこう》は、貧しくて懸鶉を着ていたが、いつも堂々としていたという（『荀子《じゅんし》』）。また、六朝《りくちょう》時代の文人・庾信《ゆしん》は「**懸鶉百結**のなかで五十歳を迎えたが、何も心配ごとはない」（「連珠《れんじゅ》に擬《ぎ》す」）と書いた。理想に生きる者にとって、**懸鶉百結**は少しも恥かしいことでなかったようだ。

唐の伝奇小説に『李娃伝《りあでん》』がある。科挙《かきょ》の受験のために上京した地方出身の学生が、李娃という遊女に迷う。身を持ち崩して乞食《こじき》になるが、後に李娃の献身的な介護によって再起を遂げ、科挙に及第して故郷に帰る、という物語である。この学生の乞食姿を**懸鶉百結**と記している。同じような例は、清《しん》の『聊斎志異《りょうさいしい》』の中にも認められる（「張誠」）。

懸鶉百結ということばは、日本の「襤褸《ぼろ》を着ても心は錦《にしき》」ということばと、根のところで通い合っているようにみえる。

（小野　四平）

金石糸竹《きんせきしちく》　楽器のこと

楽器のことをいうことば（『礼記《らいき》』）。金石とは金属や石で作った鐘など、糸竹とは琴などの弦楽器と笛などの管楽器をいう。

「魯《ろ》の共王が、孔子《こうし》の旧宅で金石糸竹の音に耳を傾けた」（『尚書《しょうしょ》・序』）などの例がある。

中国では、古くから詩・書・礼・楽《がく》を四教（四術・四学とも）といい、これを政治に携わる者にとっての必修の教養と考えてきた。四教の中の楽とは音楽、つまり金石糸竹の音のこと。音楽は、民衆教化《きょうけ》に不可欠の重要事と位置づけられていたのである。

だが、日本では音楽に代わって「算道」が重視され、音楽は単なる遊戯とみなされていたという。十四世紀の人・北畠親房《きたばたけちかふさ》は、このことを残念だと語っている。「金石糸竹ノ楽ハ四学ノ一《ひとつ》ニテ、モハラ《もっぱら》政《まつりごと》ヲスル本《もと》也《なり》。今ハ芸能ノ如《ごと》クニ思ヘル、無念ノコト也」（『神皇正統記《じんのうしょうとうき》』）

両国の間にみられる、このような違いに注意したい。相互の理解は、相互の違いを知ることから始まるのだから。

（小野　四平）

鉄心石腸《てっしんせきちょう》　どんな事態にも毅然《きぜん》と対応

蘇軾《そしょく》といえば詩文書画のすべてに優れ、十一世紀の宋代において随一の名声がある文人ですが、本職は政治家、それも庶民たちの間で大変評判のよい政治家でした。しかし当時の政界は党派の争いが深刻で、蘇軾もその渦に巻きこまれて浮き沈みします。

はじめはキャリア官僚として順調に昇進しますが、四十四歳の時、不合理な税制など、政治を風刺した詩をとがめられて流罪《るざい》になります。

その時、それを悲しむ親友に答えた手紙の中で、「私は君を鉄心石腸の人と思っていたのに、どうしてそのように悲しむのですか」と述べております。

鉄心石腸とは、どのような事態にも毅然として対応する強い精神をいうので、ここでは自分自身に言いきかせることばでもあったと思われます。蘇軾は信念を貫いて生きた政治家でもありました。このように一流の文人にして一流の政治家でもあるというような人物は、日本には生まれにくいようです。

（村上　哲見）

隔《かっ》靴《か》搔《そう》痒《よう》　ピントが外れ、もどかしい

靴を隔《へだ》てて痒《かゆ》きをかく。こんなもどかしい思いをなさったことはどなたにもおありだろう。はがゆいの意。また、「棒をふるって月を打つ」と対句に用いられ、ピント外れ、不徹底の意にも用いられる。

「そんな話はまったく鴨《かも》が小鳥の声をきき、靴を隔ててかゆみをかくのとおんなじだ」と修行僧をしかりとばすのは師匠である（『圜《えん》悟《ご》語《ご》録《ろく》』）。的《まと》を射ていないからである。

たんに隔靴ともいう。「多少隔靴の憾《うら》みがあるとしても……」（森《もり》鷗《おう》外《がい》）というのは、思い通りにはゆかず、物事の核心にふれないことをいう。適切でないことをいうこともある。

「詩に題をつけないとはまったく**隔靴搔痒**だ」（『詩《し》話《わ》総《そう》亀《き》』）というのは詩の題についての指摘で、適切でなく大事なところをつかんでいないからである。

かゆいけれど、じかには手が届かない。そうした実感をあらわす語が多少ニュアンスを異にしてさまざまな意に用いられる例である。

（荘司　格一）

有《ゆう》銭《せん》通《つう》神《しん》　金さえあれば何でもできる

銭あれば神にも通ず——金《かね》さえあれば神様も自由にできる。わが国では「地獄の沙《さ》汰《た》も金次第」。

十一世紀以降になると、貨幣経済が発達し、ことわざや小説に金銭に関するものが目立って多くなる。「銭《せん》財《ざい》は神にも通ず（銭財通神）」「銭あればよく鬼《き》をして磨《うす》を推《つ》かしむ（有銭能使鬼推磨）——金があれば幽霊に石《いし》臼《うす》をひかせることもできる」。「鬼」はオニ、お化け、亡霊などをいう。

神様も自由にできるのだから、人ならなおさらだ。「銭ある者は生き、銭なき者は死す（有銭者生、無銭者死）——金があれば死刑も免《まぬか》れる」。役所の沙汰も金次第だ。

明《みん》代の笑い話——ナスの苗を植えるがいつも枯れてしまい、根付かなくて困っていた男がいた。老農夫が「苗の根元に銭を一個ずつ埋めるといい」というのでわけを聞くと、農夫いわく「有銭者生——銭があれば生きる、というではないか」（馮《ふう》夢《む》龍《りゅう》『広《こう》笑《しょう》府《ふ》』巻七）。

（小川　陽一）

明眸皓歯《めいぼうこうし》　明るいひとみ、愛らしい口もと

「目もと千両、口もと万両」。女のひとを見るとき、目や口もとにまず惹《ひ》かれるのが男の習い。お化粧もそのあたりに集中する。鼻や耳に惹かれるという変わり者はまずいない。

　中国古代の男たちも同じだったようで、魏《ぎ》の曹植《そうしょく》は「洛神《らくしん》の賦《ふ》」で洛水の女神の美しさをこう語っている。「くちびる赤く輝いて、笑えば真白《ましろ》な歯がこぼれ、明るいひとみ流し目の、えくぼもほおに愛らしく」（丹《あか》き唇《くちびる》は外に朗《つや》やか／皓《しろ》き歯は内に鮮やか／明るき眸《ひとみ》は善く睞《めぐ》り／靨輔《えくぼ》は権《ほお》に承《え》む）。

　美人を表す**明眸皓歯**の語はここから生まれた。「眸」はひとみ、「皓」は白い。

「解語の花」（ことばのしゃべれる花）といわれた美人の楊貴妃《ようきひ》も、まさに**明眸皓歯**の人だった。しかし国の乱れを招いたと馬嵬《ばかい》の駅で殺された。明るいひとみ、愛らしい口もとは今も目に浮かぶ。あの美しい人はどこへ行ってしまわれたのだろう。

「**明眸皓歯**　今何《いず》くにか在る」。杜甫はそう歌って美人の死を悼《いた》んだ（「哀江頭《あいこうとう》」）。

（島森　哲男）

支離滅裂《しりめつれつ》　ちぐはぐで筋が通らない

　ちぐはぐで統一性がない。筋が通らないなどの意。シ・リは後半の母音「イ」が共通、メツ・レツはやはり後半の「エツ」が共通、つまりそれぞれ韻を踏んでいるのです。熟語の中にはこのように韻を踏む二字を組み合わせたものがあり、これを畳韻《じょういん》といいます。

　これに対し「刻苦勉励《こっくべんれい》」（二二ページ参照）の「刻苦」などのように頭の子音（この場合はK）をそろえた熟語は双声といいますが、双声も畳韻も、一字一字の意味よりは二字そろった発音に独特の雰囲気があり、ある特別な状態を形容することばになります。

『荘子《そうじ》』という古典は一種の寓話集《ぐうわしゅう》ですが、その中に支《し》離《り》疏《そ》という人の話があります。「頤《あご》は斉《へそ》を隠し、肩は頂《あたま》よりも高く」、内臓が上にあり、両ももがわきに当たるというふうに、その名の通りちぐはぐな体でしたが、その体でもできる仕事はありましたし、兵士にされて戦争に行くことはなく、平穏な一生を送りました。二千年以上も昔に書かれたお話ですが、いろいろと考えさせられます。

（村上　哲見）

和顔愛語《わげんあいご》　親しみのことばは笑顔でかわす

やわらいだ笑顔とやさしいことば。「虚偽諂曲《こぎてんごく》（うそ、へつらって心をまげる）の心あることなく、和顔愛語して先意承問《せんいしょうもん》（相手の意思をさきんじて知りその要求をみたしてやる）す」（『無量寿経《むりょうじゅきょう》』）とあるように親愛の情のこもることばを笑顔でかわすこと。和顔悦色《わげんえつしき》、和容《わよう》悦色、端正《たんしょう》和顔とも。

仏教でいう四摂法《ししょうほう》とは、衆生《しゅじょう》をして菩薩《ぼさつ》を信頼せしめ、ついには仏道にはいらせるための方便としての四つの行為のことで、布施（財や法を施す）、愛語、利行《りぎょう》（衆生のためになる種々の行為）、同事《どうじ》（衆生の中にはいり、苦楽をともにし同じ事をする）をいう。

ある仏典では布施には三十二ある。その中に「慈心《じしん》を以《もっ》て施し、顔貌和悦《がんぼうわえつ》なるをえて、もろもろの瞋恨《しんごん》（いかりうらむ）あることなし」（『仏説布施経《ぶっせつふせぎょう》』）という。

布施にもさまざまあることがわかるが、なにはともあれ、慈しみの心でないとどんなことばをかわしても親愛の心を期待するのはムリ。

（荘司　格一）

夜以継日《よもってひにつぐ》　昼夜、理想の政治を考える

昼夜を分かたず理想の政治を考えること。

周公旦《しゅうこうたん》は兄の武王《ぶおう》と力を合わせて残虐なる殷《いん》の紂王《ちゅうおう》を伐《う》ち、周王朝の典章制度を確立した。孔子《こうし》の最も尊敬した人でもある。彼は夏《か》・殷・周三代のことを学び、聖王といわれた禹王《うおう》・湯王《とうおう》・文王《ぶんおう》・武王の事業を実践した。

そして自分の心に合わないものがあれば、「仰ぎてこれを思い、夜以《もっ》て日に継ぎ」（天を仰いで熟考し、夜を日に継いで考え）、思い当たることがあると座ったままで夜の明けるのを待った（『孟子《もうし》・離婁《りろう》篇』）。座ったまま夜明けを待ったのは心に得られたことを早く実現したかったからだという。

理想の社会を実現するためには政治家の悲壮なまでの努力が必要である。問題があればその解決に満足が得られるまで熟考する。そしてその実現の一日でも早いことを望むというのが国民が政治家に期待するところである。政治家が君子（道徳的に優れた人間）であるという前提の下に孔子や孟子の主張がある。

（清宮　剛）

東食西宿《とうしょくせいしゅく》　両方のおいしいところを取る

斉《せい》の国にむすめがいた。二人の男がプロポーズ。東の彼氏は大金持ち。食べもの、着るもの、住むところ、贅沢三昧《ぜいたくざんまい》保証つき。だけどなんとも不細工で、二目と見られぬご面相。西の彼氏は男前、うっとりするよな男ぶり。だけど悲しや素寒貧《すかんぴん》、洗うがごとき貧乏で、明日の食事もままならぬ。

ここが思案のしどころね。どっちにお嫁にいこうかな。思案投げ首困り果て、食事ものどを通らない。お前いったいどうするの。言いにくけりゃあ片肌脱いで、東か西か教えなさい。東は左、西は右。親は心配気が気でない。

むすめは何を思ったか、もろ肌脱いでほほ笑んだ。お前いったいどうしたの。むすめの笑って言うことにゃ、東の家で飯を食い、西の家で泊まりたい。

後漢《ごかん》の応劭《おうしょう》の『風俗通義』に見える話。ここから**東食西宿**は欲張って両方のおいしいところを取ること。派閥を渡り歩く小者の政治家などに用いる。

（島森　哲男）

夏炉冬扇《かろとうせん》　時機はずれで役に立たない

夏のいろりと冬のおうぎ。時機はずれで役に立たないものにたとえる。後漢《ごかん》の人・王充《おうじゅう》のことばに基づく。君主に対して意見を述べる臣下の心得を論じた文章の中にみえる。役に立たないことをあれこれ進言して、それでも災難に遭わないとすれば、それは幸運なことなのだという。

「夏を以て鑪《いろり》（炉と同じ）を進め、冬を以て扇を奏《すす》む。……其の禍《わざわ》いに遇《あ》わざるは幸いなり」（『論衡《ろんこう》』）

日本に、「六日《むいか》の菖蒲《あやめ》、十日の菊」ということばがある。端午《たんご》（五月五日）と重陽《ちょうよう》（九月九日）の節句に一日遅れた菖蒲と菊は、時機はずれで役に立たないということ。

ところで、「予《よ》が風雅は**夏炉冬扇**のごとし。衆にさかひて用《もちう》る所なし」（「許六離別《きょりくりべつ》ノ詞」）という芭蕉《ばしょう》のことばがある。**夏炉冬扇**の語は新しい意味を付与され、「役に立つ」日常を生きることによって疲れた人々の心を、励ましてくれているようにみえる。

（小野　四平）

啐啄同時《そったくどうじ》

逸すべからざる絶好の時期

啐はおどろく、よぶ意、啄はついばむ、くちばし、の意であるが、啐啄と熟して仏教語に取り入れられると、啐は卵から雛《ひな》がかえるとき殻の中でよぶ声、啄は母鶏《ははどり》が外から殻をかむ意に用いられる。雛のよぶ声と殻をかんでつっつくのが同時だという意。

禅宗でよく用いられる。逸すべからざるよい時期、の意で、雛は修行者、母鶏は師匠にたとえて、双方の機鋒《きほう》(刀剣などのきっさき＝全人格の発動) がぴったりと呼《こ》応《おう》し合うことをいう。『碧巌録《へきがんろく》』に、僧が鏡清《きょうしょう》(唐末の禅僧) に問うた。「学人は啐します。師匠なにとぞ啄してください」と見える。鏡清は雪峯《せっぽう》にまみえて大悟した。のち弟子たちに啐啄の機を示して説法したといわれる。

教育の原点は**啐啄同時**、つまり教師と学生とが全人格をぶつけ合って切磋《せっさ》琢磨《たくま》することだという。もっともである。そうと知るゆえに真剣に悩んでいる教師も少なくない。

（荘司　格一）

水滴石穿《みずしたたりていしもうがつ》

力なくても根気よく続けよう

水滴でも長い間続けて石の上にしたたり落ちていると、いつしか穴を開けることができる。

この前に、「縄鋸木断――縄ひきて木も断つ」(縄でものこぎりのようにして木をこすり続けると、やがては木でも断ちきることができる) の句を置くこともある。

力が小さく弱くても、根気よく続けることが大事だということ。

宋の羅《ら》大経《たいけい》の『鶴林玉露《かくりんぎょくろ》』巻四に載せる話――張《ちょう》乖《かい》崖《がい》は部下が役所の金を一銭盗んだのでむち打ちの刑にしようとしたら、部下はたった一銭なのにと抗議した。張乖崖はすぐに筆を執り、「一日一銭、千日千銭。縄鋸木断、**水滴石穿**」と判決文を書いて、その場で首を切った。一銭でも積もれば大金になるというのだろう。

一銭で死刑はひどすぎようが、この背景には上司の統制に従わない下級職員の綱紀《こうき》の乱れがあり、それに対して張乖崖が断固たる姿勢を示したのだ、と羅大経は指摘する。「ちりも積もれば山となる」というが、ちりやごみは今時はすぐ山となる。水滴が石を穿つのは容易ではないが、確かなことだ。

（小川　陽一）

随処作主《ずいしょさしゅ》

自己の確立で心に乱れなし

随処に主となる。中国の臨済《りんざい》禅師の「你《なんじ》しばらく随処に主となれば、立処《りっしょ》みな真《しん》なり」による。

作主とは家庭では亭主関白、会社ではワンマンになれということではない。自己がはっきりしていれば、どんなところにいても、そこがそのまま真実である、の意。

この自己とは根源的、絶対的な主体性のこと。自己が確立していれば外面をとりつくろうこともないし、乱されもせぬ。平常のままで自由自在だ。外に向かって求めるなということ。と口でいうのはいともやさしいが、なまじな修行ではとても至りえぬ。まして煩悩具足《ぼんのうぐそく》のなま身ではなかなか。

臨済禅師は九世紀に活躍した禅僧で臨済将軍と呼ばれ、さっそうとした、しかもきびしい宗風で知られる。独自の宗旨を打ち立て逸材を育てた。その喝《かつ》（大声でしかる）は徳山《とくさん》禅師の棒（で打つ）とともに活作略《かっさりゃく》（いきいきとした教化《きょうけ》法）とされる。わが道元《どうげん》禅師も最大級の称賛を惜しまない。

（荘司　格一）

龍章鳳姿《りゅうしょうほうし》

風采《ふうさい》が優れて立派

章も姿もすがたという意味。龍や鳳のように風采の優れて立派なこと。

六朝《りくちょう》時代は個人の風姿儀容《ふうしぎよう》が特に重視された時代である。『世説新語《せせつしんご》』には「容止篇《ようしへん》」があり、もっぱら容貌《ようぼう》や風采に重点を置いた話が収録されている。その中には竹林《ちくりん》の七賢《しちけん》の一人として名高い嵆康《けいこう》の話が収められている。

嵆康は身のたけ七尺八寸（約一八八センチメートル）。特に身を飾ることはなかったが、**龍章鳳姿**であった。それは天性のものであり、非凡の器であることがおのずとわかった。あるいは、「粛々《しゅくしゅく》として松下の風の高くして徐《おもむろ》に引くが如《ごと》し」とも形容されている。立派な体格とさわやかな性格を備えた嵆康が**龍章鳳姿**といわれたのは、当時にあって最高の褒めことばであった。

単に容姿が美しいというだけでなく、その容姿は心の修養が外に表れたものであるという認識があった。嵆康もまた多くのすぐれた詩文を残し、琴の名手でもあった。

（清宮　剛）

移《い》木《ぼく》之《の》信《しん》　**約束を実行し、信を示す**

約束を実行し、人に信を示すことのたとえとして用いられる語。

秦《しん》の商鞅《しょうおう》は、新法令を制定したが、人民が信じないのを恐れ、公布する前に一計を案じた。高さ三丈（約九メートル）の木を市場の南門に立て、「この木を北門に移す者には十金を与える」と書いたが、だれも奇怪に思って移す者がいなかった。再び「木を北門に移す者には五十金を与える」と改めたところ、ある者がこれを移した。さっそくこれに五十金を与え、民を欺《あざむ》かないことを明らかにした上で法令を発布した。

太子が法を犯した時、主君の世継ぎである太子を刑罰に処することはできないので、傅育《ふいく》長を処刑し、師をいれずみの刑にした。

かくて十年、秦の民は喜び、路上の遺失物を拾得する者もなく、郷邑《きょうゆう》（村里）は大いに治まったという（『史《し》記《き》・商君列伝』）。

政治や法令に対する人々の不信はいつの時代にもある。現在の政治家にも**移木之信**を示してもらいたい。

（清宮　剛）

閉《へい》月《げつ》羞《しゅう》花《か》　**月も雲に隠れるほどの美人**

それがすごい美人でねえ、などと言われると、どんなに美しいのか、一目見なければと焦ってしまう。写真やテレビのなかった時代、美人の美しさを伝えるには、ことばか絵しかなかった。だから、へえ、そんな美人なの？　と想像をかきたてるような魅力的なことばが工夫された。

閉月羞花。夜空に浮かぶあの美しい月が美人の美しさに気おくれして雲間に隠れてしまい、きれいな花も、とてもかなわないと恥ずかしがるほどの美人というのだから、すごい。

「閉月」は「蔽月」とも書き、ぼうとかすんで「軽雲の月を蔽《おお》うが若《ごと》し」という、おぼろげな面差《おもざ》しの美しさを歌った魏《ぎ》の曹植《そうしょく》の「洛神《らくしん》の賦《ふ》」に基づくことば。それが月が隠れてしまうほどの美しさという意味に変わった。

「羞花」は美人の西施《せいし》を歌った李《り》白《はく》の詩句、「荷花玉顔に羞《は》ず」（匂《にお》やかなハスの花さえ恥ずるほどそのかんばせの美しきかな）に由来する。

ここで問題。**閉月羞花**と対になる、美女を表すもうひとつの四字熟語は？（九八ページ参照）

（島森　哲男）

英姿颯爽《えいしさっそう》　勇ましくさわやかな姿

杜甫《とほ》に、画家の曹覇《そうは》という友人がいた。三国時代・魏《ぎ》の文帝（曹操《そうそう》）の血をひく名門の出身だが、そのころはすっかり零落《れいらく》していた。杜甫がこの友人のために作った詩の中で、こう詠じている。

　唐の太宗《たいそう》が閻立本《えんりっぽん》に命じて凌雲閣《りょううんかく》に描かせた建国の功臣二十四人の肖像は、みな色あせていた。玄宗《げんそう》の命をうけて、曹覇が修復の筆をおろすと肖像はたちまち新しくなった。

「名相の頭《こうべ》にかぶる冠も／将軍の腰にたばさむ弓と矢も／みな生き生きと蘇《よみがえ》り／褒国公《ほうこくこう》と鄂国公《がくこくこう》の／黒髪ひらひら風をうけ／**英姿颯爽**／軍《いくさ》の庭より戻りたり」（「丹《たん》青引《せいのいん》」）

　ここから**英姿颯爽**の語が生まれ、勇ましくさわやかな姿を形容することになる。日本でも同様に用いられたが、こんな例もある。「御母堂の鼻はシーザーのそれの如《ごと》く、正《まさ》しく**英姿颯爽**たる隆起に相違御座《ござ》いません」（夏目漱石『吾輩は猫である』）。

　顔の中の、鼻だけをとりだして**英姿颯爽**というところが何とも面白い。

（小野　四平）

気韻生動《きいんせいどう》　生命力あふれ心に響く

洞窟《どうくつ》の壁に、土器に、原始人も絵を描きました。しかしどんな絵が良いかとか、どのように描くべきかなど、品評や理論が起きるのはずっと時代が下り、中国では唐の前の六朝《りくちょう》時代、五、六世紀ごろにそうした議論が始まります。初期の画論の中で、謝赫《しゃかく》という人が提起した絵画六法は殊《こと》のほか有名です。

　この六法の第一が**気韻生動**、気とは目に見えないけれども宇宙に充満しているもの、韻は音声の調和、響き、気韻とは、絵画が発散する、目に見えないけれども心に響いてきて感じ取れるもの、生動は生き生きと生命力にあふれていること、それが欠けていては、どんなに美しくても死んだ絵です。

　西洋の美学は「美とは何か」という命題を中心として発展しましたが、中国では早くから形や色、美しさなどを超えた精神性を重んじる考え方が主流になります。それは絵画だけでなく、書道などあらゆる芸術に及び、さらに日本にも大きな影響を与えました。

（村上　哲見）

無分別智《むふんべつち》　己を捨てて浮かぶ真実の姿

無分別の智慧《ちえ》のこと。無分別とは一般に思慮のないことをいうが、仏教語としては、たとえば浄土真宗では分別智は煩悩《ぼんのう》、**無分別智**は如来《にょらい》の清浄智《しょうじょうち》を意味する。

分別とは物事を識別する心のはたらきをいい、考える自分と考える対象とを分ける。考える自分は自分というものがあるので、対象のありのままの正しい姿が見えない。これが分別智である。

そのようなとらわれなしに知る智慧が**無分別智**で、つまり主体客体の区別がなくなり、そこに生じた智慧（絶対智）のこと。最も崇高な知の在《あ》り方であり、真如《しんにょ》ともいう。日常語とは正反対の意味になる。

盤珪《ばんけい》禅師は「**無分別智**に至れば分別以前に物を照らし分け、終《つい》に惑うことなし」という。

仏教の最後の目的は悟りの智慧を得ることにある。戒《かい》定慧《じょうえ》などと、慧を最後に置くのはそのためである。智慧をさまざまに分析し、用語が多いこともうなずける。

（荘司　格一）

背水之陣《はいすいのじん》　もはや後には引けない

水（川）を背にして陣を敷くこと、もはや後には引けない、死にものぐるいで戦うしかないという構えです。

もとはというとこれも『史記《しき》』にみえる項羽《こうう》と劉邦《りゅうほう》の決戦の物語に登場します。主役は劉邦に仕えた韓信《かんしん》という将軍、劉邦に「戦えば必ず勝ち、攻むれば必ず取るは、われ韓信に如《し》かず（韓信にかなわない）」といわせた将軍です。

項羽と劉邦が今の河南《かなん》省鄭州《ていしゅう》の辺りで対戦していると き、韓信は北へ向かい、今の山西《さんせい》省で項羽に味方してい た趙王《ちょうおう》を攻めます。圧倒的に優勢な趙王の軍を韓信は**背水之陣**を用いて撃破し、その大軍を合わせて南下、項羽を攻め滅ぼすことになるのです（「四面楚歌《しめんそか》」一一四ページ参照）。

実はこの話にはもう少し奥があって、韓信は間道《かんどう》からゲリラ部隊を送り、出動したあとの敵の本陣を占領させております。背水の陣を攻めあぐねていったん引き返そうとした敵軍は大混乱、総くずれになりました。必死に抵抗するだけで勝てるものではないのです。

（村上　哲見）

随犯随制《ずいぼんずいせい》

問題が起きては規則を設ける

したがい犯せばしたがい制す。犯すとはなにか問題を引きおこすことで、そのたびごとに（随）規則をつくったこと。制はつくる。

釈尊に帰依《きえ》した修行者は教えを敬虔《けいけん》にきき精進したから、教団として日常的な生活規則で十分であった。教団が大きくなるにつれ、他人に迷惑をかける者もでて運営に悪影響を及ぼすことになると、おそらく釈尊が提案したのであろう、合議によって戒と律をきめた。

戒とは自律的な決心、律とは個人の修行と教団の統制の規則である。教団に入るとき比丘《びく》（修行僧）は二百五十戒、比丘尼《びくに》（尼僧）は三百五十ほどの戒があり、犯せば罪とされた。

律には入団、安居《あんご》（雨期に一定の場所で修行すること）、裁判などの規則があるが、根幹は戒の精神である。つまり律は他律的であるが、それを戒の精神で守るところに意義がある。

さて、現今の社会に戒と律の精神が生きかえってほしいと願うのは無理だろうか。

（荘司　格一）

寿比南山《じゅをなんざんにひす》

長寿なること永遠であれ

長寿なること、南山《なんざん》のように永遠であれ、の意。人の長命を祈ることば。「南山之寿」ともいう。「寿」は「いのち」「とし」の意味にも使うが、もともと一字で「長生き」の意味である。「夭《よう》」の逆。南山は西安《せいあん》の南にある終南山《しゅうなんざん》のこと。

清《しん》代の笑い話――誕生パーティーでゲームをやることになり、一人ずつ「寿」という字の入ったおめでたいことばを献上し、違反者には罰として酒を三杯飲ませることにした。

まず一人が「寿は彭祖《ほうそ》よりも高し」と。彭祖は伝説上の仙人で、八百歳まで生きたといわれる。次が**寿比南山**と。ここまではよかった。

三人目が「福を受けること罪を受けるがごとくなれ」と言ったので、「受」と「寿」は発音は同じだが字が違うし、「罪を受ける」なんて縁起でもないと、三杯飲ませた上でやり直し。

そこで今度は「寿夭は運命」とやったが、一層ひんしゅくを買い、気が動転してしまって「われ万死に当たる！」と叫んだ。

（小川　陽一）

打破《だは》漆桶《しっつう》　暗黒の世界を脱し真実の姿見る

漆桶（「つう」は禅宗の慣用音）を打破す。漆桶は黒漆を入れる桶《おけ》のことで、ものの真実の姿が見えない、また見ることのできない凡夫《ぼんぷ》の心、妄想、執着、迷いなどにたとえる。それを打ち破ると見えてくるのが悟りの境地である。

漆桶とのみ用いられる場合、道理をわきまえない者をしかることばとなる。修行中の雪峯《せっぽう》禅師が師匠の老婆心《ろうばしん》がわからず、東へ行けばよいのですか、西ですかと聞き返して「漆桶」と一喝をくらわされている。これを逆説的に高次に用いて「漆桶に作《な》れ」（『玄沙広録《げんしゃこうろく》』）という場合がある。一切の判断が入り込むことのできない本来の暗黒を意味する。

「漆桶をぬくが如《ごと》く痛快な悟りをえて」（夏目漱石『吾輩は猫である』）はもとより前者の意味であるが、漱石が禅にも造詣《ぞうけい》の深かったことをおもわせる。

漢字、漢語に相反する二通りの意味に用いられることがある。ことに禅宗の用語にこうした逆説的な表現のあることに要注意。

（荘司　格一）

夜長《よなが》ければ夢《ゆめ》多《おお》し　時がたつほど不利な方向へ

夜が長ければ、その分だけ見たくない夢もみてしまう。そのように時間がぐずぐずと長引けば、状況が思わざる方向、不利な方向へと流れる可能性も増えてくる。このことば、清《しん》の呂晩村《りょばんそん》の文章などに見えるが、古くからあることわざだろう。

好いた同士がいつまでも結婚しないような場合、ぐずぐずしてるとこの先、何があるかわからないよ、さっさと結婚しちゃいなさいなどという。そんな時によく使うことば。

結婚してから、しまったと白昼の悪夢にうなされることもあるから、なにも焦ることはないが、長すぎる春もいろいろ問題あって、即決と熟慮の間合いがむずかしい。

しかしリーダーシップをとらなければならない立場の人は、快刀乱麻《かいとうらんま》の即決を求められることが多く、いつまでも問題を抱え込んでいたり、結論を先送りにしてごまかしていたりすると、状況がどんどん悪化して取り返しがつかなくなる。ことが起こってから何とかしようと思っても、時すでに遅しだ。

（島森　哲男）

沈魚落雁《ちんぎょらくがん》

美女にくらくら、鳥も地に落下

美女を表す四字熟語で、「閉月羞花《へいげつしゅうか》」（九三ページ参照）と対になるのは**沈魚落雁**。美女を見て、そのあまりの美しさに魚は恥ずかしがって（?）水の底に沈み、雁《がん》はうっとりして思わず空から落ちてしまうということ。鳥が落ちるくらいだから、男どもは全員ぱたぱたと気絶するだろう。

このことばの出典と目される『荘子《そうじ》・斉物論篇《せいぶつろんへん》』の話は、元来そういう意味ではなかった。人の姿を見ればそれがどんな美女でも、魚は驚いてすっと水底に沈み、鳥はぱっと飛び立つ。人間の美的基準は相対的なもので、他の生き物には全然通用しない、という話である。

それを下敷きにしながら、なぜか鳥が美女にくらくらっときて空から落ちたり、魚が恥ずかしがって水底に沈んだという話になってしまった。行く美女や鳥落ち魚は淵《ふち》の底。

後世、イメージの連想から、**沈魚落雁**・閉月羞花を中国四大美人に割り当てて、沈魚は西施《せいし》、落雁は王昭君《おうしょうくん》、閉月は貂蟬《ちょうせん》、羞花は楊貴妃《ようきひ》を指す雅称《がしょう》となった。

（島森　哲男）

杯盤狼藉《はいばんろうぜき》

酒宴を思う存分楽しんだあと

「杯盤」はさかずきと大皿、「狼藉」は散乱しているさま、酒宴を思う存分楽しんだあとをいいます。古くは『史記《しき》』に見えますが、宋代の文人・蘇軾《そしょく》の「赤壁《せきへき》の賦《ふ》」という文章の結びに見え、この名文を際立《きわだ》たせております。

蘇軾は時の政治を批判したために地方長官の地位を追われて流罪《るざい》となりますが、平然として風流の日々を楽しみます（「鉄心石腸」八六ページ参照）。月の夜、長江《ちょうこう》に臨む三国時代の古戦場、赤壁に舟を浮かべた蘇軾は、友人がここで活躍した昔の英雄たちをしのび、人間のはかなさを嘆くのに対して、独特の楽観的人生哲学を展開します。——恒常不変なものに眼を向けよう、この清風や明月など、天地自然の無限の贈り物を私たちはいつでも楽しめるではないか。

なるほどと感じ入った友人とまた飲みなおし、やがて**杯盤狼藉**となって舟の中で夜明けまで眠りこんでしまった、と結びます。この一夜の舟遊びは風流の佳話として評判になり、中国や日本の文人たちに大きな影響を与えました。

（村上　哲見）

修証不二《しゅしょうふに》　修行と悟りは別々ではない

『修証義《しゅしょうぎ》』という曹洞宗《そうとうしゅう》の在家信者が信心のよりどころとしている書がある。修は修行、証は悟りの意で、その意義を説く。不二とは二ならず、別々のものではない意。

釈尊が悟りを開いたのちも悪魔の誘惑を退け、最善の努力を続けたというのは一度悟ればそれで終わりではない、悪魔すなわち煩悩《ぼんのう》や迷いは悟りと緊張関係にあり、悟りののちにも悟り続けることが修行であるということである。後世、大乗仏教でいう**修証不二**の原点は釈尊に見られる。

道元《どうげん》禅師は修行を悟りの手段とは見ず、修のなかに証が、証のなかに修があると見た。師の如浄《にょじょう》禅師の只管《しかん》打坐《たざ》をさらに推し進め、本証《ほんしょう》妙修《みょうしゅう》（悟った上での修行）を説いた。道元禅の最大の特色である。修証一等、修証一如というのも同義。

同じように悟後《ごご》（悟りのあと）の修行を強調したのは白隠《はくいん》禅師である。「悟後の大事はすなわち菩提《ぼだい》」と歌にも詠んでいる。

（荘司　格一）

青雲之志《せいうんのこころざし》　理想は高く

小学校の習字の手本に「青い空、白い雲」とあったのが妙に頭に残っているのですが、青雲はそれをつづめたような感じで、高い空に浮かぶ雲、時には青空のことをいいます。

比喩的に「青雲の士」とか「青雲の客」というときは使い方がいろいろあって、徳高き賢人、また高い地位にある人、そして隠遁《いんとん》した人を指すこともあります。まるで違うみたいですが、平凡でないというところが共通なのでしょう。

青雲の志となると、もっぱら高い地位を目指すこと、立身出世を夢みることをいうようです。

しかし唐の張九齢《ちょうきゅうれい》の詩、「宿昔《むかし》青雲の志、蹉跎《さた》たり白髪の年」（蹉跎はつまずく、順調に行かないさま）の二句に共感を覚える中高年の方は少なくないことでしょう。

とはいえ若いころは、立身出世というと生臭くて嫌みですが、やはり目標、理想を持って、いわばすがすがしい青雲の志を抱いてもらいたいもの、「どーでも」「べーつに」と冷えきっている若者はきらいです。

（村上　哲見）

随月読書《つきにしたがいてしょをよむ》　お月さまの光で本を読む

月の位置は時刻とともに移動するから、月明かりで本を読むには、それにあわせなければならない。だから「月の移動に随《したが》って書を読む」という。

五世紀末の王泌《おうひつ》は若いころ家が貧乏だった。昼はげたを作って売り歩き、夜は灯火が得られず月光で本を読んだ。月が傾くと屋根に上って光を求めた。昼の疲れから居眠りをして転がり落ちると、また屋根に上って本を読んだ。やがて南斉国《なんせいこく》の高官になった（『南史《なんし》』巻七三）。

屋根から転がり落ちたら、眠気は吹き飛んでしまったことだろうが、また上って読み続けたというのは、無謀を通り越して、漫画的である。

このころの本は毛筆で手書きしたもので、字が大きかったから、月明かりで読めたかもしれない。蛍の光や窓の雪は、その季節でないと手に入らないが、月光は季節に関係ない。だが雨や曇りの夜はだめだし、月末・月初めも月が出ないから無理だ。王泌くんは勉強家だったが、結構息抜きもしていたようだ。

（小川　陽一）

比翼連理《ひよくれんり》　仲睦まじい二人、きずなは永遠

中国の西の山に鳥（想像上の鳥）がいてそれぞれ一足・一翼・一目で常に雌雄一体で翼を比《なら》べて飛んでいる。これが比翼の鳥。根元が別々の二本の木がくっついて幹や枝が重なり、木目（理）が連なったものを連理の枝という。だから**比翼連理**といえば、いつでもくっついて離れない男女（夫婦）の仲睦《なかむつ》まじいさまをいう。

白居易《はくきょい》の「長恨歌《ちょうごんか》」。死んだ楊貴妃《ようきひ》の魂は、天にあっていかにも寂しげに、梨花《りか》一枝《いっし》、春、雨を帯びる風情だった。玄宗《げんそう》との仲睦まじかった日々をしのんで楊貴妃はこう語る。

「七月七日長生殿／夜半人無く私語せし時／天に在りては願わくは比翼の鳥と作《な》り／地に在りては願わくは連理の枝と為《な》らん」

七夕の夜、二人きり。陛下はわたしにささやかれた。天にあっては比翼の鳥、地にあっては連理の枝。二人はいつでもいっしょだよと。その誓いも今は空《むな》しく、二人は幽明《ゆうめい》、境を異にする。**比翼連理**のあこがれは、あこがれゆえに美しい。

（島森　哲男）

路《ろ》人皆知《じんみなしる》　だれもが知っている陰謀・野心

人がだれでも知っている陰謀・野心のたとえ。

魏《ぎ》の文帝曹丕《ぶんていそうひ》が亡くなってから、曹集団の権勢は日々に衰え、代わって司馬懿《しばい》、司馬師《しばし》、司馬昭《しばしょう》という司馬氏の集団が国家の軍事大権を握り、皇帝を圧迫した。そして次第に皇位簒奪《さんだつ》の野心をあらわにしていった。やがて司馬師は皇帝曹芳を廃し、曹髦《そうぼう》を位につけた。

司馬昭の時代になると、その圧迫はますますひどくなり、曹髦はその恥辱《ちじょく》に堪えられず、司馬昭討伐《とうばつ》の決心をした。その時、側近に対し、次のように言った。

「司馬昭の心、路人知る所なり、吾《わ》れ座して廃辱を受くる能《あた》わず」。この計画に側近は反対したが、司馬昭の知るところとなり、成済《せいせい》という男の手にかかって曹髦は殺された（『三国志《さんごくし》・魏書《ぎしょ》・三少帝紀』）

曹魏《そうぎ》から司馬晋《しばしん》への時代は陰謀の渦巻いた最も危険な時代であった。権力者の陰謀や野心は明らかであってもだれもそれを口にできなかった。皇帝曹髦のことばは悲しい。そして今の世でも**路人皆知**の野心がまかり通っている。

（清宮　剛）

一得之《いっとくの》愚《ぐ》　千に一つはいいことを言う

「私は千回考えても、まともな答えが一つしか得られない愚か者です」「これは、そんな私の考えです」というへりくだった言い方。ひるがえって、愚か者でも千に一つはいいことを言う、という強い意味になる。

「智者《ちしゃ》の千慮《せんりょ》にも、必ず一失《いっしつ》あり。愚者《ぐしゃ》の千慮にも、必ず一得あり」（『史記《しき》』巻九二）というように使われる。

紀元前六世紀のこと。斉《せい》の国の賢者・晏嬰《あんえい》が貧乏な生活をしていたので、国王が高給で迎えようとしたら、高給を得ることは恥ずべきことだとして、断った。王が「あの有名な桓公《かんこう》でさえ、高給を受け取ったではないか」と言って迫ると、「聖人の千慮にも、必ず一失あり。愚人の千慮にも、必ず一得あり、と申します。あれは桓公の唯一の失敗、これは私の唯一の正解でございます」（『晏子春秋《あんししゅんじゅう》・内篇《ないへん》・雑下《ざつげ》』）と答えた。

ボクも一度でいいから、いつか胸を張って、堂々と「これは**一得之愚**だ」と言ってみたい。

（小川　陽一）

冰肌玉骨《ひょうきぎょっこつ》　すきとおる肌にみちる清涼感

唐が滅んだあとの五代十国《ごだいじっこく》と呼ばれる時代、中国の西、今の四川《しせん》省のあたりに後蜀《こうしょく》という国があった。その最後の君主・孟昶《もうちょう》には美しい妃があり、花蘂《かずい》夫人といった。すきとおるようなしっとりした肌の美人だった。

夏の蒸し暑い夜、池のほとりの建物でふたりは寄り添って月をながめ、時を過ごした。夜更けて暑気なお消えやらぬに、花蘂夫人の肌はひんやりして冷たかったという。

「**冰肌玉骨**　自《おの》ずから清涼にして汗なし」（氷のごとくすきとおる肌、玉《ぎょく》の骨、そのからだにはおのずから清涼の気みちて、ひんやりとして汗もなし）

孟昶は得意の詞で愛する夫人の美しさをそう詠んだ。

しかしのちに国は宋に滅ぼされ、孟昶は死ぬ。残された花蘂夫人は宋の太祖《たいそ》のものとなった。太祖はその容色に惑いこれを溺愛《できあい》した。弟（のちの太宗《たいそう》）が諫《いさ》めたが、聞く耳を持たぬ。苑中《えんちゅう》での狩りのおり、弟の太宗は獲物に向けて引き絞った弓を、振り向きざま夫人に射かけ、一箭《いっせん》にして夫人は死んだ。

（島森　哲男）

大器晩成《たいきばんせい》　偉大な人物の大成は遅い

大器《たいき》は晩《おそ》く成《な》る、と訓読する。大きな器は完成が遅いということ（『老子《ろうし》』）。

転じて、偉大なる人物の大成は遅いという意味となる。三国時代・魏《ぎ》の崔琰《さいえん》の従弟《いとこ》・崔林は評判が悪く、親《しん》戚《せき》も彼を軽んじていた。だが、琰はいつも「いや違う、彼は**大器晩成**なのだ。やがて、きっと認められる」と語っていた。その予言は的中した（『魏書《ぎしょ》』）。

日本でも、早くから同様に用いられていた。「四十二年にして初めて及第す　応《まさ》に知るべし**大器晩成**の人なるを」（『菅家文草』）。

ところで、「梅檀《せんだん》は二葉《ふたば》よりかうばし」（『平家物語』）ということわざがある。偉人は幼少時から優れているという意味。**大器晩成**と反対のことを表すことばである。

いま、日本の義務教育は危機的だという。もしかしたら、学校は「梅檀」を見つけることに精力を費やしてきたのではないか。だとしたら、今からでも遅くない、「大器」への目くばりが欲しい。そこからの、学校の再生を期待したい。

（小野　四平）

知《ち》過《か》必《ひっ》改《かい》 間違ったら素直に改める

これは「千字文《せんじもん》」の中の一句。「千字文」は全文が四字句なので、しばしば四字熟語として独り歩きするものがあります。**知過必改**もその例、訓読すれば「過《あやま》ちを知らば必ず改《あらた》む」、『論語《ろんご》』に基づく一句です。

『論語』には「過ちては則《すなわ》ち改むるに憚《はばか》ることなかれ」、また「過ちて改めざる、これを過ちという」などの名言があり、さらに「過ちを観《み》てここに仁《じん》を知る」（間違った時にこそ、立派な人かどうかが分かる）ともいいます。人間が時に間違いを犯すのは仕方のないこと、その時にどうするかが問題なのです。

むかしは役所はお上《かみ》、お上のすることに間違いはないとしたものでした。今はそうもいかなくて、大臣が謝罪したりもしますが、お上意識の抜けないお役人も少なくないようです。また数百万の軍隊を隣国に送りこんで戦争をしかけながら、侵略ではなかったとがんばる人もいます。**知過必改**とは当然のことのようですが、簡単ではないらしいです。

（村上　哲見）

無《む》用《よう》の長《ちょう》物《ぶつ》 あっても邪魔になるもの

あってもかえって邪魔になるもの、の意。長物とはもともと道具にかかわる仏教語で、余長物、長ともいい、必ずしも必要でない余分のもののこと。「じょうもつ」とも読む。

道具とは仏道修行のための用具をいい、三衣《さんね》、一鉢《いっぱつ》、六物《ろくもつ》、十八物、百一物など。

三衣は三種の衣、六物は三衣、鉢、坐具、水をこす布袋。十八物は楊枝《ようじ》、豆の粉末、三衣、瓶《びょう》、鉢、坐具、錫杖《しゃくじょう》、香炉、水をこす布袋、手ぬぐい、刀子《とうす》（小刀）、火打ち石、毛抜き、縄製の牀《しょう》（いす）、経典、戒本、仏像、菩薩《ぼさつ》像の十八。百は実数でなく、すべてのもの、の意。そのほか活用具。百一物は以上のほかのさまざまな生活用具。

百一物は以上のほかのさまざまな生活用具の余分なものを長物といい、一定期間はもつことが許されるが、それをこえると罪になる。

比丘《びく》（修行僧）が長物をいったん他人に施《ほどこ》し、再び返してもらい、所有が許されることを説浄《せつじょう》（浄施とも）という。貪《むさぼ》りの心を浄《きよ》めるためである。

それにしても昨今、長物が多すぎはしまいか。

（荘司　格一）

文房四宝《ぶんぼうしほう》　書斎になくてはならぬもの

文房具ということばはあまり聞かれなくなりました。小学校に入学した時、鉛筆、消しゴムなどを筆箱に納めて持たせてもらったうれしさ、当時はそれらを文房具と呼び、近所の文房具店で買いそろえたものでした。コンビニやスーパーで買ったシャープペンシルやボールペンでは文房具ということばと合わないようです。

文房とは文事《ぶんじ》のための、つまり詩や文章を読んだり書いたりするための部屋、書斎のことです。

文房四宝とはこの部屋になくてはならない四つの大切なもの、筆と硯《すずり》と紙と墨、文房四友ともいいます。中国の伝統的知識人は詩文を読むだけでなく、それを作り、かつ立派に書くことも当然の教養とされました。

筆硯紙墨《ひっけんしぼく》は詩文、さらには書画を書くための道具ですが、やがてそれ自体が芸術品として鑑賞されるようにもなります。それらを愛玩《あいがん》して楽しむのが「文房趣味」です。小学生の筆記具を文房具と呼んでいたのは風雅なことでしたが、消えていくのは残念です。

（村上　哲見）

唯我独尊《ゆいがどくそん》　自分より優れた者はいない

天上天下《てんじょうてんげ》につづくことばで、ただ我ひとり尊し。神々を含めこの世に自分より優れた者はいないの意。傲慢《ごうまん》だ、お山の大将おれひとりということかといい、人間の尊厳を説いたのだとも解するが、実はそうではない。

伝説では釈尊が生まれてすぐ七歩あるき手をあげていったとする（誕生偈《たんじょうげ》という）が、後世の仏伝作者が釈尊は生まれたときから偉大であったというために語ったのであろう。

原始仏典には成道《じょうどう》後説法を決意し、ベナレスにむかう途中、いきなりウパカに語ったのがこの句であったと記される。

この句は絶対なる法を自ら悟ったという釈尊の自覚を示すもので、法を体現しえてはじめていえることばである。ひとりよがりの意に用いるのは真意を遠く離れる。

「天上天下いいがどくそん」（『醒睡笑《せいすいしょう》』の「いい」は飯、「どくそん」は毒損にかける。大飯くらいを忠告した江戸時代の笑い話。

（荘司　格一）

頭北面西《ずほくめんさい》　頭は北に、面は西に

頭北面西《ずほくさいめん》とも。頭は北に面《かお》は西に、の意。そのように横になるとおのずと右脇《わき》が下になる。そこで右脇臥《うきょうが》とも。釈尊《しゃくそん》が沙羅《しゃら》双樹《そうじゅ》（三二九ページ参照）の下で入滅《にゅうめつ》（死）するときの姿で、獅子《しし》が横臥《おうが》するさまであることから獅《し》子臥《しが》ともいう。

足の上に足をかさね、口を結び右手を枕《まくら》に、左手は体の上に軽く伸べ心を正しく保たねばならないとされる。インドでは野外に寝る場合、北が高い地勢なので、このように寝たとされ、また将来仏教を北方にひろめるためにこのように寝たといわれる。

中国でも日本でも釈尊の入滅にちなんで北枕にする風習があるが、獅子臥にはしない。インドでは左脇臥、仰身臥、伏臥は禁じられる。今日でもインドでは教養のある人は獅子臥であるべきだとされる。『西遊記《さいゆうき》』に登場する玄奘三蔵《げんじょうさんぞう》は実在の高僧であるが、その臨終は右脇臥でさまざまな奇瑞《きずい》があらわれたといわれる。わが国の明恵上人《みょうえしょうにん》も右脇臥で同様の奇瑞が見られたと記される。

（荘司　格一）

飲食《いんしょく》男女《だんじょ》　人間本来の欲望、抑制は困難

「飲食男女に人の大欲《たいよく》存す」。人間が生きていくうえで、食べ物を求め、異性を求める欲求、あるいは本能は本質的なもので、そこに人間としての大きな欲望があると、『礼記《らいき》・礼運篇《れいうんへん》』に見える。

そういう心の動きを、否定したり隠したりしないで、議論の出発点にするところに、中国古代の人間論のおもしろさがある。問題はそうした欲望を認めた上で、これをどうするかで、そこに文化的ルールとしての礼が意味をもってくる。

だから、ただ**飲食男女**の間に心を鄙《いや》しくして、色を好んで流俗《りゅうぞく》に随《したが》うのは、軽薄な人間のやること。そんな調子で詩文を書くから、軽佻浮薄《けいちょうふはく》で深みがないと、清の袁《えん》枚《ばい》先生、ある人にあてた手紙の中で苦言を呈している。

本書でも、男と女の四字熟語を書き続ける筆者が一名。袁枚先生の見抜いたとおり、俗に流れてきちっと押さえるところがなければ、ただの色好み。心すべし。心すべし。

（島森　哲男）

望洋興嘆《ぼうようこうたん》　**偉大さに接し己の凡庸《ぼんよう》を悟る**

「望洋之嘆」ともいう。偉大な学問や人物に接し、自分の凡庸を悟り、感嘆すること。出典は『荘子《そうじ》・秋水篇』にある。

黄河《こうが》の神を河伯《かはく》という。秋の雨が降ると百川が注ぎ、濁流《だくりゅう》に膨れ上がった黄河は大きな広がりを見せる。かなたの岸もぼんやりとして牛馬の区別もできないようになる。この壮観を見て河伯はすっかりうれしくなり、天下の美観はすべてわが身に備わったと思った。河伯は喜びながら東に向かい、黄河の注ぐ北海までやってきた。すると大海原は果てしなく、水の切れ目もなく大空に続いている。それを目前にして河伯は己の卑小《じゃく》さを知った。『荘子』ではこの後に「望洋として若に向かいて嘆じて曰《いわ》く」という文が続く。「望洋」とはぼんやり遠くを見ること。「若」とは北海の神の名である。

「井の中の蛙《かわず》、大海を知らず」と同義である。河伯のように自己の短浅さを認識する人間は救われもするが、ほとんどの人はそれに気付かずにいる。

（清宮　剛）

泣斬馬謖《ないてばしょくをきる》　**私情を殺して部下を厳正処分**

信頼し、かつ愛する部下の重大な失敗に当たって、綱《こう》紀粛正《きしゅくせい》のため、私情を殺して厳正な処分を行うことを、このようにいう。今でもよく使われる。

馬謖は三国時代の蜀《しょく》の将軍で、諸葛孔明《しょかつこうめい》が弟のように、時には子のように、かわいがった部下。その馬謖が甘粛《かんしゅく》省の街亭《がいてい》で、孔明の命令に背いて陣を敷いたために、魏《ぎ》の軍に大敗を喫した。孔明は涙ながらに軍令違反の責任を問うて馬謖を斬り、自分自身も国王に降格処分を願い出て認められた。

西暦二二八年にあったこと。歴史書の『三国志・蜀《さんごくし・しょく》書《しょ》』の孔明の伝記に出てくる。小説の『三国志』（『三国志演義』）では、「揮涙斬馬謖」（涙を揮《ふる》って馬謖を斬る）と題して、第九十六回に詳しく描かれた。孔明は馬謖の遺族のために、その後の生活の世話もしたと記される。

この小説には、こんな泣かせる場面が多い。超ロングセラーの所以《ゆえん》であろう。

（小川　陽一）

偕老同穴《かいろうどうけつ》　夫婦仲よく死んでも同じ墓穴

夫婦仲よく年老いて、死んでもふたり同じ墓穴《あな》に、の意。「偕老」も「同穴」も中国の古代歌謡集『詩経《しきょう》』の中のことばだが、日本ではそれを組み合わせて四字熟語にした。中国では「白頭偕老」、ふたり仲よく共しらが、という言い方をする。

「お前とおれと誓ったね。いとしお前の手を執《と》って、お前とともに年取ると。だけどおれは戦場で、明日の命もままならぬ、ふたりの誓いもままならぬ」（「邶《はい》風《ふう》・撃鼓」）

「生きては添えぬふたりでも、死んだらお墓はいっしょだよ。あたし本気よ、うそじゃない。お日様かけてマジなのよ」（「王風・大車」）

いずれも、今ともにいられぬ悲しみと戦いながら、必死に未来を希求する、祈りにも似た愛情表現である。

偕老同穴。ずっといっしょにいたいなと思い始めたころから、お互い「しまった」と気がつくまでの、賞味期限つき愛情表現、かと思いきや、長年連れ添って、老いの日々もともに過ごしてきた夫婦（あるいは夫だけ？）には、切実な祈りのことばであるようだ。

（島森　哲男）

尺璧非宝《しゃくへきひほう》　高価な財宝より大切なもの

璧《へき》は玉《ぎょく》を円盤形に磨き上げたもの、壁ではありません。中心をくりぬいた独特の形、以前にドーナツ盤というレコードがありましたが、あれを厚手にしたような形をしており、古代の中国ではこれを最高の宝物としました。十五の城との交換を申し込まれた「連城《れんじょう》の璧」など、いろいろな故事があります。

尺璧非宝（尺璧も宝に非《あら》ず——直径一尺の璧も宝物とは思わない）は「千字文《せんじもん》」の一句、次に「寸陰是競《すんいんをこれきそう》」と続きます。寸陰はわずかな時間、競は追っかける、わずかな時間も無駄にしない、つまり尺璧よりも時間の方がずっと貴重だという教訓です。

ところで**尺璧非宝**は、要するにもっと大切なものがあるということなので、次の四字はいろいろに変えることができます。何が一番大切かを考えて四字句を作ってみられてはいかがでしょう。たとえば「**尺璧非宝、**児孫是《じそんをこれ》愛《あいす》」。このごろはわれながらすっかりおじいちゃんになってしまったようです。

（村上　哲見）

刻舟求剣《こくしゅうきゅうけん》　時勢の変化に気づかず愚行《ぐこう》

「舟に刻みて剣を求む」。時勢の変化を知らずして、拘《こう》泥固執《でいこしゅう》するたとえとして使われる。

　楚《そ》の国のある男が舟で揚子《ようす》江《こう》を渡る途中、誤って剣を水中に落とした。男はすぐに剣の落ちた舟べりに印をつけ、「おれの剣はここから落ちた」と言った。舟が止まってから男は目印をつけた舟べりから水の中に入って剣を探したがついに見つからなかったという（『呂氏春秋《りょししゅんじゅう》・察《さっ》今《きん》』）。

　この話を聞けばだれでもその愚かしさに気付く。しかし人間は往々にしてこの誤ちを繰り返している。かつてバブルという川に多くの舟が出た。その川の流れが止まった今、人々はかつて舟べりにつけた目印を頼りに今の困難の解決を求めようとしているが、答えの見つかろうはずがない。

『紅楼夢《こうろうむ》』の百二十回には、「舟に刻みて剣を求め、柱《ことじ》（琴の絃《げん》を支えるもの）に膠《にかわ》して琴を鼓する」という表現があり、ここでは融通の利かないという意味で使われている。

（清宮　剛）

琴棋《きんき》書画《しょが》　君子の四芸、アマこそ一流

　さきごろ仙台文学館を訪ねたところ、かつての東北帝大の教授で文人学者といわれていた方々の書画の展示があり、その見事さに感服しました。**琴棋書画**（棋は囲碁）は君子の四芸《しげい》、君子というとむやみに堅苦しい印象がありますが、もともとは趣味豊かな教養人をいうので、四芸は君子のたしなみの代表的なものを列挙しているのです。

　ただしこれらを専門の職業とすることは、職人芸として軽んじられました。たとえば書ですが、王羲之《おうぎし》・顔真《がんしん》卿《けい》・蘇軾《そしょく》など、書の歴史に名を残す人々はみな書を職業としていたわけではありません。東洋の芸術は、アマチュアこそ一流という不思議な矛盾を伝統としております。

　しかし時代は変わって現在では、**琴棋書画**もそれぞれ音楽家・棋士・書家・画家といったプロの専門家の仕事になる一方、大学の先生には字を書くのはワープロ、絵を書く代わりにカメラというような人ばかりが多くなりました。

（村上　哲見）

無師独悟《むしどくご》

師なくして自ら悟る

無師自悟とも。師なくして独り（自ら）悟る。釈尊の語である。

釈尊はウパカに向かい「わたしはすべてを捨て、根源的に欲望はないから解脱《げだつ》している。自ら知った以上、だれを師として指し示す必要があろうか。わたしに師は存在しない。わたしに似た者もいない。神々を含めた世界の中にわたしに匹敵するものはいない」とこたえたが、ウパカは聞き流したという（『中部経典《ちゅうぶきょうてん》』）。

真実をすべて知り、真実が向こうからわたしにはたらきかけてくるという自覚、つまり悟りの絶対性が示される。唯我独尊《ゆいがどくそん》（一〇四ページ参照）の別の面からのいい方である。

のち禅宗の修行において、師匠の力を借りることなく、自分ひとりのみで悟りうることをいうが、それだと増上慢《ぞうじょうまん》に陥りやすい。

そこで法系をつぐ正師に判断をあおぐ。だれの法をついだかが重視される。法嗣《ほっす》（後継者）という語の重みはそこにある。

（荘司　格一）

飲鴆止渇《ちんをのみてかつをとどむ》

その場しのぎで身の破滅招く

鴆《ちん》は鳥の名で、形はタカに似て、大きさはフクロウほど。その羽根をひたした鴆酒には猛毒がある。その鴆酒を飲んでのどの渇きをいやすとは、その場しのぎの対応で、後に身の破滅を招く大患《たいかん》を残す、という意。

鴆酒はむかし人を殺すのに用いられた。小説『三国《さんごく》志《し》』の冒頭に、漢の霊帝の何《か》皇后が帝の愛人の王氏と帝の母の董《とう》皇太后にこれを飲ませて殺したが、その何皇后もまた、自分が生んだ子の少帝をこれで殺されている。権力闘争や愛憎劇の舞台にしばしば登場して、陰惨な役割を担《にな》ってきた。

鴆には羽根のほかに血や肉にも毒があるといわれ、「鴆肉まな板にあれば、餓徒も食らわず」と、どんなに腹が減っても、鴆肉だけは食べないものとされた。

だが、現今、一時の快楽を求めて麻薬に走るものが少なくない。これは身の破滅を招くこと確実だから**飲鴆止渇**の類《たぐい》だろう。酒を飲み過ぎると、翌朝のどが渇いてビールを飲みたくなる。迎え酒は良くないというから、これも**飲鴆止渇**だろうか。いや違うだろう。

（小川　陽一）

彩鳳随鴉《さいほうずいあ》　夫に不満募らす才色兼備の妻

すぐれた女性がつまらぬ男と結婚することを彩鳳随鴉という。美しい彩りの鳳凰《ほうおう》がカラスに嫁ぐという意。女性の不満がにじんでいる。

このことば、宋の胡仔《こし》の『苕渓漁隠叢話《ちょうけいぎょいんそうわ》』に見える。杜大中《とだいちゅう》という男がいて、もとは兵士だったが出世して将軍となった。人情なしの無骨《ぶこつ》者で、奥さんがちょっとした間違いをしても、人前でむち打つ始末。だから人々は彼を杜大虫と呼んでいた。大虫とは恐ろしいトラのことである。

この人に愛妾《あいしょう》（側室）がいた。才色兼備で、大中の上奏文はすべてこの妾《しょう》が代筆していた。大中が昼寝をしているとき、机の上に美しい紙や筆があるのを見て、妾はつい筆を執り詞を作った。その中に「彩鳳《さいほう》、鴉《あ》に随《したが》う」の語があった。こんなつまらぬ男と結婚してしまって、という本音がため息のようにもれた。目覚めた大中はそれをじっと見て、やがて「カラスも鳳凰《ほうおう》を打つぞ」と言うや、妾を張り倒し殺してしまった。

彩鳳たちよ、男を選びましょうと、わが彩鳳からの伝言です。

（島森　哲男）

五体投地《ごたいとうち》　足元に伏し敬意を表す最高礼

五体を地に投げること。五体とは全身をいったり、漢方医学や文学、書体についてもいうが、仏教では投地と続けた場合、両ひざ、両ひじと頭の五つの部分をいい、そこを地面につけると身体は棒を倒したように平らになる。そして相手の足を頂く最高の礼のこと。足を頂くので接足作礼《せっそくさらい》とも稽首作礼《けいしゅきらい》ともいう。

同様のいい方が帰命頂礼《きみょうちょうらい》。帰命とは身命を投げだし信じ従うこと、つまりすべてをお任せすることをいう。頂礼が五体投地にあたる。インドでは古代以来行われている礼である。

わが国では「毎日五百返《へん》五躰（体）を地に投げて礼拝して祈念《きねん》しけり」（『沙石集《しゃせきしゅう》』）、「その時に城《みやこ》の人皆五躰を地に投《なげ》て……額《ぬか》を築《つき》て咎《とが》を懺悔《さんげ》しけり」（『今昔物語《こんじゃくものがたり》』）と見える。

また、「まなこ（眼）の玉がぬくるとて五体をなげておめき（わめき）ける」（『仮名草子《かなぞうし》』）とはひどい苦しみにのたうち転げ回ることをいう。転用の例である。

（荘司　格一）

風情《ふうじょう》 月債《げっさい》　男女の色恋

風情月債とは男女の色恋を表すことば。風月の情・風月の債をつづめた言い方。

「風月」は男女の色っぽい関係を表す（一五一ページ「風月《ふうげつ》無辺《むへん》」参照）。そういう艶《えん》な気持ちが色に出るのが風月の情、それがもたもたしているのが風月の債。債は借金で、返さなければいけないのに返さない恋の貸し借り。したがって風情月債にはややこしい関係やごたごたのニュアンスも含まれる。

『紅楼夢《こうろうむ》』第五回に仙女が賈宝玉《かほうぎょく》の前に現れて言う。「私は「人間《じんかん》の風情月債を司《つかさど》り、塵世《じんせ》の女怨男痴《じょえんだんち》を掌《つかさど》る」、すなわち地上のあらゆる恋愛をつかさどるものだと。その仙女に連れられて仙界を訪れると、楼門《ろうもん》に対聯《ついれん》が記されている。

「天は高く地は深し古今の情／男は痴《おろ》か女は怨《うら》む風月の債《かり》」

楼門をくぐるとたくさんの部屋に書類の山。それはすべて天下の女子の過去・未来のことを記した帳簿であった。**風情月債**すべて運命として掌握されていたのである。運命《さだめ》とは知らぬ恋の貸し借り。

（島森　哲男）

誓死不二《せいしふじ》　死んでも誓いを変えない

自己の立てた誓いを死んでも変えないこと。

『史記《しき》・循吏伝《じゅんりでん》』は、規定に従って務める善良忠実な役人の話を載せたものである。

李離《りり》は春秋《しゅんじゅう》時代の晋《しん》の文公の獄官であった。判決を誤り人を死刑にしてしまったので、自分も死罪に当たると言い張った。文公は下役人に過ちがあっても李離の直接の責任ではないとして彼を救おうとした。しかし李離は罪を部下になすりつけることはできないとして文公のことばを受けつけなかった。

「君が私を獄官に任命したのは、私が微妙な事情を洞察して、疑獄を判決できるとお考えになったからです。今、判決を誤って人を殺したのは当然死罪に当たります」。ついに命令を聞かず剣に伏して死んだ。

法を執《と》る者にとって李離のことばは重い。李離のことばのように判決は微妙な事情を洞察してこそなされるべきである。だれもが認める不義を許すようなことがあってはならないが、冤罪《えんざい》を罰するのはなお許されない。

（清宮　剛）

見鞍思馬《けんあんしば》　形見をみつめその人をしのぶ

鞍《くら》を見て馬を思う——といっても、今どき馬を飼っている人はまれだから、残された鞍を見て死んだ愛馬をしのぶこともないだろうが、死んだ愛犬の首輪やくさりを見て、ジーンとくる人はいるだろう。形見、つまりいなくなった人の思い出の種やゆかりの品を見て、その人をしのぶこと。

「物を見て人を思う（見物思人）」「物あれども人なし（物在人亡）」などともいう。元《げん》・明《みん》時代の戯曲や小説によく出てくる。

明の短篇小説集『喩世明言《ゆせいめいげん》』巻一の蔣興哥《しょうこうか》は、別の男のもとに走った妻の衣服や装飾品を見て、「見物思人」の感にひたる。その女への愛が捨てきれずに、その品々を送り届けてやった。のち事件に巻き込まれた興哥を救ったのは、その女に頼まれた後の夫だった。これがきっかけとなって、二人の縁が戻った。

生別した人も死別した人も、遺品で残された人の心の中に生き続ける。何かの折にその遺品で思い出が新たになる。

（小川　陽一）

老馬之智《ろうばのち》　経験深い老人の知恵

老馬は多くの道を歩いた経験があるので、道に迷ったらこれを先頭に立てれば、道を探しあてられる。転じて経験深い老人の知恵にたとえられる。

斉の管仲《かんちゅう》と友人が桓公《かんこう》に従って孤竹の国を討伐《とうばつ》した。春に出陣し冬に帰ったので道に迷ってしまった。管仲が「老馬の知恵が役に立ちます」と言って老馬を放して後をついて行くと道が見つかった。また山の中を歩いているうちに水がなくなった。友人は「アリは冬には山の南におり、高さ一寸のアリ塚ならその下一仞《じん》の深さに水があります」と言ったので地面を掘ると水が得られた（『韓《かん》非子《びし》・説林《ぜいりん》』）。

似たような話を聞いたことがある。米沢市に住む九十歳の元軍医の方が、敗戦時に満州を離れる時、ある晩疲れて眠ってしまい目が覚めると部隊は出発し、馬と自分だけが山中にとり残されていた。死を覚悟して馬にまかせたところ無事部隊に追いついたという。まさしく**老馬之智**である。

（清宮　剛）

後生可畏《こうせいおそるべし》　これからの若い人たちに期待

このことば、時に「後世」と書かれているのを見かけますが、間違いです。「後生」は後《おく》れて生まれた者で、先生、先んじて生まれた者と対応します。先生の方は少々ずれた意味で現在も広く使われておりますが、後生は使われなくなったので間違われるのでしょう。

畏はおそる（おそれる）ですが、恐怖とは違って畏《い》敬《けい》、おそれやうやまうの意です。

後生可畏は『論語《ろんご》』にみえる孔子《こうし》のことばです。これからの若い人たちに期待する意味で、「いずくんぞ来者《らいしゃ》の今に如《し》かざるを知らんや」とあります。来者は未来、未来が現在よりも劣るとどうして分かるだろうか、の意です。人類の未来を楽観的に考えていたことがうかがわれます。

この年になると、「近ごろの若い者は」とつい言いたくなるのですが、そういうときには『論語』のこのことばを思い出すように心がけております。とはいえ、少年の凶悪犯罪が増える一方だそうで、畏るべしなら良いのですが、恐ろしい若者ばかりでは困ります。

（村上　哲見）

烏合之衆《うごうのしゅう》　おどかせば逃げる無力な集団

烏合の勢《せい》ともいいます。むかし明治から昭和までずっと歌われていた「敵は幾万」という軍歌があり、歌い出しに「敵は幾万ありとても、すべて烏合の勢なるぞ」とありました。

烏合之衆（勢）とは、カラスがえさに群がるように、秩序も規律もなく集まり、一声おどかせばたちまち逃げ散ってしまうような、無力な集団をいいます。

この軍歌、後の方に「などて恐るることやある（恐るることはない）」と続きます。兵士は戦場で殺されても文句はいえないのですから恐怖があって当然、こういう歌で恐怖心を吹き飛ばそうとしたのでしょう。ただ敵が烏合の勢であるという保証はありません。

ところでシートンの『動物記』に賢いカラスの物語がありますが、最近の研究でカラスの生態がだんだん明らかになっています。たとえばひなを狙ってくるトンビを集団で撃退したりするなど、**烏合之衆**とは人間の勝手な思い込みにすぎないようです。

（村上　哲見）

盂蘭盆会《うらぼんえ》　先祖を供養する年一度の行事

梵語《ぼんご》ウランバナの音写で、烏藍婆那《うらんばな》とも。一説にイランのウルバン（霊魂《れいこん》の意）を原語とするという。漢訳では倒懸《とうけん》（さかさ吊り）。

『盂蘭盆経』（偽経《ぎきょう》かとも）によれば、釈尊の弟子目連《もくれん》尊者が餓鬼道《がきどう》に堕《お》ちた母を救うため、釈尊の教えに従い、七月十五日僧たちの自恣《じし》（安居《あんご》の最終日にする自発的な懺悔《さんげ》）に布施した伝説に基づき、布施の功徳《くどく》と先祖（過去七世の父母）の供養とを結びつけて行われる法事である。

倒懸と訳されるのはそうした死者の苦しみを救うからで、中国では梁《りょう》の武帝《ぶてい》のときに始まり、唐代にさかんに行われる。

わが国では天平《てんぴょう》年間に宮中の仏事となる。『枕草子《まくらのそうし》』に「七月十五日盆をたてまつるとて」と見えるが、そのころ民間でも行われたという。年一度の盆会に先祖に少しでも長く逗留《とうりゅう》してほしいために十三日から十六日までとする。月遅れのも多い。

（荘司　格一）

韓寿窃香《かんじゅせっこう》　もらったのに盗人呼ばわり

晋《しん》の韓寿は美男子であった。建設大臣賈充《かじゅう》の部下で、その家に出入りしていた。賈充の娘の賈午《かご》がその美貌に心を奪われ、ひそかに招き入れて愛を交わし、父の秘蔵する香を盗んで愛のあかしに贈った。これが父に知られ、やがて二人は結ばれた。これは『晋書《しんじょ》』巻四十にある話だが、『蒙求《もうぎゅう》』という十世紀の幼児向けの本に**韓寿窃香**の題で収められた。

この香は一度つけると一ヵ月も香りが消えないという西域産の逸品で、賈充が天子から賜《たまわ》ったものであった。それをつけたものだから、ばれてしまったのだが、盗んだのは韓寿でなくて、賈充の娘だったのに、「韓寿が香をぬすむ」といわれるようになったのは、後世のことながら、韓寿には気の毒なことである。

今から千七百年も昔に、こんな自由な、しかも女から働きかけた愛が、お堅い高級官僚の家で許されたことに、いぶかる向きもおありかもしれない。だがこのころには、こんな話はまま見られる。女性の愛が極度に制限されるようになるのは、十世紀以後のことである。

（小川　陽一）

嘉耦天成《かぐうてんせい》　天の配剤なるベストカップル

どうして奥さんと結婚したんですか。どきっとするような愚問を発する若者がときどきいる。まあ衝動買いってところかな。配偶者の偶は偶然の偶。熟慮の末ってことはあり得ないでしょう。熟慮してたらお互い結婚してないし……。

たくさんの人の中から偶然、二人が結ばれるのだから、新郎新婦が考えるほど、出会いは運命的でも必然的でもない。蓼《たで》食う虫も好《す》き好《ず》き。

ただ、結婚式の祝辞で二人をつかまえて、破《わ》れ鍋《なべ》に綴《と》じ蓋《ぶた》などと言ってはいけない。正直なのはいいが、今度からそういうときは**嘉耦天成**ということばで寿《ことほ》ぐとよい。

「嘉耦」は古いことばでよきつれあいの意（『左伝《さでん》・桓公《かんこう》二年』）。耦は偶。それに「天成」、天がめぐりあわせ完成した、ということばが加わって**嘉耦天成**、天の配剤によるベストカップルという成句ができた。結婚式専用のことば。本当にそうかどうかは、二十年、三十年後に本人たちが見つけること。天成は天の試練かもしれません。

（島森　哲男）

赤色《しゃくしき》　赤光《しゃっこう》　どんなものも内に個性秘める

赤き色には赤き光ありの意。『阿弥陀経《あみだきょう》』の「池の中に蓮花《れんげ》あり、大きさ車軸のごとし、青色《しょうしき》には青光あり、黄色《おうしき》には黄光あり、赤色には赤光あり、白色《びゃくしき》には白光あり」の中の一句で、赤い蓮《はす》の花には赤い光がある。青、黄、白のもそれぞれにその光があるということ。

この世にあるものならどんなものでもそれぞれのカラー（特色、価値、個性）をもっているのだよという教えである。

周利槃特《しゅりはんどく》は愚鈍で教えの一句も覚えられなかったが、釈尊に、ひたすら掃除をしなさいとさとされ、一心に励みついに悟りえた。愚鈍なものも悟りうる色を内に秘めているということである。

斎藤茂吉はその歌集を『赤光』と題した。中学のころ浅草で赤い表紙の「浄土三部経《じょうどさんぶきょう》」（その一部が『阿弥陀経』）を買って非常にうれしかった記憶と関係があると記す。少年時代の赤い表紙の鮮明な記憶が歌人の心の中でどんな光を放ったのであろうか。

（荘司　格一）

巫山雲雨《ふざんうんう》　男女の交わり

雲雨巫山ともいう。男女の性的な交わりを表すことばである。そんな四字熟語まであるの？　と思われるかもしれないが、そこは中国のこと、ちゃんとしたゆかりのあることばである。

「昔、楚《そ》の国の王さまが高唐《こうとう》の高殿《たかどの》で寝ていると、夢に美しい神女が現れて言います。妾《わたし》は巫山の娘。願わくは枕席《ちんせき》を薦めまいらせん（一夜を共にしましょう）と。そこで王さまは神女を愛されました。去るにあたって神女の言うことには、妾は巫山の陽《みなみ》、高丘の阻《そそ》りたつところにおりまする。朝《あした》には雲となり暮《くれ》には雨となって、朝な夕な陽台の下におりまする、と」（宋玉《そうぎょく》「高唐賦《こうとうのふ》」）

陽台のふもと高丘の阻りたつところに、雨となり雲となるというのはいかにもシンボリックな表現だが、雨ふり雲わくさまを、天と地、神と人との性的な交わりの結果と見て、それが地上に豊穣《ほうじょう》や幸福をもたらすと考えるのは、各地の神話によく見られるエピソード。美しくもおおらかな神話である。

（島森　哲男）

鍥而不舎《けいしておかず》　不断の努力により学問は大成

不断の努力を積み重ねることによって学問が大成することのたとえ。

戦国時代末期の思想家として有名な荀子《じゅんし》は、学問の重要性を強調し、「勧学篇《かんがくへん》」を著している。その中に次のような話がある。

いかに名馬とてひと跳びでは十歩の距離は進めない。駄馬《だば》でも十日かければ名馬の一日の距離に追いつける。これができるのは不断の努力を続けて中途でやめないからである。刻みかけて中途でやめれば朽《く》ちた木でも折れないし、一方、「鍥《きざ》みて舎《お》かざれば金石も鏤《きざ》むべし」（刻みかけてやめなければ、金属や石でさえ彫刻できる）と、分かりやすい比喩で学問の持続の重要性を説いている。

「蹞歩《きほ》を積まざれば、以《もっ》て千里に至ることなし」ともいう。

「千里の道も一歩から」ということであり、小さな努力を続けてこそ大成するという。理屈としてはその通りなのであるが、ついつい間に合わせの仕事でごまかしがちである。

（清宮　剛）

老医少卜《ろういしょうぼく》　医師に老人、占い師に若い人

「医師は老人がよく、占い師は若い人がよい」の意。明《みん》の都印《とごう》の『三余贅筆《さんよぜいひつ》』に、老医師は経験が豊富であり、年若い占い師は決断力に富むから、と説明される。

だが医師に豊富な経験が必要なことはわかるが、占い師には決断力が大事だというのはよくわからない。

明の占い師の親子の笑話——父の方が歳とると当たらなくなった。息子「父上が時代遅れになったためです」。翌朝、暴風雨の中を客が来た。息子「東の村のかたですね」「張《ちょう》さんですね」「奥さんが急病でしょ」。全部ぴたりと当たった。父「今朝は東風、背中がぬれていたのは東から来た証拠」「提灯《ちょうちん》に清河《せいが》とあったから、姓は張に決まっとる」「だがなぜ女房が急病だとわかったのじゃ」。息子「こんな日に朝早く来るからには女房のため。今どき親のためには来ない」（馮夢龍《ふうむりゅう》『笑府《しょうふ》』）。

占い師は世の中の変化や流行に応じて、決断・判断しなければならないということか。若者の気が知れない、では商売にならぬ。

（小川　陽一）

舐痔得車《しじとくしゃ》　誇りを捨て権力にこびる

痔を舐《な》めて車を得。何とも汚い話であるが、『荘子《そうじ》・列禦冠篇《れつぎょこうへん》』に見える寓話《ぐうわ》である。

荘周《そうしゅう》の同郷人で曹商《そうしょう》という男がいた。ある時、強国秦《しん》に使者として行った。秦王は大変彼が気に入り、車百台を授けた。帰国後、彼は荘周をたずねて言った。「汚い路地裏でやせこけて草履作りの貧乏ぐらしはおれには苦手だ。使者となって帝王君主を感心させ、車百台をせしめるのは得意とするところだ」。

荘周は言った。「秦王は病気になった時、腫物《はれもの》をつぶして膿《うみ》を出したものには車一台。しりの穴を舐めて膿を吸い出して痔を治したものには車五台を与えたという。おまえも王のしりを舐めて痔を治してやったのだろう。そんな奴《やつ》はとっとと出て行け」。

こんな痔の治し方があるのかどうかは知らないが、世俗の富貴は権力者に対する卑屈な精神的屈辱の中で得られることが多い。世俗の富貴に超然とした荘子の思想をよく伝える寓話である。

（清宮　剛）

惹草拈花《じゃくそうねんか》　女性を誘惑すること

惹草は、草を摘《つ》む。拈花は、花を手折《たお》る。草花を手折ることを**惹草拈花**という。転じて、女性を誘惑すること。また、招花《しょうか》惹草とも。

「おれは、もともとだれにも負けない斬釘截鉄《ざんていせってつ》（決断力に富む）の男だ。お前のような**惹草拈花**の出《で》鱈目《たらめ》とは訳が違うぜ」（王実甫《おうじつぽ》『西廂記《せいしょうき》』）

「長年かけて培《つちか》ってきた招花惹草と慣覷風情《かんしょふうじょう》（色事に通じている）の、脂ぎった西門慶の眼が、潘金蓮《はんきんれん》の身体から離れません」（『金瓶梅《きんぺいばい》』）

このように、近世の戯曲小説の中でなじみの深いことばの一つ。日本にも、「はなぬすびと」ということばがあるが、これは文字通りの花泥棒。別に「いろごのみ」ということばがあって、これは**惹草拈花**に近い。

「其《その》中になを言ひけるは、色好《ごの》みといはるるかぎり五人、思ひやむ時なく夜昼来《き》ける、……」（『竹取物語』）

「あだなる男、色ごのみ、二心ある人にかかづらひたる女、……」（『源氏物語』）

「いろごのみ」もまた、日本文学のなかでなじみのことばのようである。

（小野　四平）

飲水思源《いんすいしげん》　恩恵を受けたら、忘れない

黄色い大地の広がる中国では、水はほんとうに貴重だ。呉天明《ウティエンミン》監督の映画『老井《ラオジン》』は井戸のない山西《さんせい》省の山奥の村で若者たちが井戸を掘る話だが、掘っても掘っても水は出ず、その苦労と忍耐と犠牲は並大抵のものではない。

中国のことわざに「水を飲むときは井戸を掘った人のことを忘れない」というのがあるが、映画を見るとその気持ちがよくわかる。

このことわざはもともと**飲水思源**といい、北周の庾《ゆ》信《しん》の「徴調曲」という詩に基づく。

「その実を落とす者はその樹を思い、その流れに飲む者はその源を思う」。実を採るときは木に感謝し、水を飲むときは源を思う。恩恵を受けたら、その根本は忘れないということである。

わたしたちは毎日の暮らしをごく当たり前のように過ごしているが、思えばそれは父母や恩師・先人、伝統や文化といった源流があればこそである。過去に対するやりきれない思いが時にあったとしても、「飲水忘源《いんすいぼうげん》」はやはり不可。

（島森　哲男）

一瀉千里《いっしゃせんり》　水が高い所からどっと流れる

瀉は「そそぐ」。ちなみに「そそぐ」と読む漢字は多く、ある漢和辞典の索引をみると、「注」をはじめ十九も並んでおりました。しかも別の国語辞典にみえる「雪《そそ》ぐ、灌《そそ》ぐ」が漏れているので、これを補うと二十一になります。そして細かくみると二十一の「そそぐ」の中身はいろいろです。

瀉は水が高い所から低い所へどっと流れること、**一瀉千里**はもともと水の流れの速いことを形容することばです。「千里の江陵《こうりょう》一日にして還《かえ》る」とは、李白《りはく》が白帝城《はくていじょう》から江陵（今の湖《こ》北《ほく》省荊州《けいしゅう》市）まで長江《ちょうこう》の三峡《さんきょう》の急流を下った時の詩、**一瀉千里**の川下りです。実は白帝城から江陵まで、当時の舟では何日もかかったはずですが、詩の表現ではこうなるのです。

このことば、比喩的には物事が一気に進行すること、特に文章が一息で書けることを表します。原稿が**一瀉千里**に書けたらといつも思うのですが、なかなかそうはいかないので苦労しております。

（村上　哲見）

鬼哭啾啾《きこくしゅうしゅう》　異郷の地で戦死した人の亡霊

鬼はオニではなくて霊魂、亡霊、哭は声をあげて泣くこと、啾啾はその声。**鬼哭啾啾**の出典は唐の杜甫《とほ》の詩「兵車行《へいしゃこう》」、この鬼は異郷の地で戦死した人の亡霊です。「君見ずや青海のほとりに／いにしえより白骨を人の収むる無く／新鬼はもだえうらみ旧鬼は哭し／天くもり雨しめるとき声の啾啾たるを」。西の奥地、今の青海《せいかい》省の辺りに大軍を出して失敗、多数の戦死者を放置して引き揚げたことを批判した詩の結びの一節です。

この詩を読んで太平洋戦争を思い出すのはわたしだけではないでしょう。

かつて日本陸軍の中で仙台の第二師団は最強といわれ、それだけにいつも激戦地に行かされました。戦争末期にはガダルカナル島、次にビルマ（今のミャンマー）と補給のできない所に行かされ、食料も弾薬も尽きて退却、大本営の無謀な作戦のために多数の戦死者を出しました。敗戦は遠い過去のようになりましたが、**鬼哭啾啾**、今も多くの遺骨が各地に残されていることを忘れてはなりません。

（村上　哲見）

蠹国病民《とこくびょうみん》

私欲に走り国を滅ぼす

戦国時代の韓非《かんぴ》は、君主の側近にいて私欲に走り国を滅ぼす者たちを、五蠹《ごと》（五つの虫）と呼んで糾弾《きゅうだん》した（『韓非子《かんぴし》』）。蠹は、樹木の芯《しん》を食う虫。また衣服や書籍を食う。転じて、物事を損《そこ》ない破る意味。病も、人を損なうこと。蠹国病民は、蠹国害民ともいい、国家を誤り導き人民に危害を加えることをいう。

「戦国時代の権力者たちは、贅沢《ぜいたく》な暮らしをしていて困難や挫折を知らないだけでなく、おごり高ぶって蠹国病民に走っていった」（劉祁《りゅうき》『帰潜志《きせんし》』）。権力の中枢にいて私欲をむさぼる者たちに対する怒りと憎しみを表現した例は、枚挙《まいきょ》にいとまがない。

だが、例を中国の古典に求める必要はない。身近なところでは、あのKSD汚職など、その典型例といえよう。この汚職の中心人物が、実は今日の政府・与党の中核にいたのだという。文字通りの蠹国病民に走った者といわなくてはなるまい。

怒りと憎しみは、もうない。ただ、ことばにならない悲しみだけがわいてくる。

（小野　四平）

韋《い》編《へん》三《さん》絶《ぜつ》

本が壊れるほど繰り返し読む

書物のとじひもが切れるまで繰り返し読むこと。孔子《こうし》は「韋編三《み》たび絶《た》つ」まで『易経《えききょう》』という古典を愛読したと伝えられます（『史記《しき》』）。韋編はなめし革のとじひも、当時はまだ紙のない時代で、文字は細長い木か竹の札（簡《かん》）に書き、それをひもでつづり合わせ、読むたびにひろげたり巻いたりしました。

そこで繰り返して読むとそのひもがすり切れてしまいます。「三」は三度とは限らず、たびたび、何度もということ。孔子は「五十にして天命を知る」と自分で言っておりますが、このように易を熱心に研究した結果かもしれません

速読法などという技術が幅を利かせ、古典なども、見たい所をパソコンで直ちに取り出せる今の世の中、一冊の本を繰り返して読むなどははやらないので、このことばも影が薄くなりました。製本がいいかげんで、一回も読み終らないうちにばらばらになる本もありますが、それは韋編三絶とは無関係です。

（村上　哲見）

転輪聖王《てんりんじょうおう》　正義をもって世界を治める王

釈尊がまだ生まれたばかりのとき、仙人のアシタはその相好《そうごう》を見て、「あたりまえの生活を送るなら**転輪聖王**として全世界を統治する大王になり、出家すれば真実をさとって仏陀になるにちがいない。わたしは老齢であるから、仏陀の教えをきくことができないのが悲しい」と予言し、涙をながして、甥《おい》のナーラカにこの方が仏陀になられたら、教えをうけるように、と言い残したという。

転輪聖王は転輪王、輪王ともいい、正義をもって世界を治める王で、位につくとき天より輪宝を授かる。

輪宝には金銀銅鉄の四種があり、それぞれに授けられ、金輪王は四洲、銀輪王は三洲、銅輪王は二洲、鉄輪王は一洲を治める。転法輪はこの政治理念を仏教に応用したものである。

釈尊は死に臨み阿難《あなん》に対して「如来《わたし》の遺骸《いがい》は**転輪聖王**の葬法にならって扱うがよい」とその作法、順序などを詳しく説いた。

（荘司　格一）

落落晨星《らくらくしんせい》　多くの友を亡くし寂しさ募る

「落落」はここでは、少ない様子、まばらな様子。物寂しい雰囲気をもつ。「晨星」は夜明けの星。合わせて、夜明けの星が少ない意。友人・同僚が年老いて亡くなり、残っている人も数少なくなったことをいう。

唐の劉禹錫《りゅううしゃく》は「張盥《ちょうかん》が挙《きょ》に赴くを送る詩」の序文で、都には友人・同僚がたくさんいたが、今では「落落として、夜明けの星のように」なってしまった。でもまだ立派な友人が残っているといい、二人を紹介している。

降るように輝いていた満天の星が夜明けが近づくとともに、一つ二つと次第に消えていって、まだ残っているのもあるが、少なくなってしまった。自分の身の周りを見まわすと、いなくなった友、まだ元気な友、華やかだったあのころに比べると、寂しくなったなあ。この夜明けの星のようだ。

「晨」は「晩」や「夜」と異なって、発展や希望につながるニュアンスをもつ語だが、ここでは消えていく星に視点を置き、過ぎ去った昔の輝かしさに対比して、今の寂しさを表しているのが面白い。

（小川　陽一）

僧家《そうか》詭名《なをいつわる》

言い換えて不都合を美化

お坊さんが、酒を般若湯《はんにゃとう》、魚を水梭《すいさ》花《か》、鶏を鑽籬《さんり》菜《さい》というように、都合の悪いことばを避けて、言い換えること。このようなことばの言い換えで不都合な実態を美化することが、世の中には多いが、これも**僧家詭名**のたぐいだ、と宋の『東坡志林《とうばしりん》』にいう。般若湯は日本でもおなじみだ。

あるお坊さん、犬の肉が大好きでいつも食べていたが、弟子には「人に聞かれたら豆腐だと言うのじゃぞ」といいつけていた。ある日、寺の境内で犬が人をかんで大騒ぎになり、お坊さんが訳を聞くと、弟子「豆腐が人をかみました」（趙仁甫《ちょうじんぽ》『聴子《ちょうし》』）。

ことばの言い換えや別表現は、お坊さんの世界だけではなく、特定の集団や業界には、それぞれ特有のものがあって、隠語と呼ばれている。日本では符丁《ふちょう》ともいわれる。中国語では、その総数は十万語を超える。

おすしやさんでは「しゃり」「がり」「むらさき」に「あがり」だ。一九四五年の八月十五日は敗戦の日で、占領軍がやって来た。それを「終戦の日」と言い、「進駐軍」と称した。

（小川　陽一）

東牀《とうしょう》坦腹《たんぷく》

めがねにかなう娘婿

東牀坦腹とは娘婿のこと。「東坦」ともいう。書家の王羲之《おうぎし》の逸話から（『晋書《しんじょ》・王羲之伝』）。

四世紀、東晋《とうしん》の時代、三公（臣下として最高の位）の一人、太尉《たいい》の郗鑒《ちかん》が、同じく三公の一人、丞相《じょうしょう》の王導に、娘の婿としてふさわしい子はいないかと頼んだ。王導は使者に、東の離れに息子やおいたちがいるから、行って自由に選ばれよと告げた。

使者は戻って郗鑒に告げた。王家のご子息たちはさすが、どなたもご立派でした。しかし婿選びの使者が来たと聞くと、みんな意識して取り澄ましたご様子。ただひとり東の寝いす（東牀）で腹を上にして寝転がり（坦腹）、なにかむしゃむしゃ食べている男がいて、知らんぷりでした。郗鑒はそれだ、それこそよき婿（佳婿《かせい》）だと、娘を嫁がせた。それが王導のおいの王羲之だった。

この時代は人のちょっとした言動から人物の本質をぴたっと見抜く人物鑑定の眼力《がんりき》が重視された。郗鑒も寝転がってむしゃむしゃで王羲之の度量を見抜いたわけだ。

（島森　哲男）

吾唯知足《ごゆいちそく》 われただ足るを知る

知足とは貪《むさぼ》りの心がなくどんなにわずかでも不平をいわず満足することで、少欲《しょうよく》知足（欲少なくして知足）もほぼ同意。仏教の教えである。この対が雖富而貧《すいふじひん》（富めりといえども貧し）である。

原始経典に「足ることを知り、質素に暮らし雑務少なく生活もまた簡素であり……貪ることがない」（『スッタニパータ』）と見える。道元《どうげん》禅師は「学道の人は最も貧（徹底した知足）なるべし」「財多ければかならずその志を失う」（『正法眼蔵随聞記《しょうぼうげんぞうずいもんき》』）といい、『沙石集《しゃせきしゅう》』にもその肝要を説く。

仏教の教えといったが仏教だけではない。キリストは「自分の貧しさを知る人は幸いである」といい、「私は貧しいからこういうのではない。どんな場合にも私は足りることを学んだのである」（『フィリピ人への書簡』）とはパウロのことばである。貧はけっして恥ではない。

宗教者はもとより、富めるも貧しきもよく味わうべきことばではないか。

（荘司　格一）

口吻生花《こうふんせいか》 美しい詩文が次々に浮かぶ

唐の詩人・張祜《ちょうこ》は、宮詞といって宮廷生活、ことに後《こう》宮《きゅう》の女性たちの悲哀を歌う詩を得意とした。

「後宮に木々は深く月冴《さ》えわたり／軒先につがいの燕《つばめ》眠れるを見る／斜めに抜く玉のかんざし／紅焔《ぐえん》のなか蛾《が》を救わんとす」（「内人を詠ず」）。そんな詩に託して宮女の悲しみを歌った。

その張祜があるとき詩作にふけっていると、奥さんが呼んだ。呼んでも答えない。何度呼んでも知らんぷり。奥さん、ついに頭にきて癇癪《かんしゃく》をおこす。さっきから呼んでるのにどうして返事しないのよ！　そうすると張祜は言った。「おれは今ちょうど口から花が咲こうとしているんだ。おまえなんかにかまっていられるか」（『雲仙雑記』）。

口吻生花。吻はくちびる。くちびるから花が咲く。美しい詩や文章が口をついて出ることを言う。

京都六波羅蜜寺《ろくはらみつじ》の空也上人《くうやしょうにん》像は、念仏の一言一言が小さな仏になって口から出ているが、あんな感じで美しい花（詩文）が口からポッポッと出てくるのであろう。

（島森　哲男）

鴉雀無声《あじゃくむせい》　**鳥の鳴き声もなく静かな環境**

鴉雀も声なし——鴉《からす》の鳴き声も雀《すずめ》の鳴き声も聞こえて来ない静かな環境をいう。「鴉雀も聞こえず」「鴉黙雀《あもくじゃく》静《せい》」ともいう。いずれも『紅楼夢《こうろうむ》』の中に出てくる。

この小説の主人公・賈宝玉《かほうぎょく》は父の期待に反して立身出世にはとんと関心がなく、男の体は土でできているから会うとムカムカし、女は水でできているから会うとスーとするという女性崇拝者。豪華な庭園で、いとこの美少女たちに囲まれて暮らしていた。

ある晩、侍女の襲人《しゅうじん》にいわく、「人間の死にざまはいろいろだが、ぼくならあなたたちがいるうちに死んで、みんなの流してくれる涙が大河となって、遺体が鴉も雀も来ない遠くて暗いところまで流されて、やがて風化し、二度と人間に生まれることがないような、そんな死に方がしたいなあ」。このとき賈宝玉くんは十三歳。

賈宝玉の父は高級官僚。世俗的価値観の権化《ごんげ》として設定されているのだが、こんなことといわれたら、ものわかりのいい現代のパパでも嘆くだろう。

（小川　陽一）

七死八活《しちしはちかつ》　**死に瀕《ひん》しての耐え難い苦痛**

耐え難い苦痛、あるいは瀕死《ひんし》の状況にあることを七死八活という。半死半生《はんしはんしょう》、七転八倒《しちてんばっとう》と同じ。近世の戯曲・小説の中で多用されてきた。

「あなたときたら、この餓鬼《がき》みたいにやせこけた人を七死八活のめにあわせて、一体どうなさるつもりですか」（王実甫《おうじつぽ》『西廂記《せいしょうき》』）

「ここの役人や獄卒どもは酷《ひど》い奴《やつ》らだ……もし袖の下をはずまなかったら、百遍の棒打ちで、**七死八活**のめにあうぜ」（『水滸伝《すいこでん》』）

七死八活に似たことばに、日本の七転八起《しちてんはっき》がある。しかし、意味は全く違う。七転八起は「ななころび、やおき」と読み、七回転んでも八回起き上がること。多くの失敗にも屈することなく立ち上がる生き方をいう。

「人生概《がい》して五十年。其《その》五十年の其間にやア。……七転八起、一栄一辱。棺に白布《しらぬの》を蓋《お》ふにいたつて。初めて其名誉が定まるんだ」（坪内逍遥『当世書生気質《とうせいしょせいかたぎ》』）

見た目はよく似た四字熟語だが、その意味は、日中両国で全く違う。こんな例のあることにも注意したいもの。

（小野　四平）

天馬《てんば》行空《くうをゆく》　自由闊達《かったつ》な思想や行動

天帝を乗せて天上界を駆けめぐる神馬のことを天馬といった（『山海経《せんがいきょう》』）。また中央アジアの大宛国《だいえんこく》に、走ると血の汗をかく駿馬《しゅんめ》がいて、これを天馬の子と呼んだ（『史記《しき》』）。

文章表現にみられる奔放な着想、あるいは何物にも拘束されることのない自由闊達な思想や行動を形容して「天馬空《てんばくう》を行《ゆ》く」という。元代《げんだい》に活躍した蒙古人の詩人・薩天錫《さつてんせき》の詩について、明代《みんだい》の劉廷振《りゅうていしん》がこう語った。「天錫の詩の表現力は、他の詩人を凌駕《りょうが》している。まるで天馬空を行くかのようだ」（『薩天錫詩集・序』）

川端康成に、曲馬団《きょくばだん》で働く少女・お光の心情を描いた佳篇がある。

「お光の日々、現《うつつ》の身が哀れに荒《すさ》めば荒むほど、夢は美しくなりまさる。でも、もう夢と現との架け橋なんぞ信じはしない。そのかはり、望み次第の時に、天馬に跨《また》がり空を夢へ飛ぶのである」（『招魂祭一景』）

「天馬空を行く」のイメージが、お光につかの間の夢を与え、彼女の不幸を優しく包んでいる。

（小野　四平）

傷弓之鳥《しょうきゅうのとり》　一度の失敗に深くおじけづく

昔、王の前で矢を番《つが》えずに弦音を鳴らすだけで鳥を落とすものがいた。王が不思議に思ってその訳を尋ねると男は言った。「あの鳥の鳴き方、飛び方を見ると、一度矢傷を受けた鳥であることが分かります。その鳥の古傷がまだ癒《い》えておらず、恐怖心も消えていないところで弦音を聞いて身を引き、高く飛ぼうとして古傷が痛んで落ちたのです」（『戦国策《せんごくさく》・楚策《そさく》』）。一度の失敗に懲《こ》りて深くおじけづいたもののたとえとして使われる。驚弓之鳥《けいきゅうのとり》、惊弓之鳥《りょうきゅうのとり》とも言われる。

日常生活の中でわれわれもしばしばこのような経験をする。一度大きな失敗をすると恐怖心は簡単に消えるものではない。その時と同じ状況が再び起こった時、その困難を克服しようと思いながらも恐怖心が先に立つ。大相撲で同じ力士に連敗したり、野球で同じ打者に打たれたりするのも、こういう心理が働いているのかもしれない。精神修養に励むプロの人々でもそうであるとすれば凡人はなおさらである。

（清宮　剛）

単刀直入《たんとうちょくにゅう》　ずばり核心に迫る

「単刀直入に書いて了《しま》へば、一番簡単だったが……」（志賀直哉『暗夜行路』）。このように、前置きをやめて本論に入るときのことば。だが、はじめから、そうだったのではない。

単刀は一振りの刀、また単身の意。一振りの刀を持ち単身で敵陣に臨むことを、単刀直前といった。

「魏《ぎ》軍の至るに会い、戴僧静《たいそうせい》、応募し出でて戦う。単刀直前するや、魏軍は奔走《ほんそう》せり」（『南史《なんし》』）

宋代に入ると単刀直入となり、ずばり核心に迫るという意味となる。

「若《も》し是《こ》れ箇《こ》の漢《おとこ》ありて、危《き》亡《ぼう》を顧みず単刀直入すれば、八臂《はっぴ》の那吒《なた》も、他《かれ》を攔《さえぎ》るをえず」（『無門関《むもんかん》』）。ちなみに、那吒は毘《び》沙門天王《しゃもんてんのう》の太子。

また詩を学ぶ者は、はじめに最高かつ第一義の詩を読めと語った人がいる。そして「之《これ》を向上一路と謂《い》い、……之を単刀直入と謂う」（厳羽《げんう》『滄浪詩話《そうろうしわ》』）と記した。

単刀直入は、いつも真剣勝負を思わせる緊張感をたたえていた。

（小野　四平）

平生業成《へいぜいごうじょう》　毎日の念仏こそ浄土往生の道

生命がまさに終わらんとするとき、雑念を払い捨て一心に仏道を念ずることを臨終正念《しょうねん》というが、浄土教では毎日唱えた念仏の功《く》徳《どく》が臨終のとき正念になり、浄土に生まれることができると説く。真宗では浄土に生まれる原因は日常の間に完成すると説く。これを平生業成という。

浄土に生まれることが決定的になることを業事成弁《ごうじじょうべん》（業成）というが、これについても、十声か一声念仏を唱えても浄土にゆくことができる、一念にも多念にもできる（多念業成）、十念業成（十念を十声とするもの）などとさまざまに説かれる。

弥陀《みだ》来迎図《らいごうず》の中央の本尊の手から五色の糸が臨終の者に与えられ、それを握って浄土に往生を願うことが古くからわが国で行われていた。この阿弥陀《あみだ》如来《にょらい》を糸引如来と呼んでいる。この糸引きにも作法がある。やはり浄土への往生はそう容易ではない。

（荘司　格二）

鴻鵠之《こうこくの》志《こころざし》　スケールの大きい人物の志

鴻は大型のガン、鵠はオオハクチョウ、一説には鴻鵠の二字でオオハクチョウのこと。ただ鴻鵠之志という時の鴻鵠は、動物学的なことはあまり問題でなく、要するにスケールの大きい人物のたとえ、燕雀《えんじゃく》、ツバメとスズメが小人物をいうのと対応します。

紀元前三世紀の末、秦《しん》の始皇帝《しこうてい》が亡くなったころ、作男、つまり人に雇われて畑を耕す陳勝《ちんしょう》という男が、ある日仲間の作男たちにいいました。「わしが偉くなっても、おまえたちを忘れずにいてやろう」。「何をぬかす」とあざ笑う皆に対して、陳勝は嘆息して「燕雀いずくんぞ鴻鵠の志を知らんや」、おまえらにはわしの志はわかるまい、といいました。

陳勝はやがて反乱の旗揚げをし、大勢力となって陳王と称します。これをきっかけに天下は大混乱となり、秦は滅びました。陳勝自身は敗れて殺されますが、歴史に名を残しました。『史記《しき》』ではその伝記を列伝ではなく、格の高い世家《せいか》の部に録しております。

（村上　哲見）

原始仏教《げんしぶっきょう》　分裂以前の初期のインド仏教

仏教は仏陀の説いた教えで、釈尊を開祖とする。歴史的に見ると、根本仏教、**原始**（初期）**仏教**、部派仏教、大乗仏教など、地域的には南伝、北伝、インド、中国、日本の仏教などがあり、教義的にも種々に分けられる。

原始仏教とはゴータマ・シッダールタ（釈尊の本名）が三十五歳で悟りをひらき仏陀となり、教えを説きはじめてからその没後百年（二百年とも）マウリヤ王朝第三代のアショカ王の時代、教団が大きく二分される（根本分裂）までの仏教をいう。この時代には教団の統一が保たれ、仏陀の教えが忠実に実行されていたと考えられる。

分裂はおそらく律の解釈をめぐり多くの異論が生じ、解決できなかったことによる。分裂はさらに小さな分裂（枝末《しまつ》分裂）を生み、二十をこえる部派が成立する（部派仏教）。

釈尊の直弟子たちの入滅後三十年ほどまでをとくに根本仏教というが、用いる学者は必ずしも多くない。一口に仏教というがなかなか複雑である。

（荘司　格一）

倚《い》門《もん》之《の》望《ぼう》

母が子の帰りを待ち望む

家の入り口に寄り掛かって、母が子の帰りを待ち望むこと。他郷にいる子の帰りを待ち望む母親の切ない気持ちをいう。「倚門之情」ともいい、そんな親を「倚門之親」という。

『戦国策《せんごくさく》・斉《せい》策』に、紀元前三世紀の初めごろ、斉の閔《びん》王《おう》が殺されると、王に仕えていた王孫賈《おうそんか》の母が、「おまえが朝出かけて帰りがおそいと、私は家の門に寄り掛かって、帰りを待ち望んでいます。夕方出かけて帰って来ないときには、村の入り口の門に寄り掛かって、待ち望んでいます」と言ったとある。

五世紀の『幽明録《ゆうめいろく》』巻六に、武昌《ぶしょう》の陽新県（今の湖北《こほく》省陽新県）の北山に人の形をした石が立っており、戦争に赴く夫を見送った妻が、立ちつくしたまま石に化したものだという。これは各地に伝えられる望夫《ぼうふ》石《せき》伝説のひとつで、こちらは妻が夫を見送ったり、帰りを待ち望んだりするものである。

今ではすっかり様変わりして、「倚門の母」も「岸壁の母」もいなくなり、「携帯電話の母」になってしまった。

（小川　陽一）

儀《ぎ》態《たい》万《ばん》方《ぽう》

あでやかな女性の物腰

儀態万方とは容貌《ようぼう》・姿態・風格がいつでも美しく立派で申し分ないこと。「儀態」は姿・態度、「万方」はさまざまなかたち。女性のすばらしさを形容する場合によくつかう。立てば芍薬《しゃくやく》、座れば牡丹《ぼたん》、歩く姿は百合《ゆり》の花、というところ。

ことばの基づくところは、初夜を迎える女の喜びを歌った後漢《ごかん》の張衡《ちょうこう》の「同声歌」。表現はかなり大胆で、「着物を脱いで夜のお化粧／枕絵ならべ枕しつらえ」と詠じたあと、「素女《そじょ》を我が師と為《な》し／儀態万方盈《み》つ」と続く。

素女というのは仙女の名で『素女経《そじょきょう》』という性技《セックス》の書がある。それを手本として「儀態万方盈つ」、姿態さまざま限りなく……というのだから思いきりエロチック。

しかし後にはそんな原典の意味とは離れて、一般に女性の物腰の美しさやわらかさ、さらにはクジャクが舞う美しさ、菊花の変化に富んだ美、また文章の変幻自在な美しさなど、みなこのことばで表現するようになった。もとの意味を知ってしまうと使うに使えない、意味《いみ》深《しん》な表現。

（島森　哲男）

徙《し》宅《たく》忘《ぼう》妻《さい》　雑事にとらわれ大事を忘れる

何か身辺がややこしくなると、決まって引っ越しの夢を見る。すべてがきちっと整って、気分さわやか、腰痛もない。でも実際の引っ越しは苦手。ぎっくり腰になるし、めんどうくさい。段ボールの山にげんなり、ビールを飲みたくなる。

むかし魯《ろ》の国にひどい忘れん坊の男がいた。引っ越しの日、荷物を積んで、さあこれでよし、忘れものなし。いざ出発！　後にはぽつんと奥さんが残されていた（『説《ぜい》苑《えん》・敬慎篇』）。忘れもの？

徙宅忘妻の徙は移る、引っ越しをして妻を忘《わす》れること。転じて、小さなことにバタバタして、かえって大事なことを忘れること。

忘れる方も忘れる方だが、奥さんもぼうっとして存在感のない人だったのか。あるいは存在感があり過ぎて、無意識のうちにその存在を拒否し、忘れてしまったのか。あんまり変な解釈をすると、私情を持ち込むなと文句が出そうだ。これはただの忘れん坊のお話です。奥さんは大事です。

（島森　哲男）

千《せん》日《にち》一《いっ》誨《かい》　苦しみを避けずひたすら学ぶ

「千日に一たび誨《おし》う」。誨とは教導すること。知識を求めて誠を尽くし、苦しみを避けないことの比喩として用いられるが、由来は『世《せ》説《せつ》新《しん》語《ご》・文学篇』にある故事による。

馬《ば》融《ゆう》は後《ご》漢《かん》の大学者で弟子四百人を擁し、そのうち優れた者が五十人。この五十人には直接指導したが、ほかの弟子たちには顔を合わせることもなかった。後に優れた儒者となる鄭《じょう》玄《げん》も入門してから三年間、一度も会ったことがなかった。その三年間、鄭玄はひたすら学問に励み、経《けい》学《がく》や数学を学んだ。ある時、天文の計算でだれも分かる者がいない。鄭玄を呼んで計算させたところ、すぐに解決した。やがて学業が成り、鄭玄が故郷に帰ろうとする時、馬融は「私の学問の大道は、おまえとともに東に行ってしまう」と言った。

この故事が総括されて**千日一誨**の語となった。

余談として、馬融は鄭玄が名声をほしいままにするのをねたんで彼を殺そうとしたという説と、そうではなく彼を励まして送り出したという二説が伝わっている。

（清宮　剛）

音容宛在《おんようえんざい》　故人が今ここにいるよう

音容さながら在るがごとし――声も姿も、まるで今ここにいるようだ、の意。亡くなって鬼籍《きせき》に入った故人が、今もそこにいたり、「ただいま」といって玄関から入ってくるような、そんな思いを表したもの。

親しかった人への特別の思いをこめた音容という語は、古くから使われた。唐《とう》の白居易《はくきょい》の「長恨歌《ちょうごんか》」には、あの世の楊貴妃《ようきひ》が玄宗《げんそう》から派遣された霊能者に「一別してより音容ふたつながら渺茫《びょうぼう》たり」（天子にお別れしてからは、お声もお姿も遠くてかすかなものになりました）という。音容が薄れるほど時と所が隔《へだ》たっても「引き裂かれた愛の恨みは絶えることがない」と用いられた。

昔は故人をしのぶのに肖像画が使われたが、肖像画は制作に金と手間がかかったから、一部の人にしか利用できなかった。今では写真が安くいつでも撮れるし、テープレコーダーやビデオもあるから、文字通り、音も姿もさながら在るがごとくになった。

（小川　陽一）

濫竽充数《らんうじゅうすう》　才能のない者が紛《まぎ》れこむ

竽は竹製の楽器で笛の一種。みだりに竽を吹くの意からいいかげんな者をいう。つまりいいかげんな者を加えて頭数をそろえること。

斉《せい》の宣王《せんおう》は竽の大合奏が好きであった。それに乗じて南郭処士《なんかくしょし》は自分を売り込み、数百人の楽人とともに官に養われた。宣王が死んで湣王《びんおう》が即位したが、彼は一人ひとりの演奏を聴くのを好んだ。南郭処士は自分の下手な演奏がばれるのを恐れて逃げ出したという（『韓非子《かんぴし》・内儲説《ないちょせつ》』）。

「濫吹《らんすい》」とも言い、才能のない者がその位にいることにたとえる。

こういう例は世の中にたくさんある。多くの商品の中に不良品を混ぜる業者。組織の中に才能なくして紛れこんでいる者。それを見極めることはかなりむずかしい。

オーケストラはたった一人の音の狂いによって全体の調和が乱れるというから、音楽に限ってこのような例はないと思うが、喩え話としては面白い。こういうやからがすぐ近くにいるかもしれない。ご用心。

（清宮　剛）

容貌魁偉《ようぼうかいい》　最も頼りになる男の中の男

容貌は、顔つき。魁偉は、顔や体のずば抜けて大きく目立つこと。「郭太《かくたい》、字《あざな》は林宗《りんしゅう》。太原《たいげん》（山西《さんせい》省の地名）の人である。……身長八尺、**容貌魁偉**。いつも儒者の衣服を着、礼装用の帯をしめて天下を周遊していた」（『後《ご》漢書《かんじょ》』）。

後になると、このことばは少しずつ変化していく。「袁紹《えんしょう》の目に飛び込んできたのは、公孫瓚《こうそんさん》の後ろに立つ容貌異常の三人の男たち。彼らは、冷笑を浮かべてこっちを見ている」（『三国志《さんごくし》演義《えんぎ》』）。ここに見える三人の男たちとは、劉備《りゅうび》・関羽《かんう》・張飛《ちょうひ》。いずれも、この物語の中心人物たちだ。また、別の例もある。「曹操《そうそう》が語った――この容貌魁梧《かいご》の男は、きっと胆力《たんりょく》があるに違いないぞ」（『三国志演義』）。この男とは、夏侯惇《かこうじゅん》が曹操の所に連れてきた典韋《てんい》という豪傑のことである。

容貌魁偉、容貌異常、容貌魁梧は、体力も胆力も、ひときわ優れている男たちの形容。みな、肯定的イメージの中で用いられてきた。最も頼りになる男の中の男たち。彼らには、こんな形容がふさわしい。

（小野　四平）

惜玉憐香《せきぎょくりんこう》　女の人を大事に大事にする

惜玉憐香は女性に対する思いやりや愛情を表すことば。玉や香はもちろん美しい女性を指す。「惜」はいつまでも心に残って思いがつのること。「憐」はぴたっと心が寄り添ってずっと離れないこと。珠玉を大切にし美しい香りをいとおしむように、女のひとを大事に大事にすることをいう。

美女が珠玉にたとえられるのはまず常識として、美女と香りの結びつきも昔から伝説が多い。西施《せいし》が沐浴《もくよく》したあとの水をとって松の枝でベッドのカーテンにふりかけると部屋中いい香りがしたとか、水を瓶《かめ》にためて沈澱したものをさらして香袋に入れると芳香《ほうこう》がしたとか。

あるいは楊貴妃《ようきひ》の汗は紅色でいい香りがし、ハンカチでぬぐうと桃の花のように染まったとか、長安《ちょうあん》の美姫《びき》、楚蓮香《それんこう》は体中いい香りがし、出歩くとチョウやハチがついてまわったとか。

回族《かいぞく》の娘、香妃《イパルハン》は生まれながらにして異香あり、乾隆《けんりゅう》帝《てい》のもとに連れ去られたが、帝《みかど》を拒んで殺されたという。凛《りん》とした女性であった。

（島森　哲男）

琴瑟相和《きんしつあいわす》　夫婦の情愛

七弦の琴《きん》、二十五弦の瑟《しつ》。ふたつの楽器の合奏は、古くから家族や友人の和合にたとえられてきた。「琴瑟を鼓するが如《ごと》し」（『詩経《しきょう》』）、「永く琴瑟の歓を結ばん」（蘇軾《そしょく》「親《しん》を求むるに答うる啓《けい》」）など、例は少なくない。

琴瑟相和は、夫婦の情愛をいう。が、中国にはこの用例がみられない。日本で作られたものらしい。

「（お千代の）気象の……極《ご》く鷹揚《おうよう》な処《ところ》が、夫《おっと》南巣の極く内気な性質と相反して却《かえっ》てそれが**琴瑟相和**する所以《ゆえん》となつてゐる」（永井荷風『腕くらべ』）

中国で、初めて琴瑟の合奏を聴いた時のことが忘れられない。日本の琴に慣れた耳にとって、それは全く異質の世界だった。かすかに響く忍び泣き。激しく轟《とどろ》く雷鳴《らいめい》。ふたつの音の交錯する不思議な調和が、そこにあった。同じ性質の音による静かな和合ではない。まるで相反するような音の間に繰り広げられる戦いであり、その果てに作られる和解なのであった。

夫婦の情愛とは、もともとそうしたものだといえるのかもしれない。

（小野　四平）

煮豆燃萁《しゃとうねんき》　兄弟の仲が悪くいがみあう

豆を煮るに萁《まめがら》を燃やす。兄弟の仲が悪く、いがみ合うことにたとえる。

乱世の英雄といわれた魏《ぎ》の曹操《そうそう》の子である曹丕《そうひ》と曹植《そうしょく》兄弟に由来する故事である。曹丕が長男、曹植が三男であるが、曹植は唐の時代に杜甫《とほ》が出るまで中国で詩の神様といわれたほどの文才を有していた。兄弟は幼時より曹操の跡目を争うが、結局最後に勝者となったのは兄の曹丕であった。魏の文帝《ぶんてい》である。

勝者となった兄は、以後、弟を徹底的に迫害した。ある時、兄は言った。「七歩あゆむうちに詩を作れ。できなければ勅命違反で厳罰に処する」。曹植はたちどころに詩を作った。

「豆を煮るに豆萁《まめがら》を燃やす／豆は釜《かま》の中に在りて泣く／本《もと》と是《こ》れ同根より生ずるに／相《あ》い煎《い》ること何ぞ太《はなは》だ急なる」

この詩は古くは『世説新語《せせつしんご》・文学篇』に見えるが、字句には以後のものと異同がある。ここでは世に流伝《るでん》するものに従っておく。曹植の作ではないという説もあるが、いずれにしても悲しい詩である。

（清宮　剛）

一路《いちろ》平安《へいあん》　道中ずっとご無事で

平安は平穏無事、一路はひとすじの道という意味もありますが、この場合の路は旅の道すじ、そして一はひとつであると同時にそのすべてという意味があります。

つまり**一路平安**とは「道中ずっとご無事で」と、旅立つ人を見送る時に祈りをこめてささげることばです。中国では現在も、ごく普通に**一路平安**《イールーピンアン》と言って人を見送ります。

唐の詩人・岑参《しんじん》が西方はるかタクラマカン砂漠に従軍した時に詠んだ詩「京に入る使に逢う」に、「馬上に相《あい》逢《お》うて紙筆無し、君によりて伝語して平安を報ぜん」とあります。ただひとこと、無事でいるとだけ家族に伝えてほしいと、都に向かう人に頼んでいるのです。

近ごろはやりませんが、昔は手紙の表書きに「平安」と書きそえることがありました。不幸など、異変を知らせるものではない、つまり安心して開封するようにという心遣いです。ファクスやメールなどがない時代の優しい心遣いでした。

（村上　哲見）

越女《えつじょ》斉姫《せいき》　美女の生まれる土地

越《えつ》の美女、斉《せい》の美人。越と斉は、美女の生まれる土地として古くから知られていた。

漢の枚乗《ばいじょう》が呉王《ごおう》に仕えていたとき、楚《そ》の太子の病気を見舞って一つの文章を作った。作者の分身、呉客《ごきゃく》が登場して、こう語っている。

「楚の太子よ。あなたの病気の原因は、不《ふ》摂生《せっせい》な生活にあります。前には越の美女を侍《はべ》らせ、後には斉の美人をかしずかせて酒宴にふけり、奥の部屋では密事《みそかごと》にうつつをぬかしていらっしゃる」（『七発《しちはつ》』）

越と斉のほか、燕《えん》、呉、秦《しん》なども美人の出身地だったらしい。燕女（『梁昭明太子文集』）、呉児（『遺山先生文集』）、秦女（魯迅《ろじん》「贈人」）のようなことばもある。しかしいずれの場合も、必ず越女か斉姫と並称されている。いちど作られた伝承は根強いものらしい。事情は、日本でも同じだったようだ。

秋田出身の女性と結婚した友人のことばがなつかしい。「おれは、妻が秋田生まれだと言えない。うっかり口にすると『ヤァ、奥さんのご自慢ですな』と言われてしまう」。

（小野　四平）

次第説法《しだいせつぽう》　理解力に応じ教えを深める

釈尊がはじめて五人の修行者を教化《きょうけ》した（初転法輪《しょてんぼうりん》）のは商業の一大中心地ベナレスで、長者とよばれる豪商が多く住んでいた。

長者の子ヤサはぜいたくな暮らし、官能的な歓楽に飽き、むなしさを感じ夜半に家を抜け出て郊外にさまよい出た。坐禅をくまれていた釈尊はヤサに「ここに来て坐《すわ》るがよい。法を説くであろう」と、布施、戒律、天国の話（施論、戒論、生天論《しょうてんろん》で三論という）をされた。

ヤサはすぐ理解した。ついで清浄《しょうじょう》、寂静《じゃくじょう》について説かれた。ヤサの心は清められ、素直に教えを受け入れた。四諦《したい》説（苦集滅道《くじゅうめつどう》）を説かれると真理への眼がひらかれ、最初の悟りである法眼《ほうげん》を得たという。

このように相手の理解力に応じてやさしいことから次第に高次に説くことを**次第説法**という。釈尊がよくした説法で経典にしばしば見える。もの静かにあたたかく包み込み、心に染《し》み入るように説かれたのであろう。

（荘司　格一）

先憂後楽《せんゆうこうらく》　天下の楽しみにおくれて楽しむ

後楽園というと球場や遊園地ばかりが有名ですが、もとはといえばその後ろに今もひっそりとある、あの黄門さまが造った旧水戸徳川家の江戸屋敷の庭園の名なのです。もうひとつ、岡山にも旧藩主池田家の後楽園があります。

中国宋《そう》代の大臣だった范仲淹《はんちゅうえん》という人は、天下を治める者、今でいえば政治家や官僚はいかにあるべきかを説いて、「天下の憂《うれ》いに先んじて憂え、天下の楽しみに後《おく》れて楽しむ」と言いました（『岳陽楼記《がくようろうのき》』）。水戸侯も池田侯もこの心掛けを忘れないように庭園の名を後楽としたのです。二人ともそれぞれに名君の評判を残しました。テレビドラマなどで有名な水戸黄門の物語も、立派な殿様だったという世間の評判から生まれたのです。

政治家や官僚の汚職、地位を利用して私腹を肥やすニュースは後を絶ちませんが、「天下の憂い」はそっちのけにして、「天下の楽しみに先んじて楽しむ」ような人たちに政治を任せるわけには参りません。

（村上　哲見）

十二縁起《じゅうにえんぎ》　人間の迷いのあらゆる原因

十二の縁起。縁起とは「縁《よ》って起る」ことで、原始仏典に「あれあればかれあり　これ生ずるが故にかれ生ず　これなければかれなし　これ滅するが故にかれ滅す」と定義する。

仏教は一因一果説（一つの原因から一つの結果）をきらい、人間の迷いについても、いろいろな原因・条件が依存しあっておこると考え、十二の項目に整理する。

すなわち、無明《むみょう》（無知）、行《ぎょう》（潜在的な形成力）、識《しき》（識別作用）、名色《みょうしき》（名称と形体）、六入《ろくにゅう》（六つの感覚器官＝眼耳鼻舌身意《げんにびぜっしんい》）、触《そく》（接触）、受《じゅ》（感覚作用）、愛《あい》（愛欲、妄執《もうしゅう》）、取《しゅ》（執着）、有《う》（生存）、生《しょう》（生まれる＝生きるではない）、老死（老い死ぬ）である。

無明のゆえに行がおこる、と以下順に考えるのが順観、無明がなければ行はない、と以下順に考えるのを逆観という。

縁起説についての解釈もさまざまで、近代でも異論が多いが、分析と総合に傑出した仏教の最も典型的に結実した説といえようか。

（荘司　格一）

才徳兼全《さいとくけんぜん》　頭が良くて行いも立派な人

才能と徳行《とっこう》の両方が備わっていること。頭が良くて行いも立派な人をいう。「才徳兼備《さいとくけんび》」も同じ。

宋の王魁《おうかい》がトップで科挙《かきょ》に合格すると、時の大臣・韓《かん》琦《き》から、娘の婿にと求められた。韓琦の婿になれば将来が約束される。だが王魁にはすでに妻があった。この妻はもと官僚の娘だったが、家が没落して芸者をしていたのを迎えたものだった。王魁は既婚の旨を伝えて、申し出を辞退した。

韓琦は、王魁は**才徳兼全**の人物で、ぜひ婿にと思ったが、妻があるなら致し方ないと、快く了解し、送別の宴を開いて、王魁の赴任を激励した。明《みん》の王玉峰《おうぎょくほう》の『焚香《ふんこう》記《き》』という戯曲のお話である。妻があるから辞退し、それを了解するのは当然のようだが、昔はそうでもなかったらしい。当時のことわざに「富易交、貴易妻（富みて交をかえ、貴にして妻をかえる）」とある。富貴になると、以前の友や妻を捨てる、というのである。

毛沢東も「才徳兼備の幹部が多くいなければ、革命は達成できない」と言った。日本にも**才徳兼全**の政治家がたくさんほしい。

（小川　陽一）

口是心非《こうぜしんぴ》　言うことと本心が違っている

口先では是認しておきながら、心の中では否認すること。言うことと本心が違っている意。道教の最も初歩的な戒律である五戒の三番目の戒。『雲笈七籤《うんきゅうしちせん》』巻三十七に収められている。

明《みん》の『解慍編《かいうんへん》』に「口善心悪《こうぜんしんあく》」という題の笑い話がある。この題名は**口是心非**と同じ意味だが、話のしつらえは、ややひねってある。

——ある兵士、いつも精進料理を食べお経を読み、合戦のときでも、念仏を唱えていた。それを見た隊長は、これが弱虫の原因だと思い、鍛え直してやろうと、「戦うときは、勝つために殺しまくらねばならないのに、なぜ念仏など唱えているのか」と叱ったところ、その兵士「口では念仏を唱えてますが、心の中では殺人の気持ちでいっぱいです！」。

この兵士は、口で念仏を唱え、戦場でも敵を殺さないのだから、言行一致の反戦兵士というべきで、「心の中は殺人の気持ちでいっぱい」だと言ったのは、本音ではなく、隊長が怖くて、やむをえず使った方便だった。

（小川　陽一）

芙蓉出水《ふようしゅっすい》　清らかで美しい女性の姿

芙蓉すなわち蓮《はす》の花が水面から顔を出してふっくらと咲きそめる。いかにも風情のある清らかな美しさだ。それはおのずから清らかでみずみずしく、ふっくらと美しい女性の姿を連想させる。そこで清秀艶麗《せいしゅうえんれい》な女性の美しさを**芙蓉出水**と表現するようになった。

魏《ぎ》の武帝曹操《ぶていそうそう》の子で、文帝曹丕《ぶんていそうひ》の弟である曹植《そうしょく》に「洛《らく》神《しん》の賦《ふ》」という作品がある。洛水《らくすい》の女神との交歓と別れを歌ったこの作品は、女神の美しさを綿々とつづっている。そのモデルとされるのが兄の曹丕の妃となった甄后《けんこう》で、彼女はむしろ弟の曹植に心寄せていたという。

「遠くこれを望めば、皎《きょう》とかがやいて朝焼けに昇る太陽のごとく／近くこれを見つめれば、灼《しゃく》とかがやいて澄んだ水から顔を出した蓮《はす》の花のようだ」（灼として芙蕖《ふきょ》の淥波《ろくは》を出《いず》るが若《ごと》し）と、女神は賛美される。それが後に**芙蓉出水**ということばに定着した次第。後世、詩文書画の自然で清新な美にも、またこの形容を使う。

（島森　哲男）

後生大事《ごしょうだいじ》　一生懸命勤め、物を大切にする

ふだんによく用いられるが、もともとは仏教用語で、後生とは前世《ぜんせ》に対する来世《らいせ》、つまり死後の世界のこと。その世界における大事とは安楽に暮らすことであるから、そのために現世《げんぜ》では信心深く生きようということ。のち、一生懸命に勤めることや物を非常に大切にすることをいうようになった。

　後生菩提《ぼだい》といえば極楽に生まれることをいい、後生善《ぜん》処《しょ》、後生清浄《しょうじょう》も同じ意。

「庵室《あんじつ》をかまへて隠居し、法華経《ほけきょう》読みて後生の行《ぎょう》と思ひあてけり」（『沙石集《しゃせきしゅう》』）も極楽往生を願ってのこと。

「今の剣、昔の菜刀《ながたな》とさびて、又《また》、もとの数珠《じゅず》屋を、**後生大事**として、命の珠《たま》をつながれ」（『日本永代蔵《にっぽんえいたいぐら》』）と、武士を捨てて数珠屋として生きるのも死後の安楽を願ってのことである。

　一方で、「後生へはけつを向けているやり手ばば」（『柳多留《やなぎだる》』）は極楽よりもこの世の安楽第一と、遊女からしぼりとる因業《いんごう》なやり手婆《ばば》を皮肉るが、さて、世の拝金家はどうお読みになるか。

（荘司　格一）

紅豆相思《こうとうそうし》　男女が思い合い愛し合う

紅豆というのは中国の南方に産する赤いルビーのような豆で、エンドウ豆のようにさやに入っている。古来、男女の愛情の象徴として、女性の装飾品にはめ込んだりして珍重された。

　伝説では、むかし愛する男を失った女性が泣いて泣いて、その血の涙が化して珊瑚《さんご》のような真っ赤な豆になったという。だからこの紅豆を相思子《そうしし》ともいう。

　唐の王維《おうい》の詩「相思」に「紅豆　南国に生じ／春来幾《いく》枝《えだ》にか発《ひら》く／願わくは君　多く採擷《さいけつ》せよ／此《こ》の物最も相《あい》思《おも》う」（南の国の赤い豆／春の枝先ここかしこ／あなたたくさん手にとって／恋人思う赤い豆）とある。

　ここから**紅豆相思**は男女が思い合い愛し合うことを示すことばとなった。

　この詩にメロディーをつけて唐の名歌手・李亀年《りきねん》が歌うと、あっという間に都のすみずみまで流行した。のちに安禄山《あんろくざん》の乱で南方に落ち延びた李亀年は、この歌を歌って遠い都を思い、華やかなりし時代をしのんだ。ときに座にある者みな心を動かされたという。

（島森　哲男）

緑葉成陰《りよくようせいいん》　恋しいあの娘も人の妻

湖州《こしゆう》の地には美女が多い。評判を聞いた若き詩人・杜《と》牧《ぼく》は、太湖《たいこ》の南のその地を訪れる。そして夕暮れに一人の美しい少女に出会う。

十《とお》を少し出たばかりのその少女に一目《ひとめ》惚《ぼ》れした杜牧は、付き添いの姥《うば》に「この子はまだ幼い。何年かしたら私はきっとこの地に知事として赴任してくるから、そしたら嫁に迎えよう。もし十年しても私が来なかったら、他に嫁がせるがよい」と言って結納《ゆいのう》の金を渡した。

十四年の月日が流れ、知事として再びこの地を訪れた杜牧は、さっそく娘をたずねる。しかし娘はすでに三年前、他家に嫁ぎ、二人の子どもができていた。あのころはまだつぼみも開かずにいたものを、今や「緑葉陰《かげ》を成して子、枝に満つ」(葉も茂り実もなっている)、そう詩に詠んで杜牧は嘆いた(『麗情集』)。

ここから緑葉成陰とは、思っていた娘が知らぬ間に他家に嫁ぎ、子もなしていたという、くやしくも悲しい成り行きをいうことばとなった。

(島森　哲男)

祇園精舎《ぎおんしようじや》　修行者が心身を鍛える場

『平家物語』の名文でよく知られるインド舎衛《しやえ》国にあった僧院の名。詳しくは祇樹給孤独園《ぎじゆぎつこどくおん》。

給孤独長者須達《スダツタ》が祇陀《ぎだ》太子の園林をその地面に黄金を敷きつめて買いとり精舎《しようじや》(僧院)を建て、太子も林を寄進し、二人の名をとって命名、略して祇園といった。釈尊説法の拠点となる。釈尊はよほど気に入ったのか、十九回も雨安居《うあんご》(雨期のため外にでず、僧院で三ヵ月間修行すること)を過ごしたといわれる。

七層の建物で諸国の王や人々がきそって供養し灯や香がたえなかったが、ネズミが灯心をかじって火事になり灰燼《かいじん》に帰した。二層のものが再建されたが、七世紀中国の玄奘《げんじよう》が訪れたときには荒れはてていたという。

精舎とは立派な建物の意ではなく、精練(智徳をねりあげる)する者の住む建物のことであるという。中国では学舎、精(すぐれた気)のやどる所の意に用いられ、「精舎を立てて講授す」(『後漢書《ごかんじよ》』)などと見える。

(荘司　格一)

秋の章

天作之《てんさくの》合《ごう》

天命で結ばれた良縁

天の与えてくれた良縁のこと。また婚事の美しさを祝うこと。

殷《いん》の末年、周の武王《ぶおう》は牧野《ぼくや》の戦いにおいて殷の紂王《ちゅうおう》を討ち、周王朝を建てた。周の初年、人々はこの盛事を記録して後世の戒《いまし》めとした。周部族の歴史を詩として残したのである。これが『詩経《しきょう》・大雅《たいが》・大明《たいめい》』である。

全体は八章から成っており、第四章から第六章は文王《ぶんのう》が天の与えた配偶を得て武王を生んだことが叙《の》べられている。この語は第四章にある。

「天下《てんした》を監在《かんざい》し／命《めい》既に集《つ》く有り／文王の初載《しょさい》／天之《てんこれ》が合《ごう》を作《な》す」（上天は天下をご覧になり、天命を周へと下《くだ》した。天は文王が生まれて間もなく、妃《きさき》をお決めになった）

秋は結婚式のシーズンである。二人は赤い運命の糸によって結ばれていたといわれるが、この詩のように、人々は生まれた時から天によってその配偶者が決められているのかもしれない。その運命を大切にして幸せになってほしいと、卒業生の結婚式によく思う。（清宮　剛）

以貌取人《いぼうしゅじん》

容貌だけで人を判断する

貌を以《もっ》て人を取る——容貌だけでその人を判断すること。外見だけで人の性格や能力を判断すると失敗する、という意味の場合に使われる。

孔子《こうし》は澹台子羽《たんだいしう》に初めて会ったとき、その容貌がひどく醜《みにく》かったので、だめな人間だと思った。しかし子羽は学問をしたあと行動が立派で、弟子が三百人もでき、その名声は天下に響いた。

孔子は「ことばだけで判断して宰予《さいよ》で失敗した。容貌だけで判断して子羽で失敗した」と反省した（『史記《しき》・仲《ちゅう》尼《じ》弟子《ていし》列伝《れつでん》』）。宰予は口はうまいが、行いがだめだった。孔子はその弁舌を買いかぶってしまい、評価を誤ったのだ。

近世の小説や戯曲でも「人は容貌で判断できない、海水は升《ます》で量れない」（人不可貌相、海不可斗量）といって、顔や衣装で判断することを戒《いまし》めた。わが国でも「人は見かけによらない」という。

だがいくらそういわれても、性懲《しょうこ》りもなく失敗してしまう。孔子さまでも失敗したのだから、凡人ならしかたがないのだろうが。（小川　陽一）

慇《いん》懃《ぎん》無《ぶ》礼《れい》

丁寧だが心がこもっていない

慇懃は、丁寧、ねんごろの意。「私は、李陵《りりょう》と一緒に杯をかわして、慇懃の楽しい交わりを尽くしたということもありません」（司馬遷《しばせん》「任少卿《じんしょうけい》に報ずるの書」）。

また、異性への思慕を伝えることを「慇懃を通ず」といった。

「司馬相如《しょうじょ》は、使者をたてて卓文君《たくぶんくん》のもとに慇懃を通じさせました」（『漢書《かんじょ》』）

慇懃無礼は、丁寧が過ぎてかえって相手に対して失礼であること。また、うわべは丁寧だが心のこもっていないことをいう。しかし、この用例は中国にはない。江戸時代のころ、日本で造語されたと考えられる。

『俚言《りげん》集覧』の**慇懃無礼**の項に、こうある。

「卑下《ひげ》のあまりに過《す》ぎたるはかへりて慇懃尾籠《びろう》になる也《なり》」（『細川幽斎聞書《ききがき》』）。尾籠は、不作法・無礼と同じ意味。

「奈良漬のおの字いんぎん無礼なり」（『柳多留《やなぎだる》』）。やはり江戸期のこの川柳は、度を過ごすことの不作法を、笑いの中にさりげなく包んでいて妙である。

（小野　四平）

海《かい》誓《せい》山《さん》盟《めい》

永劫《えいごう》不変の愛を誓い合う

海や山は永遠に不動のもの。その海や山のように永劫不変の愛を、恋する男女が誓い合うことを**海誓山盟**、海に誓い山に盟《ちか》うという。

しかし、最初からこんなことを言うのも興ざめだが、いくら誓ってもその通りにならぬのが世の習い。実際、このことばの用例の多くが、あんなに深く愛し合い、**海誓山盟**したのに、誓いもむなしく、今は離れ離れ……といった文脈で使われているのである。恋の道は険しく障害も多い。

南宋の陸游《りくゆう》ははじめ唐琬《とうえん》という妻をめとり、幸せな新婚生活を送っていた。だがそれも束《つか》の間、陸游の母親が嫁をきらい、親の命令が絶対の中国では逆らいようもなく、離縁。

数年後、唐氏のおもかげを抱き続ける陸游が沈園《しんえん》をさまよっていると、偶然、再婚した彼女に出会う。夫君と一緒である。傷心の陸游は、「桃花落ち池閣閑《しず》かなり／山盟在りと雖《いえど》も／錦書託し難し」（かたい愛の誓いは今でも心に残っているが、便りを交わすよしもない）と詞を壁に書きつけた。

（島森　哲男）

老驥伏櫪《ろうきふくれき》

年老いてもなお大志を抱く

「老驥櫪に伏す」。驥は一日に千里を行く名馬。櫪は馬小屋、飼料おけの意。『魏《ぎ》武帝集・歩出夏門行』の中に見えることばである。

「老驥櫪に伏すも志は千里に在り／烈士暮年なるも壮心已《や》まず」(千里の馬は老いて馬小屋に伏していてもなお千里を走りたいと思い、壮士は晩年になってもなお雄心の消えることはない)。英雄が年老いてもなお大志を抱くたとえとして使われる。

後世、悪人としてのイメージの強い曹操《そうそう》であるが、彼は武人としてまた文人として優れた才能を有していた。まさに乱世の英雄にふさわしい度量を備えていた。

この詩は曹操五十三歳の時に作られたものといわれるが、赤壁《せきへき》の戦いで大敗し、すでに老いの近づいている彼にとって天下統一は悲願であった。残された生命でどれだけのことができるのか、その焦りの中でこの詩は作られた。しかし彼の悲願はついに果たされることなく、年六十五にして洛陽《らくよう》で没した。

(清宮　剛)

玉石混淆《ぎょくせきこんこう》

良いものと悪いものが共存

あまりきれいな言い方ではありませんが、俗に「ミソもクソも一緒」と申します。これを漢語で表すと**玉石混淆**、どちらも良いものと悪いものを区別せず、ごちゃまぜにするという意味ですが、よく見ると中身は相当に違います。ミソとクソは全く別のものですが、玉と石とはそうではありません。

字書の元祖『説文解字《せつもんかいじ》』によれば、玉とは「石の美なるもの」、つまり玉も石の一種です。また石のような基本単語は定義が難しいのですが、『広辞苑《こうじえん》』の苦心の定義は「岩より小さく、砂より大きい鉱物質のかたまり」で、そのまま玉にも当てはまります。

美とは客観的に存在するものではなく、人間の感性に属する概念ですから、「石の美」とは人間が勝手にそういうだけのことで、**玉石混淆**こそ自然本来の在《あ》り方なのです。本来区別のないものを、むりに線を引いて差別するようなことはいくらでもあります。入学試験などもその例ではないでしょうか。

(村上　哲見)

天高《てんたかく》 馬肥《うまこゆ》

秋晴れの、さわやかな季節

空が高く澄みわたり、馬もよく食べて丸々と肥える。秋晴れの、さわやかな季節を指す。だが、中国では「秋高く馬肥ゆ」（秋高馬肥）という。意味も全く違っていた（『元史《げんし》』『明史《みんし》』など）。

漢代の武将・趙充国《ちょうじゅうこく》が、天子に対して「秋に到りて馬肥ゆ。変、必ず起らん」と語ったと伝えられる（『漢《かん》書《じょ》』）。秋になると馬が肥えるから、西北方の遊牧民族による騎馬軍団が必ず襲ってくる。だから、厳重に注意しなければならない。彼は、こう語って警告したのである。

初唐の詩人・杜審言《としんげん》が「秋高く塞馬《さいば》肥ゆ」（「蘇味道《そみどう》に贈る」）とうたった時も、塞馬すなわち辺境地帯の遊牧民族の馬が肥える秋になったら、警戒を要するという思いを滲《にじ》ませていた。

こうして、後に慣用される「秋高く馬肥ゆ」にも同じ警戒心が宿されていく。だが、日本では「秋」が「天」になり、内容はすっかり変わってしまう。

（小野　四平）

朝三暮四《ちょうさんぼし》

言いくるめてごまかす

昔々たくさんの猿を養っているおじいさんがいました。家が貧乏になったので、「これからはドングリを朝三つ、暮れに四つずつやることにする」というと、猿たちは怒り出しました。そこで、「よしよし、では朝四つ、暮れに三つにしよう」というと、猿たちはおじいさんが譲歩したと思いこんで喜びました。

『列子《れっし》』という古典にみえるこの話、ことばで人を言いくるめるずるさと、それにごまかされる愚かさを表す寓《ぐう》話《わ》として有名で、減税、減税と言いふらす一方で消費税を取ったりするやり口、政治家や官僚のずるさのたとえとしてよく引用されます。しかし、このたとえは適切とは思えません。

国家の財政規模は限定されていますから、収入も支出も、どこかを減らせばどこかを増やす、増やすためには減らすのは当然のことで、国民が納得できるきちんとした説明があるかどうかが問題なのです。財源は国民から出ているので、猿の餌《えさ》とは話が違います。

（村上　哲見）

一字不説《いちじふせつ》

ことばでは説けぬ真実

一字も説かず。一字とは法のことで、釈尊は得道《とくどう》から入滅まで法について一字も説かなかったということ。しかし釈尊の説法を否定することではなく、真実というものはことばで説こうとしても説きうるものではないという意。

釈尊は自分で考えだした新しい教えを説いたのではなく、真実に目ざめ、その真実を語ったのである。釈尊が目ざめたと否とにかかわらず、その真実は永遠に在《あ》るものである。だから、自らが目ざめるしかない、ということである。

一字については、雲門は弟子の問いに一文字で答えることが常であったから、一字禅とよばれる（『碧巌録《へきがんろく》』）。「善解一字」とは律をよく解すること。「一字三礼」とは写経一文字ごとに三たび三宝《さんぼう》を礼拝すること。「一字千金のことはり、師匠の恩は七百歳と説かれたり」（『御伽《おとぎ》草子《ぞうし》』）というように、「一字千金」とは非常に高価なもの、ひいては師の恩をいう。

（荘司　格一）

鬼子無影《きしむえい》

幽霊には影がない

鬼はオニのほかに、幽霊、亡霊、お化け、下級の神も含む。鬼神の鬼がそれだ。鬼子《クイッ》というと外国人をののしることばだが、ここでは亡霊の子の意味に使われている。

『聊斎志異《りようさいしい》』に収める「土偶《どぐう》」という話——馬《ば》という姓の男が亡くなると、妻の王氏は亡夫の土の像を作って仕えた。やがて夜ごと亡夫が現れるようになった。ひと月ほどで来なくなったが、後に子が生まれると、王氏の不倫が疑われた。亡夫の子だと説明しても、信じられなかった。うわさを聞いた役人が、その子を日に当ててみると影が薄かった。子の指に傷を付けて血を土偶にたらしたら吸い込まれた（子の血は親の遺骨に吸い込まれるという）。その子は日ごと馬に似てきたので、疑いは晴れた。

中国では、幽霊やお化けは、衣服に縫い目がない、日に当たっても影がない、名を繰り返し呼ばれると次第に返事が小さくなる、とされる。日本では存在感の希薄《きはく》な人を「影が薄い」という。これは日本でも幽霊やお化けには影がないと考えていた痕跡ではないか。

（小川　陽一）

五濁悪世《ごじょくあくせ》　釈尊入滅後の世の中の乱れ

五濁とは五つの汚れのことで、社会悪（劫濁《こうじょく》）、思想の乱れ（見濁《けんじょく》）、悪徳のはびこり（煩悩《ぼんのう》濁）、衆生《しゅじょう》の資質の低下（衆生濁）、人間の寿命が次第に短くなる（命《みょう》濁《じょく》）をいう仏教語。

釈尊が入滅してから五百年ないし千年は正法《しょうぼう》の時代、その後の五百年ないし千年は像法《ぞうぼう》の時代、その後一万年は世の中が汚れきり、仏法を行う人がいない末法《まっぽう》の時代とされる。正法の時代は仏法が正しく行われ、像法の時代は像《すがた》だけ形式的に行われる。末法の時代は五濁がますますひどくなる。五濁増《ごじょくぞう》といい、その世を**五濁悪世**という、と説かれる（『阿弥陀経《あみだきょう》』）。

わが国では一〇五二年より末法の時代に入ったとされ、そのためもあって浄土教が広まる。法然《ほうねん》、親鸞《しんらん》、一《いっ》遍《ぺん》の文によくみえる。「当今は末法、これ**五濁悪世**なり」（『教行信証《きょうぎょうしんしょう》』）、「安楽浄土にいたる人　**五濁悪世**にかへりては　釈迦牟尼《しゃかむに》仏のごとくにて　利益衆生《りやくしゅじょう》きはもなし」（『親鸞和讃《しんらんわさん》』）など。

（荘司　格一）

毛遂自薦《もうすいじせん》　自分自身の売り込み

毛遂が自分自身を推薦した、ということ。出典の『史《し》記《き》・平原君虞卿《へいげんくんぐけい》列伝』では「毛遂自賛」に作るが、普通は標題のようにいう。意味は同じ。

紀元前の二五八年に趙《ちょう》の都・邯鄲《かんたん》が秦《しん》軍に攻められた。平原君趙勝《ちょうしょう》が楚《そ》の国に援軍を頼みに行くことになり、ブレーンを二十人連れて行くことになった。十九人までは決まったが、あと一人というときに、毛遂が自薦してきた。平原君に三年仕えていたのだが、無名だった。

平原君が「能力があれば、袋の中のきりは先が現れるものじゃ。そちにどんな能力があるのか」と断ったが、「袋の中に入れてもらえたら、先どころか柄《え》まで出ていたでしょう」と強く求めたので連れて行った。

はたして、楚国で交渉が行き詰まったときに、毛遂が楚王を一喝《いっかつ》して同意させ、目的を達した。平原君は数千人の賓客《ひんきゃく》を抱え、人を見る目を自負していたが、この時ばかりは、毛遂を見誤ったと深く反省した。

就職難のこの時代、積極的な売り込みが一層必要になる。

（小川　陽二）

貪夫殉財《たんぷじゅんざい》

金銭のために命をも投げ出す

貪欲《どんよく》な人間は金銭のために命をも投げ出すという意味。賈誼《かぎ》の「鵩鳥賦《ふくちょうのふ》」に出てくるもので『史記《しき》・伯夷《はくい》列伝』にも引かれる。

「貪夫《たんぷ》は財に殉じ／烈士は名に殉じ／夸者《こしゃ》（誇る人間）は権《けん》に死し／品庶は生を毎《むさぼ》る」

金か名誉かという議論は中国でも古くからなされていた。もちろん名誉を重視せよというのが儒家の伝統的な考え方であり、孔子《こうし》も「君子は世を没《お》わるまで名称せられざるを疾《にく》む」（「衛霊公篇」）といい、このことばが「伯夷列伝」の「貪夫は財に殉じ」のすぐ前に引用されているから、司馬遷《しばせん》も孔子のことばを意識してのことであろう。

儒家は名誉を力説するが、逆に言えば力説しなければならないほど、やはり当時にあっても財を喜ぶ人々が多かったのであろう。韓非《かんぴ》がいうように、やはり人の本性は利を好むものであるのだから。しかも「夸者は権に死す」といわれる権力ある人々が貪夫であれば、われわれ庶人は、生活を貪《むさぼ》るよりほかない。

（清宮　剛）

雅俗共賞《がぞくきょうしょう》

風雅と通俗の両方が備わる

「古くは雅《が》（正しい音楽）と鄭《てい》（みだらな音楽）とが入り混じっていて区別がなかったが、隋《ずい》の文帝の時になって初めて雅と俗の分別が行われた」（『唐書《とうじょ》』）という。宮廷風の上品さを雅（風雅）というのに対して、田舎風の日常性を俗（通俗）と呼んだ。

「そういう上品な詩のやりとり遊びは素敵《すてき》ですよ。でもね、お祖母《ばあ》さまには向きませんね。もう少し身近なものにして、みんなで**雅俗共賞**しましょうよ」（『紅楼夢《こうろうむ》』）

風雅と通俗の両方が備わっていて、教養のレベルの違う人たちが一緒に喜び受け入れることを、**雅俗共賞**といったのである。

このことばは、なぜか日本では受容されなかった。だが、明治のころには文語体の文章を雅、口語体を俗と呼んでいた。そして「雅俗折衷」ということばが、文体を表す用語として広く用いられていた。

「……あれは言文一致論と雅俗折衷論の盛んな時代でしたから、私は雅俗折衷の最後として、あの文体をやったのです」（新声社編『創作苦心談・小栗風葉君』）

（小野　四平）

梁上君子《りょうじょうのくんし》　こそ泥

飢饉《ききん》の年のある夜。陳寔《ちんしょく》は、自分の家の梁《はり》の上に隠れている泥棒に気づいた。そこで、子や孫を呼んで語った。

「お前たちはしっかり勉強しなさい。そうしないと、あの**梁上君子**のようになります」。泥棒は驚き、梁からおりて謝罪した。陳寔は、貧しさのために悪事に走った男を許し、二疋《ひき》の絹を与えて帰したという（『後漢書《ごかんじょ》』）。

泥棒を意味する**梁上君子**ということばが、ここから生まれた。

「ちかごろ二晩続けて盗賊に入られた。ちょうど魏王《ぎおう》の葬式費用として数千両の金子《きんす》を預かっていたが、ほとんど使い果たしていた。**梁上君子**はそれを知らなかったらしい」（蘇軾《そしょく》『東坡志林《とうばしりん》』）

日本にも、こんな例がある。「梁上の君子の尻《しり》や明け易き」（四方太『春夏秋冬』）。尻は、悪事・隠しごとの意。

梁上君子は、いつもどこかユーモラスで憎めない。だが、いまでは『後漢書《ごかんじょ》』に出てくるような梁上君子はいない。何かというとすぐに刃物をふりまわす人が多くなってしまったようだ。

（小野　四平）

美人香草《びじんこうそう》　忠君愛国の象徴

美人はよき人のことで必ずしも女性ではない。香草は蘭《らん》のような芳《かぐ》わしい草を指す。愛国詩人と言われる屈原《くつげん》の『離騒《りそう》』の中にしばしば比喩として使われる。王逸『離騒・序』によれば、美人は君主、香草は忠貞《ちゅうてい》の臣下にたとえられたという。後の詩文中では忠君愛国の象徴として使われるようになる。

屈原は戦国時代、楚《そ》の国の公族の一員として生まれた。当時秦《しん》の国はますますその力を伸ばし他国を侵略しており、屈原は長じて後、楚の君主に対し、祖国の危機を訴えるが、逆に佞臣《ねいしん》の讒言《ざんげん》に遭い放逐《ほうちく》されてしまう。その憂憤《ゆうふん》の中から生まれたのが『離騒』であり、中国古代文学の最も有名なものの一つである。

放逐された屈原は君主のついに悟らないことを嘆き汨羅《べきら》（川の名）に身を投じたのが五月五日とされる。人々は彼の死を悲しみササの葉と五色の糸で巻いた粽《ちまき》を川の中に投げ、屈原の霊を慰めたという。端午《たんご》の節句の粽はここに由来するという。

（清宮　剛）

十日《とおか》之《の》菊《きく》

一晩でがらりと変わる人の心

九月九日は重陽節《ちょうようせつ》といい、昔は一年の中の重要な節句のひとつでした。陰陽思想では奇数を陽、偶数を陰とし、九は陽数の代表、そこで九が重なる九月九日は重陽、重九《ちょうきゅう》といいます。

旧暦の九月は秋が深まり、菊の花ざかり、菊は重陽節の象徴、この日の宴会には菊酒を飲んで長寿を願いました。

十日之菊はこのはなやかな節句の翌日、とたんに見向きもされなくなった菊の花のこと。日本ではアヤメを五月五日の端午《たんご》の節句の象徴とするので、「六日のアヤメ、十日の菊」とセットにします。さしずめ十二月二十六日のクリスマスケーキというところです。

唐の詩人・鄭谷《ていこく》に「十日の菊」と題する詩があります。「おのずから今日《こんにち》の人の心の別なるによる、いまだ必ずしも秋の香《か》は一夜にして衰えざるに」、菊の花の秋のかおりが一晩で衰えたわけではないのに、変わったのは人の心と嘆くのですが、何かの拍子に人の見る目ががらりと変わるのは、菊に対してだけではないでしょう。

（村上　哲見）

刎《ふん》頸《けい》之《の》交《こう》

命より重い友情

刎頸は、頸《くび》を刎《き》ること。その人のためならば首を切られてもいいという友情を**刎頸之交**という。戦国時代、趙《ちょう》の大将軍・廉頗《れんぱ》と、宰相を務めた藺相如《りんしょうじょ》の故事に基づく（『史記《しき》』）。

強大な武力を背景にした秦王《しんおう》が、趙王に対して無理難題を押しつけていた。趙王の命令を受けた相如が命懸けの外交折衝で、秦王の無法を退け、趙の名誉を守り通した。この功績で相如の地位が昇進し、頗をしのぐことになった。これが、大将軍の自尊心を傷つける。出身の賤《いや》しい、口舌《こうぜつ》の徒《と》を許すことはできない、ということになってしまった。

ところが相如は、腹いせの機会を狙う大将軍を避けて、ひたすら逃げまわる。やがて大将軍は「国家の急務を先にして、私讐《ししゅう》を後にする」相如の真意を知る。これを知った廉頗は反省し、ただちに肉袒負荊《にくたんふけい》（諸肌《もろはだ》を脱いで荊《いばら》を背負うこと）して相如をたずね、謝罪した。ふたりは**刎頸之交**を結び、協力して趙のために尽力した。

（小野　四平）

悪事千里《あくじせんり》　良くない話は広まりやすい

唐代を過ぎて後晋《こうしん》の時の宰相、といえば政府のトップですが、和凝《わぎょう》という人は、若いころ色っぽい小唄の作者として評判の人気者になっておりました。出世してからは人を使って昔の作品を集めては焼き捨てさせましたが追いつかず、外国の使者から「曲子相公《こうたのとのさま》」と呼ばれたと伝えられます。評判は遠くまで広まっていたのです。

このことをしるした『北夢瑣言《ほくむさげん》』という随筆集には、そのあとに「好事門を出でず、**悪事千里を行く**」という当時のことわざを引いております。今なら政府の最高の地位に在る人が粋《いき》な小唄の名人だったなんて、悪事どころか「かっこいい」と拍手したくなるくらいですが、何しろ時代が違います。

ところでこのことわざ、悪い事をして隠し通せるものではないぞ、という教訓でしょうけれども、現実はどうでしょう。世間には人に知られない悪事がいくらもはびこっているように思うのは私だけでしょうか。

（村上　哲見）

二河白道《にがびゃくどう》　浄土往生を願う清浄《しょうじょう》な心

二つの河にはさまれた一すじの白い道。ひとり西に向かってゆくと突然二つの河にであう。南は火の河、北は水の河。幅は百歩、深さは底しれず。後には賊どもと悪獣が追いかけてくる。

進むも止まるも待つは死。白く細い道を進もうと決心すると、東岸から「まっすぐゆけ。とまると死ぬぞ」、西岸から「一心に念じてきなさい」の声。ふりむきもせずに白い道を進むと着いたのは安楽の世界。善き友と喜び楽しむことができた。

浄土教の教えを比喩的に説いたもので、東岸は娑婆《しゃば》世界、西岸は浄土、賊と獣は衆生《しゅじょう》の六根《ろっこん》、四大、火の河・水の河は衆生の瞋《しん》と貪愛《とんあい》、白道は浄土往生を願う清浄な心。ひとりは悪友と交わり善知識（師）に会わないこと。東岸と西岸の声は釈迦《しゃか》の説法と阿弥陀仏《あみだぶつ》の本願にたとえる。

絵解きに京都・光明寺《こうみょうじ》の絹本の図が有名。また浄瑠璃《じょうるり》や歌舞伎にも取り入れられた。

（荘司　格一）

東塗西抹《とうとせいまつ》　塗りたくりはたきまくる

女の人がお化粧しているのを見ていると、ほんとうにご苦労さんという気持ちになる。ファウンデーションとやらに始まって、そんなに塗ってどうするの、と感激するほどの真剣な努力。しかも毎日。こういうのを**東塗西抹**という。東に塗り西に抹《こす》る、つまり塗りたくりはたきまくるということ。

中国古代の紀元前のお墓から、化粧道具一式がうるし塗りの箱に入って出土している。鉛や米、水銀から顔に塗る脂粉をつくっているのだから、ほんとうにびっくり。この数千年にわたる女性の努力に、われわれ男性は敬意を表さねばならぬ。

ところでこの**東塗西抹**ということば、絵を描き散らしたり文章を書きまくったり、あまり心がこもっていないようなかきっぷりをいうときにも使う。

「**東塗西抹**　時名を窃《ぬす》み／一綫《いっせん》の微官半生を誤る」。あれこれかきまくってそれなりに文名は得たけれど、結局うだつのあがらぬ下っぱどまり。半生を誤ったと、金の元好問は歌っている。

（島森　哲男）

愛別離苦《あいべつりく》　愛するものと離別する苦しみ

愛するものと離別しなければならない苦しみのこと。四苦八苦というが、その八苦の一。親愛の心を通わす親子、夫婦、親しい友などといつかは別れねばならぬ。それは苦悩、苦痛である。

苦とは梵語《ぼんご》でダッカ、圧迫して悩ます、思いのままにならない意とされる。苦には肉体的なものと、精神的なものとがあるが、どんな苦もやがて移り変わる。楽も同じで、やがて苦に変わる。だからすべてが苦であると考えられる。一切皆苦《いっさいかいく》というのがこれである。

原始仏教では苦を重視し、超克《ちょうこく》することが最大の課題となった。大乗仏教では苦も空《くう》で固定性をもたないから、最大の課題とはならず、日本仏教ではさらに現実肯定的な傾向が強くなり、苦の比重は軽くなった。しかし文学作品などにはよく用いられる。

「けふは北国の雪の下に埋れて**愛別離苦**の悲しみを故郷の雲にかさねたり」（『平家物語《へいけものがたり》』）、「一切衆生《しゅじょう》の**愛別離苦**を皆解脱《げだつ》せしめむや」（『今昔物語《こんじゃくものがたり》』）など。

（荘司　格一）

坐冷板櫈《ざれいはんとう》

劣悪な待遇の仕事に就く

櫈《とう》は背もたれのない腰掛け。「冷たい板の櫈に腰掛ける」とは、権勢のない地位や、劣悪な待遇の仕事に就くこと。「冷や飯を食う」と同じ意。

十世紀以降、科挙《かきょ》（高級官僚採用試験）が定着し、受験者が殺到した。試験は激烈で、多数の不合格者が出た。その多くは民間の教師をして、巻土重来《けんどちょうらい》（六〇ページ参照）を期したが、薄給で食事も宿舎もひどかった。蘇《そ》州《しゅう》ではそんな教師稼業を**坐冷板櫈**といった。

明《みん》の笑話——蘇州では貧乏人が死ぬと火葬に付された。ある火葬係の兄弟、二人でそれぞれ医師と教師の火葬をした。兄の方が終わったのに、弟の方では下半身が焼けなかった。調べてみたら元教師で、腰が冷えきっていたためだった。翌日も医師と教師だったので、教師を敬遠して兄にまわしたが、また兄の方が早く終わり、弟の方がてこずった。この教師は転々として腰の据《す》わらない人で、医師は一日中じっと家に座っていた人だった（馮夢龍《ふうむりゅう》『笑府《しょうふ》』）。

昔、中国では医師も教師も冷遇された。これはそんな時代の話である。

（小川　陽二）

風月無辺《ふうげつむへん》

自然の美も恋の闇《やみ》も果てなし

「風月」は「風景」に同じで風と光、美しい自然を表す。「無辺」は果てしないこと。したがって**風月無辺**は自然の風景の限りなく美しいさま。「月光　水の如《ごと》く水　天の如し」。そんな渺茫《びょうぼう》たる光に包まれた月下の世界が目に浮かぶ。

詩人の胸中にも、無辺の風月は広がっていた。胸中の風月は詩文と化す。だから「風月」は詩文をも表す。あの人は**風月無辺**だといえば、詞藻《しそう》たいへん豊かなことをいう。

そしてもうひとつ。「風月」はまた男女の色っぽい関係を表すことばでもある。風流な世界ゆえ「風月」という。陳凱歌《チエンカイコー》の映画『花の影』も原題は『風月《フォンユエ》』。湖面をわたる風と蓮《はす》の花を照らす月影から映画は始まるが、実は破滅に至る恋の物語。

風流韻事《いんじ》も、迷えば闇は果てしない。だから**風月無辺**といえば恋の闇路《やみじ》の果てしなさを表すことになる。「風月」の二文字は、周りの囲いがなくなる（＝無辺）と「虫二」。男女の恋も無辺の闇に迷えば二匹の虫になるしかない。

（島森　哲男）

挙案斉眉《きょあんせいび》

お互いに敬う仲の良い夫婦

案《あん》を挙《あ》ぐるに眉《まゆ》に斉《ひと》しくす、と訓読する。案は食膳。食事の時に食膳を眉の所まであげて給仕すること。妻が夫を尊敬して仕えるという意味。また、斉眉之礼《せいびのれい》ともいう。

後漢《ごかん》の梁鴻《りょうこう》は学識・人格ともに優れていたが、たいへん貧しかった。皐伯通《こうはくつう》に雇われ、その家の軒下に住みこんで働いていた。その時、鴻の妻はいつも挙案斉眉して夫に仕えていた。それを見た伯通は鴻が凡人でないことを知り、一軒の家を与えて居住させた（『後漢書《ごかんじょ》』）。

のちに、このことばは原義から離れ、夫婦が互いに尊敬してむつみ合うことを意味するようになる。

「華やかな婚礼の宴《うたげ》のあと、親戚《しんせき》へのあいさつも終えた蘧《きょ》公孫は、花嫁の待つ新居に戻った。そこで改めて酒宴となり、夫妻はともに挙案斉眉した」（『儒林外史《じゅりんがいし》』）。明・清《しん》のころになると、このような用例が多くみられるようになる。

日本の辞書などでは、このことばの原義だけが紹介されていて、なぜか、そこから派生した転義は無視されている。

（小野　四平）

笑中有刀《しょうちゅうゆうとう》

表面は和やかだが腹黒く陰険

笑中に刀《かたな》あり。表面は和やかだが、腹黒くて陰険な人をいう。笑裡蔵刀《しょうりぞうとう》、口蜜腹剣《こうみつふくけん》とも。

唐の則天武后《そくてんぶこう》の時、宰相をつとめた李義府《りぎふ》は、いつも微笑をたやさない人だった。が、自分に逆らった者に対しては必ず仕返しをした。当時の人々は「義府の笑中に刀あり」と語って、恐れたという（『旧唐書《くとうじょ》』）。

日本にも、古くから「笑面《しょうめん》の虎《とら》」「笑《え》みの中に刃《やいば》あり」などの例があるが、次のようなことばが目を引く。

「言《ことば》ノ下ニ骨ヲ消シ、笑《わらい》ノ中ニ刀ヲ礪《とぐ》ハ此比《このころ》ノ人ノ心也《なり》」（『太平記』）。七百年も前のことばとは思えないほど、そっくり現在のことを言いあてている。「人ノ心」は、昔も今も変わらないのだろうか。

ところで、笑中有刀は笑中刀《シャオジュンダオ》ともいう。そして、これと反対の心裡美《シンリメイ》ということばがある。夏、北京の人が好んで生かじりする大根のこと。甘くてみずみずしい。外見は不細工だが、中は赤くて美しい。ある時、北京の娘さんがにっこりして語ったのが忘れられない。「私も心裡美なのよ」。

（小野　四平）

明哲保身《めいてつほしん》

要領よく立ちまわる処世術

熟語の中にはたとえば「宋襄之仁《そうじょうのじん》」（二五一ページ参照）や「朝三暮四《ちょうさんぼし》」（二四三ページ参照）のように、故事や出典を知らないと、文字を見ただけでは何のことかわからないものもありますが、その一方、本来の意味とは違った使われ方が通行してしまうこともあります。

「既に明にして且《か》つ哲、以《もっ》て其《そ》の身を保つ」とは、中国の古代歌謡集『詩経《しきょう》』にみえる二句。紀元前十一世紀ごろ、周《しゅう》の建国の功臣、仲山甫《ちゅうさんぽ》の偉大さ、賢明で道理に通じ、さまざまな事態に対応しながら危難に陥《おちい》ることがなかったことをたたえる表現ですが、後世は**明哲保身**というと、身にわざわいが及ばないように要領よく立ち回る処世術をいうようになり、これは日本ばかりでなく、中国でもそのようです。

カニは甲羅に似せて穴を掘るといいますが、建国の偉業などは庶民には関係ないこと、明哲などは凡人の遠く及ばないことですから、ひがみと皮肉をこめて、矮小化《わいしょうか》した意味で通行することになったのでしょう。

（村上　哲見）

形影相随《けいえいあいしたがう》

切っても切れない密接な関係

人の形と影はいつも一緒で離れることがない。切っても切れない密接な関係にたとえる。仲がよくて、いつも一緒にいる人同士にも用いる。「形影不離《けいえいふり》」ともいう。

もともとは『列子《れっし》・説符篇《せっぷ》』に基づく。列子が師に、死後に名声を得るにはどうしたらよいか尋ねたところ、自分の影を見ろと言われた。列子が身を曲げると影も曲がり、直立すれば影もまっすぐになった。本人の心や形がそのまま現れ、評価につながることを知った。

李白《りはく》の詩「月下独酌《げっかどくしゃく》」では、花の間で酒を飲み始めたが仲間がいない。やがてお月さまと自分の影を仲間に見立てて、これで三人になったとしゃれてはみたが、お月さまは酒が飲めず、影のやつはおれのまねばかり。「月は飲むことを理解せず／影はただわが身に随《したが》うのみ」とうたう。

清《しん》の紀昀《きいん》『閲微草堂筆記《えつびそうどうひっき》』巻二のある農家の若い嫁の話に、「野良仕事はいつも夫と一緒、形影不離」とある。「おしどり夫婦」ならまあよかろうが、形と影のような夫婦では疲れてしまうだろうなあ。

（小川　陽一）

水無筋骨《すいむきんこつ》

自在な本性、最弱にして最強

水に筋骨なし。筋骨は筋肉と骨で、水にはそんなものはないということ。『老子《ろうし》』に見える語で、「この世には水より柔弱なものはないが、強いものを攻めるときは水にまさるものはない。水はその本性を変えないからだ。弱が強に勝ち、柔が剛に勝つことはみんな知ってはいるが、やれるものはいない」という。

禅の問答に「水は筋骨がなくても万石舟を浮かべます。どういう道理ですか」との弟子の問いに馬祖《ばそ》は「ここには水も舟もない。なにが筋骨だ」（『馬祖語録』）と素っ気なく突き放すかに見えるが、その問いを突き崩すことによって一挙に悟境に導こうとする師匠の老婆心からでたことばであろう。そなた自身が水のもつ自在な働きを身につけたらどうだ。どういう道理ですかなどとひねくりまわすでない、ということであろうか。

師と弟子の二人の間の問答であるにしても、その真髄には非力にして迫りえない。

（荘司　格一）

荊釵布裙《けいさいふくん》

粗末な身なりの妻

どうして女たちはあんなに着飾りたがるのだろう。むかし梁鴻《りょうこう》という男がいた。貧しいながら学問のある高節の士であった。近くに孟光《もうこう》という女がいて、でぶで醜《みにく》く色黒で、石臼《いしうす》を持ち上げるほどの力持ち。三十になっても嫁がず、家族がわけを聞くと、梁鴻さんのような人じゃなきゃ、お嫁に行かないという。

話を聞いた梁鴻は、これだと孟光を嫁にする。しかし化粧をし着飾って梁鴻のもとに嫁いだ孟光を、梁鴻は迎え入れない。そんな化粧をして着飾った女を迎えたつもりはない。ともに深山に隠れ住むことのできる、できた妻を求めたのだという。

そこで「荊釵」すなわちその辺に生えているいばらをかんざしにし、「布裙」すなわち麻布のスカートにはきかえると、それでこそわが妻と、二人して山中に入っていったという。

今でも自分の妻のことをへりくだって「荊妻《けいさい》」という。いばらのかんざしをさした、粗末な身なりの妻という意味。とげのある妻という意味じゃありませんよ。

（島森　哲男）

得意忘形《とくいぼうけい》　うれしさのあまり常態を失う

うれしさのあまり常態を失うこと。

三国時代、魏《ぎ》の国の文学者である阮籍《げんせき》は、その友人である嵆康《けいこう》らと竹林《ちくりん》の下に集まって酒を飲み詩を吟じた。世に〝竹林の七賢《しちけん》〟と呼ばれる人々である。

阮籍は読書を愛し、詩文を能《よ》くしたが、その性格は豪放で小さなことにこだわらなかった。ある時は数ヵ月も門を出ないで読書をしたり、ある時は外に出かけると十日も家に帰らなかったりする。老荘の思想を主義として、儒教の礼節を守る人々を〝礼俗の士〟として軽蔑《けいべつ》した。当時は複雑な権力闘争の時期であったので、いつも酒を飲むことによって自己をくらまし身を守ろうとしたのである。

彼の酒に関する逸話は『世説新語《せせつしんご》』にも多く収められている。

『晋書《しんじょ》・阮籍伝』には彼の痛飲後の姿を「其《そ》の意を得るに当たりては、たちまち形骸《けいがい》を忘る。時人これを痴という」と記されている。酒を飲んで喜びを感じると、あたかも痴《し》れ者のように常態を失うというのである。

（清宮　剛）

亀年鶴寿《きねんかくじゅ》　長寿を祝うことば

亀と鶴の寿命は大変長いことから、人間の長寿にたとえられる。**亀年鶴寿**はその長寿を祝うことばとして古くから用いられてきた。

「亀（の寿命）は三千歳」とか「鶴は千歳を寿命とする」（いずれも『淮南子《えなんじ》』に見える）のようなことばが知られている。

ここから**亀年鶴寿**のことばがうまれ、唐・宋のころから用いられるようになったと考えられている（唐・李商隠《りしょういん》、宋・韋驤《いじょう》などの詩に見える）。

日本でも「かけまくもかしこき神のしるしには鶴のよはひとなりぬべきかな」（『枕草子』）の例が知られている。中国の風習が早くから受容されていたことが分かる。

江戸期になると「鶴は千年、亀は万年」（近松門左衛門『雪女五枚羽子板《はごいた》』）という言い方が広く用いられるようになった。

仙台で歌われてきた民謡「さんさしぐれ」の文句が面白い。「この家座敷はめでたい座敷、鶴と亀とが舞い遊ぶ。ションガイナ」。ここでは、人々の幸福を喜ぶ思いが、まっすぐに明るく歌いあげられている。

（小野　四平）

抹月批風《まつげつひふう》

月や風を酒の肴《さかな》に

八月十五日は中秋節《ちゅうしゅうせつ》。中国ではみな満月にあやかって、月餅《げっぺい》を食べ一家の団円を祈る。宋の蘇軾《そしょく》の詩に「小餅《しょうへい》は月を嚼《かじ》るが如《ごと》し／中に酥《そ》と飴《あめ》と有り」とあるのは月餅であろう。「月を嚼る」という表現がおもしろい。

抹月批風または「抹風批月《まっぷうひげつ》」という言い方がある。抹は細かく切る、批は薄く切る。月や風を細切れ薄切りにして料理し、酒の肴にしてしまうのである。

蘇軾の詩は、わが家は貧しくて何のおもてなしもできぬ、せめて月や風を楽しんでください、と言うところを、「貧家　何を以《もっ》て客を娯《たの》しましめん／但《た》だ知る　月を抹し風を批するを」、すなわち月の細切れ、風の薄切りを召し上がれ、とふざけたのである。いかにも食いしん坊の蘇軾らしい冗談。風のスライス、風味よからん。

さすが空飛ぶものは飛行機以外、四つ足は机と椅子《いす》以外、何でも食ってしまう、という食通の中国人ならではの表現。のちに「吟風弄月《ぎんぷうろうげつ》」「吟嘯風月《ぎんしょうふうげつ》」などと同じく、清風明月を楽しむ閑適《かんてき》の境地を表すことばになった。

（島森　哲男）

不倶戴天《ふぐたいてん》

恨みある敵に抱く強烈な復讐《ふくしゅう》心

訓読すれば「倶《とも》に天を戴《いただ》かず」。同じ空の下で生きていることはできない、自分が生きている限り、相手を生かしてはおかないということ。

出典の『礼記《らいき》』では上に「父の讐《あだ》は」とあり、『礼記』は儒教の「五経《ごきょう》」の一つ、親に孝は儒教倫理の基礎ですから、極端にはこうなるので、仏教のお経とは違います。

このことば、ひとり歩きして父の敵《かたき》とは限らず、強烈な復讐の意志を表すことばとなります。父の敵なら個人的なことで、新聞でいえば社会面扱いでしょうが、民族や宗教の対立から恨みを生じ、**不倶戴天**の敵同士になってしまうと大変です。

物語の敵討ちでは討つ方＝善玉、討たれる方＝悪玉と相場が決まっていますが、民族や宗教の対立はたいてい複雑な経緯があって、どちらも復讐の正当性を主張し、復讐がさらに復讐を呼んで、きりがありません。寛容の精神とか冷静な対話とかいってみても、当人たちの耳には入りそうもなく、困ったことです。

（村上　哲見）

盤根錯節《ばんこんさくせつ》　解決困難な事態

盤はわだかまる、とぐろを巻く、錯も入り乱れるというような意味で、盤根錯節は複雑にからみ合った木の根と入りくんだ木の節、解決困難な事態などの喩えです。

二世紀の中国、後漢《ごかん》の虞詡《ぐく》という人は、賊がはびこってどうにもならない地方の長官として赴任することになりました。知人たちが慰めに行くと、虞詡は笑っていいました。「**盤根錯節**に遇《あ》わずんば、何をもって利器をわかたんや」。

利器は鋭い刃物のこと、**盤根錯節**に出合ってこそ鋭利な刃物の値打ちがわかるというのです。はたして間もなく困難な事態を解決して名声を挙げました。

何ともカッコイイ話には違いありませんが、私たち凡人はこうはいかないでしょう。むずかしいことには出合わないようにし、出合ったらよけて通るのが凡人です。それはそれでよいと思いますが、世の中のむずかしい問題に立ち向かっている人たちを、応援するぐらいはしようではありませんか。

（村上　哲見）

張敞画眉《ちょうしょうがび》　天下一の優しい男

二千年あまり昔。漢の首都・長安《ちょうあん》の街を一つの噂《うわさ》がかけめぐる。張敞《ちょうしょう》、眉《まゆ》を画《か》く。首都の長官にあたる京《けい》兆尹《ちょうのいん》の張敞が、いつも妻の眉を画いてやっているという。これは、よほどの事件だったらしい。

役人が天子に報告する。天子が張敞を呼んで真偽《しんぎ》をただす。だが、張敞は少しも慌てないで答える。寝室の中でのこと、夫が妻の眉を画くなど、さしたることじゃありません。「閨房《けいぼう》の内、夫婦の私《わたくし》には、眉を画くに過ぐるものあり」（『漢書《かんじょ》』）。こうして張敞の名は夫婦愛に生きた、天下一の優しい男として定着し、現在もなお広く知られている。

だが、伝記に見える彼の姿はたいへん違っていた。必要があれば身の危険もかまわずに、天子に諫言《かんげん》したという剛直無比《ごうちょくむひ》の人だった。また、だれの手にも負えなかった長安の盗賊を、たちまち鎮めた敏腕《びんわん》の実務家でもあった。

剛直無比の人だけが、天下一の優しい男になれるのかもしれない。

（小野　四平）

積善余慶《しゃくぜんよきょう》

善行を積めば必ず報われる

『無量寿経《むりょうじゅきょう》』に「善を積んだ報いとして天上界に生まれ、さらにその余分の喜びがあらわれて人間界の王家に生をえさせる」とある。

積善余慶はもと中国の『易経《えききょう》』に見えるが、それを引き、呉音に読む。『易経』には「積善の家に必ず余慶あり、積不善の家には必ず余殃《よおう》あり」とあり、中国にも古くから因果応報の思想が根づいていた証拠とする。余慶、余殃は子孫にまでおよぶ幸福、災い、の意。もちろん漢音に読む。

善とは白川静先生によれば、羊神判に関する字で原告、被告が誓いをたててのち神判をうけ善否を決める。のち神意にかなうことをすべて善といい、徳の究極をいう語となったという。

仏教においても善悪についてさまざまに説かれるが、原始仏典に「大きな雨雲がやってくるときの農夫に見られるように、有情《うじょう》（衆生《しゅじょう》）がそれによって喜びを生ずるもの、それが善である」と見える。すぐれて比喩的である。

（荘司　格一）

七不衰法《しちふすいほう》

国を滅亡させない七つの要件

釈尊の説法で、七つの衰えない法の意。

王舎城をあとにした釈尊は北に路をとりガンジス河の北、ヴェーサーリーに着く。隣接するヴァッジ族の国がマガダ国に滅ぼされるかもしれないといううわさをきき、滅びないための七つの要件を述べた。

民主的に会議をしているか。部族としてまとまっているか。法を遵守《じゅんしゅ》しているか。古老を尊敬しているか。とくに弱者に暴力をふるっていないか。霊地を尊崇しているか。阿羅漢《あらかん》（尊敬されるべき人）を常に尊んでいるか。

釈尊はこの七つの問いをマガダ国の大臣に向かってではなく、傍《かたわ》らであおいでいる阿難《あなん》にたずねる。すべてに「はい」と答えると、ならば衰亡することはなかろうといわれた（『大般涅槃経《だいはつねはんぎょう》』）。

この七項目（ほかにもいくつか説かれる）は教団のその後のあるべき姿を示しており、釈尊の遺言として信奉されるが、今日なおその意義は色あせていない。

（荘司　格一）

厲民自養《れいみんじよう》　仕事もせず安逸に暮らす

「民を苦しめてみずからを養う」。自分では働かないで、人民が生産した食料や織物を取り上げて、自分の生活の資とすること。厲は苦労させる、病気にする意。昔の権力者の生き方を批判したことば。古く『孟子《もうし》・滕文公《とうぶんこう》篇』に出てくる。

明《みん》の霍韜《かくとう》は大臣にもなった富貴な人だったが、子供たちには勉学と同時に、農作業も体験させた。幼少時のつらい体験が、人間形成に貴重だと考えたからだった。

霍韜は子供たちを戒《いまし》めて、富貴の家は、時とともに衰退し、やがて没落することが多い。それは仕事もせずに、ただ搾取《さくしゅ》して、安逸をむさぼり堕落した暮らしをするからだ。このような生き方を**厲民自養**という。没落は天が下した罰である、と言った。

明末の小説『醒世恒言《せいせいこうげん》』巻十七には、さる大臣が五人の子供のうち、長男だけを官僚にして、残りの四人は農業や商業などの実業に従事させた。それは汗水流す実業の苦労こそが人を作るからだ、と説明したという。明代、十四〜十七世紀にはこんな話が多くなる。

（小川　陽一）

只管打坐《しかんたざ》　ひたすら余念なく坐禅する

ただひたすら余念なく坐禅すること。只管はいちずに、ひたすら、「只」は秖、祗とも書く。打坐の「打」はうつ意ではなく、「……する」意で、「坐」は坐禅の意。

道元《どうげん》禅師が**只管打坐**せよと説いたことはよく知られる。先師如浄《にょじょう》禅師から身心脱落《しんじんだつらく》は**只管打坐**してはじめて得られると教えられたといい（『正法眼蔵《しょうぼうげんぞう》』）、叢林《そうりん》（禅院）で最も大切なものは**只管打坐**であると繰り返し説く（『正法眼蔵随聞記《しょうぼうげんぞうずいもんき》』）。

道元禅師だけでない。中国禅宗の初祖達磨《だるま》大師の面壁《めんぺき》九年（壁に面し坐禅すること九年）はよく知られるし、唐代の巌頭《がんとう》和尚は雪峯《せっぽう》とともに鵝《が》山院《ざんいん》にきたが、数日の大雪。巌頭は毎日寝てばかりいたが、雪峯はひたすら坐禅に励んだという逸話を今につたえる（『祖堂集《そどうしゅう》』）。

禅とは梵語《ぼんご》のジャーナ（静慮と意訳）の音訳で禅那とも書かれる。ゴータマ・シッダールタ（釈尊の本名）も坐禅瞑想《めいそう》――心ひとつに集中し思惟《しゆい》することによって仏陀（覚者）となった。

（荘司　格一）

少時了了《しょうじりょうりょう》　子供のころは聡明

「少時了了、大未必佳」（少時了了なるも、大《だい》とならばいまだ必ずしも佳《か》ならず）。子供のときに頭がよくても、大人になればそうとは限らない、の意味に使う。了了は聡明《そうめい》の意。

漢の孔融《こうゆう》は孔子《こうし》の子孫だった。十歳のとき、高名な李《り》膺《よう》に会いに行った。門番が有名人か李膺の親戚《しんせき》でないと通さないというので、親戚だとうそをついた。李膺がどういう親戚か聴くと、私の先祖の仲尼《ちゅうじ》（孔子の呼び名）は先生の先祖の柏陽《はくよう》（老子《ろうし》の呼び名）さまに教えを受け、両家は代々友好関係にあると答えて、人々を感嘆させた。

孔子が老子に教えを受けたという伝説はあったが、老子が李膺の祖先だと言ったのは老子も姓が李というだけのこと。そこへ陳韙《ちんい》という人が入って来て、「少時了了、大未必佳」と言ったら、孔融くん「おじさんも子供のころには、頭がよかったでしょうね」（『世説新語《せせつしんご》・言語《げんご》篇』）。孔融は後に大学者となった。

「十《とお》で神童十五で才子、二十《はたち》過ぎればただの人」は多いが、大人になっても天才はいるものだ。

（小川　陽一）

白山黒水《はくさんこくすい》　重い歴史秘めた中国東北地区

十五年も前のこと。北京で、日本向けの雑誌『中国画報』の仕事をしていた時、初めてこのことばに出合い、興味をもって調べたことがある。

白山は、中国大陸と朝鮮半島の境界に横たわる長白《ちょうはく》山《さん》。黒水は、ロシアとの国境に沿って西北から東南へと流れる黒竜江《こくりゅうこう》。この黒竜江から長白山に至る中国の東北地区を、古くから白山黒水と呼んできていた。

十二世紀初頭。白山黒水の辺りに住んでいた女真《じょしん》族の人々が遼《りょう》と北宋を滅ぼし、中原に「金王朝」を樹立した。そして元《げん》に滅ぼされるまでの百二十年の間、南宋と対峙《たいじ》しながら北方中国に君臨したのである（『金史《きんし》』）。

下って清《しん》代の文人が、この史実を踏まえて次のように歌ったことが知られている。

「白山黒水に産する珍宝を、遼の役人どもが貪《むさぼ》り奪った。女真の人々は恨みを抱き、両国の間に戦火が開かれた」（『清詩別裁集』）

さわやかな響きをもつ美しいことばが、実は重い歴史を秘めていたのだった。

（小野　四平）

迎風待月《げいふうたいげつ》　男女が夜、ひそかに忍び逢う

男女が夜、ひそかに忍び逢《あ》うことを迎風待月という。

唐の貞元《じょうがん》のころ、張《ちょう》なにがしという書生が、寺で見かけた美しい娘に恋をする。娘の名は崔鶯鶯《さいおうおう》、十七歳。言い寄る男に鶯鶯は詩でこたえる。

「月を待つ西廂《せいしょう》の下／風を迎えて戸半ば開く／墻《しょう》を隔てて花影動く／疑うらくは是《こ》れ玉人《ぎょくじん》の来《きた》るかと」（月の出を待つ西びさし、風を迎えて戸を開く、垣根にゆらぐ花影に、恋しき人かと戸惑いぬ）。だれが読んでもこれは、忍んでいらしてくださいね、という詩である（迎風待月の語はこれに基づく）。

勇んで行けば、こは如何《いか》に。「はしたないお振る舞い、恥ずかしくはございませんか」とにべもない。私なら詩の心わが身に染《し》みてと、なおも迫るところだが、張くん、まじめな書生ゆえ、すごすごとひきあげた。

数日してこんどは鶯鶯が夜、侍女に枕《まくら》を持たせて忍んでくる。ふたりは……（元稹《げんじん》『鶯鶯伝《おうおうでん》』）。何だかよく分からないが、よく分かるこの女心。いいですねえ。

（島森　哲男）

独善其身《どくぜんきしん》　干渉せず、言行を慎む

独《ひと》り其《そ》の身を善《よ》くす、と訓読する。他人に干渉せず、ひたすら自分の言行を慎み、節操を保つことをいう。だが、それは困窮している時のことで、栄達《えいたつ》すれば「兼ねて天下を善く」しなければならない。「窮すれば則《すなわ》ち独り其の身を善くし、達すれば則ち兼ねて天下を善くす」（『孟子《もうし》』）に基づく。

天下を忘れて「独善《どくぜん》」が独り歩きすると、自己中心のひとりよがりに堕《お》ちてしまう。明治初期のリベラルな政治学者・小野梓《あずさ》のことばは、この点に触れていて興味深い。社会悪の根源を「外道《げどう》」と呼んだ彼は、こう述べている。

「外道ニ二種アリ。一ヲ独善ト云《い》ヒ一ヲ自擅《じせん》ト云フ。独善トハ独リ一身ヲ善クシ他ヲ顧ミザルノ謂《いい》」であり、自擅とは「唯《ただ》自《みずか》ラ是《ぜ》トシ意ニ任セテ以《もっ》テ事ヲ断ジ」ることである、と（『利学入門』）。

天下を忘れた独善と自擅は、その人を滅ぼすだけでない。実は社会悪の根源だとする指摘は、きわめて重い。

（小野　四平）

鶏鳴狗《けいめいく》盗《とう》　どんな人も使いようで役に立つ

企業の人員削減が社会問題になっているこのごろですが、人材確保も重要でしょう。紀元前の中国、戦国時代の諸国対立の中で、斉《せい》の公子孟嘗君《もうしょうくん》は才能ある人物を賓客として優遇したので、全国から人が集まり、「食客《しょっかく》数千」と称されました。その中には鶏の鳴きまねの名人とか、狗《いぬ》のようにもぐりこむ盗みの名人などもおりました。

孟嘗君は強国の秦《しん》に招かれて拘束されますが、盗みの名人が盗み出した皮コートを秦王の愛妃《あいき》に贈って釈放され、追っ手が迫ってくると鶏の鳴きまねの名人が鳴き声をあげて夜明け前に関所をあけさせて無事脱出しました。**鶏鳴狗盗**はつまらない技能をいうとされますが、どんな人でも使いようで役に立つことともいえそうです。

大学入試改革の中で、学力以外の特別な能力を評価するという新方式が浮かび上がってきております。鶏鳴も狗盗も従来型の入試では相手にされませんが、新方式ならひょっとすると合格できるかもしれません。

（村上　哲見）

精衛《せいえい》塡海《うみをうずむ》　無駄な努力、堅固な意志

古代の伝説に出てくる炎帝という神様に、女娃《じょあ》という娘がいた。その女娃が東の海へ遊びに行き、おぼれ死んで、「精衛《せいえい》」という鳥に生まれ変わった。

大きさはカラスぐらい、首に模様があって、くちばしは白く、足は赤い。「キョウー、キョウー」とか「セイエイ、セイエイ」とかと鳴いた。

精衛は自分を死なせた海を恨み、埋めてやろうと心に誓い、住んでいる山から小石や木の枝をくわえてきては落とし、いつまでもやめなかった。やがて「恨み鳥」「誓い鳥」などと呼ばれるようになった。

この話は古代の伝説集である『山海経《せんがいきょう》』などに記されていて、ここから**精衛塡海**という言い方が生まれた。「精衛銜石《いしをふくむ》」「精衛銜木《きをふくむ》」ともいう。

これは中国では、無駄な努力のたとえにも、堅固な意志のたとえにも、両様に使われてきた。いまの日本なら、「身のほど知らずのあほう鳥よ」と「及ばずながら一矢《いっし》を報いようというけなげな鳥よ」の両様になるだろうか。

（小川　陽一）

先花《せんか》後果《こうか》　初め女児、次に男児が生まれる

先に花が咲き、後から実を結ぶ。初めに女の子が生まれ、次に男の子が生まれること。明《みん》代の短編小説集『醒《せい》世恒言《せいこうげん》』に用例が見える。日本で言う「一姫二太郎《いちひめにたろう》」。

女の子を花にたとえ、男の子を果実にたとえるのは、花は散るが、果実には種があり、後に続くからである。中国の昔の家族制度では男系の相続になっていて、先祖から代々続く家の存続のためには、まず何よりも男児の出生が望まれた。

そういう意識は日本にも昔はあって、男の子を望んでいたのに女の子が生まれると、正直なところがっかりする。それをなぐさめながら、赤ん坊は女の子の方が男の子より育てやすいからね、初めに女の子で後から男の子の方がいいんだよ、というので「一姫二太郎」のことわざが生まれた。用例として見えるのは明治以降。

しかし中国では一人っ子政策、日本では少子化で、これらのことわざもいずれ使われなくなるだろう。

（島森　哲男）

自《じ》家撞著《かどうちゃく》　つじつまの合わぬ自分の言動

自家とは自分の家、転じて自分自身をいう。似たような言い方に他家《たか》（他＝よそ・かれ＝の家、他）、誰家《たか》（誰《だれ》の家、誰）などがある。撞はつきあたる。著は着とも書き、この場合つく意ではなく、動作や状態が持続することを表す助字である。

自家撞著とは自分自身のことばや行動がつじつまの合わぬこと、前後矛盾していること、自己のなかでずうっとぶつかり合っていること、つまり自己矛盾と同義。元《げん》代、十四世紀初頭の善俊《ぜんしゅん》和尚の『禅林類聚《ぜんりんるいじゅう》』が出典で、「回頭撞著自家底」（頭を回らせば自己に撞著せる底《もの》なり——ふりかえり見れば、自分のしていることもぶつかり合ってつじつまの合わぬことばかり）の句によるといわれる。

「なあんだ、若旦那《だんな》。**自家撞着**してますぜ。さっきご自分で批評ぎらいだなんておっしゃってた癖《くせ》に、ご自分では、私の事を浅慮《せんりよ》だの無謀だの、こんどは身勝手だの、さかんに批評しやがるじゃないか」は太宰治《だざいおさむ》の文（『お伽《とぎ》草紙《ぞうし》・浦島さん』）。

（荘司　格一）

一家之言《いっかのげん》　独特の見解が学術論著をなす

家とは学術流派のこと。言とは理論の観点、あるいは論著のこと。独特の見解が体系的な学術論著をなしていること。広く一つの学派や個人の意見あるいは理論観点を指す。

『史記《しき》』の作者である司馬遷《しばせん》は幼少より父司馬談《しばだん》の影響の下で、多くの古代文字を習い、先秦《せんしん》以来保存されてきた多くの古書を読み、歴史を学んだ。二十歳のころ、中国各地をくまなく歩き、歴史の遺跡を察し、多くの歴史人物の逸事、逸聞を集め、人々の風俗や経済生活に関する知識を深くした。四十二歳のときにこれらの知識をもとに『史記』を書き始めたのである。

『史記』の著作目的は「天人の際《さい》を窮《きわ》め、古今の変に通じ、一家の言を成す」（「任少卿《じんしょうけい》に報《ほう》ずるの書《しょ》」）ことであった。

後に、匈奴《きょうど》討伐の敗将である李陵《りりょう》を弁護したために宮《きゅう》刑《けい》という屈辱を受けることになる（この事情は中島敦『李陵』に詳しい）。この苦しみの中で自らを鼓舞《こぶ》し、書き上げたのが、今に伝わる『史記』百三十巻である。

（清宮　剛）

秋月春風《しゅうげつしゅんぷう》　良い風景、すばらしい歳月

秋の月、春の風、いずれも良い風景、すばらしい歳月にたとえられるものである。

「今年の歓笑《かんしょう》、復《ま》た明年／秋月春風、等閑《とうかん》に度《す》ぐ」（今年は歓笑のままに過ごし、明年もまた同じこと。秋の月と春の風、うかうかと暮らして参りました）――有名な白居易《はくきょい》の「琵琶行《びわこう》」の一節である。

白居易が九江《きゅうこう》（今の江西省《こうせい》九江市）の司馬《しば》に左遷され、舟着場に客を送ったときに、舟の中から琵琶の音が聞こえてきた。九江には、長江《ちょうこう》の支流がある。琵琶の主はもとの長安《ちょうあん》の妓女《ぎじょ》で、今は失意のうちに川を移り歩いているという。白居易は彼女のことばに自分の身の上を重ね、悲しみの情をこの歌に託した。

全編が悲しみに満ちた歌であるが、この悲しみの中にこの美しいことばが出てくるのは、妓女が若いころの思い出を語る部分である。青年貴公子に囲まれ、琵琶を弾きながら酒を飲んでいた若い日。それもつかの間に過ぎ去ってしまった。そう思うとこのことばも悲しい。

（清宮　剛）

朝令暮改《ちょうれいぼかい》　政府の方針がころころ変わる

二千年余り昔、中国漢代の財政経済のことをしるした『漢書《かんじょ》・食貨志《しょっかし》』に、「賦斂《ふれん》時ならず、朝《あした》に令して暮《くれ》に改む」という二句があります。

賦斂は税金の取り立て、それが不定で、朝に出た政令が夕暮れには変更されること。政府の方針が不安定で国民が苦しんでいることを指摘した意見書の一節です。

同じ『漢書』の別のところには、優秀な官僚を褒《ほ》めて、「因循《いんじゅん》して職を守り、変改する所無し」とあります。しきたりを守って変更しないのが優れた官僚というのですが、これは官僚による政治制度ができて間もない紀元前の話、それが行き詰まって変革が求められる時代には通用しないでしょう。

よく問題になる干拓やダム建設など、状況が変わろうと反対されようと、決定した計画は変えないという官僚の独善主義は困りますが、かといって**朝令暮改**、政府の方針がころころ変わるのも困ります。将来を見通して、安定した政策を実行してもらいたいものです。

（村上　哲見）

掩耳盗鐘《えんじとうしょう》　悪事隠しても世間は欺《あざむ》けない

耳を掩《おお》って鐘を盗む、と訓読する。

ある所に、釣り鐘を盗もうとした男がいた。大きすぎるので砕《くだ》いて運ぶことにして、鉄椎《てっつい》でたたいた。がーんという、でっかい音がしたので、男は、あわてて自分の耳をふさいだという（『呂氏春秋《りょししゅんじゅう》』）。掩耳盗鈴《えんじとうれい》ともいう。

自分の耳をふさげば、音は聞こえない。だから他人にも聞こえなくなると考えたのだ。そこから、自分を欺くことで他人も欺けると思う愚かさを意味することばとなった。また、自分の悪事を隠したつもりでいても、世間では知っていることのたとえに用いられてきた。

菓子をつまみ食いした幼児が、ほっぺたに砂糖をつけたまま「ボク、タベナイヨ」といい張るのは、かわいい。だが、同じことを、相当の社会的地位にある立派な大人たちがやったとしたら、どうなるのか。

残念なことに、これは比喩でも仮定でもない。大人たちの**掩耳盗鐘**が、連日のように報道されている。

（小野　四平）

四弘誓願《しぐせいがん》

仏・菩薩《ぼさつ》が決意した心

四つの広大な誓願の意。「しくせいがん」とも読む。誓願とは誓い願うことで、すべての仏《ぶつ》・菩薩が決意した心を示したもの。

一、衆生無辺《しゅじょうむへん》誓願度《ど》　数限りない人々を悟りの彼岸《ひがん》にわたらせよう。

二、煩悩無《ぼんのうむ》尽《じん》誓願断《だん》　尽きることのない煩悩を滅しよう。

三、法門無量《むりょう》誓願学《がく》　量り知りえない仏法の深い教えを学びとろう。

四、仏道無上《むじょう》誓願成《じょう》　このうえない悟りを成就したい。

という誓願である。宗派により語句に若干異同が見られ、密教では五大願ともするが、原形は『心地観経《しんじかんぎょう》』に見える。

誓いには自らの心に誓う場合と人間以外の存在に約束して誓う場合がある。**四弘誓願**は仏・菩薩の共通の願なので「総願《そうがん》」といい、『無量寿経《むりょうじゅきょう》』に説かれる法蔵菩薩《ほうぞうぼさつ》の四十八願は独自の願であるので「別願《べつがん》」という。

（荘司　格一）

合従《がっしょう》 連衡《れんこう》

同盟関係を結ぶかけひき

紀元前の中国は戦国時代のお話。「戦国の七雄《しちゆう》」と呼ばれた七つの国の対立は、西の端の秦《しん》が強大になり、秦対六国《りっこく》という形勢になります。従は縦、南北。合従《がっしょう》は南北に連なる六国の対秦同盟のこと。衡は横、東西。連衡《れんこう》は西の秦と東の諸国の同盟のことです。

まず蘇秦《そしん》という人が登場して合従を成立させ、六国の宰相を兼任しますが、張儀《ちょうぎ》が秦王のブレーンとなり、六国と次々に連衡を成立させて合従を切り崩します。やがて秦は六国をひとつずつ征服し、始皇帝《しこうてい》の代になって天下を統一しました。蘇秦や張儀のように政策を提起して弁舌《べんぜつ》で天下を動かそうとする実践的な政治学者を縦横家《じゅうおうか》といいます。

日本の政界をみると、自民一強は戦国時代の秦のようですが、対自民の合従は成立しそうにもありません。自民プラス他党の連衡ばやりのようですが、「自社さ」とか「自保公」とか、訳の分からない組み合わせが成立したり消えたり。一体どうなることでしょう。

（村上　哲見）

不因人熱《ひとのねつによらず》　困っても自分の力で解決

ご飯を炊くときに、他人のかまどの残り火に頼ることをしない。どんなに困っても、自分のことは自分の力で解決していく、という意。

二世紀の梁鴻《りょうこう》は、子供のころに父を亡くして貧乏だった。薪がないのを見て、火の残ったかまどを使えと勧めてくれる人がいたが、いつも**不因人熱**と言って辞退し、独立独歩、学問の道に励んだ。

豚を飼育していたとき、小屋から火が出て隣家も焼けた。その補償に豚を全部充てたが足りなくて、住み込んで働いた。その働きぶりが立派だったので、隣人は豚を返すと言いだしたが、梁鴻は頑として受け取らなかった。

そんな梁鴻を見て、同郷の孟《もう》氏の娘が心を寄せ、やがて妻となった。深い学問と広い見識をもちながら、埋もれた暮らしに甘んじている夫に「挙案斉眉《きょあんせいび》」（妻が夫を尊敬して仕えるとの意味。一五二ページ参照）した（『東《とう》観漢記《かんかんき》』巻十八）。

世間からも、妻からも尊敬される人には、子供のときから違ったところがあるのだなあ。

（小川　陽一）

一夜十起《いちやじっき》　公平無私の実践はむずかしい

一晩に十回起きて病人の世話をする。自分の子であると否とにかかわらず、まったく同じように看病するのはむずかしい。公平無私はなかなかできるものではない、の意。

後漢《ごかん》の第五《だいご》倫《りん》（第五が姓で倫が名）は、公平で私心のない政治家として評判だった。その第五倫が「あなたは公平で、私心がないのでしょうか」と尋ねられたことがあった。

倫は「以前に預かっていた兄の子が病気のとき、一晩に十回も起きて看病したが、ベッドに戻ると熟睡した。わしの子が病気のときには、自分ではろくに看病しなかったのに、逆に一晩中眠れなかった。私心がないなんて、とんでもない」（『後漢書《ごかんじょ》』）。ここでは「一夜十往」となっているが、後に**一夜十起**となった。

兄の子を差別してはいけないと、何度も起きて看病したが、後は疲れてよく眠った。自分の子はろくに看病しなかったが、心配で眠れなかった。心のなかで差別しているからだと。だがそこまで求めるのは無理というものではないか。

（小川　陽一）

一暴十寒《いちばくじっかん》 持続を怠れば育つ芽も育たず

暴は温めること、寒は冷やすこと。きちんとした計画や変わらぬ道義心を持続しなければ本来よいものも駄目になってしまうたとえ。

孟子《もうし》が斉《せい》の宣王《せんおう》の客となっていたころ、彼はしばしば〝仁政〟について宣王に説いた。時として宣王は聞き入れたが、全体として孟子の意見は受け入れられなかった。

ある人がこのような状況を見て、孟子は斉王の助けとなるようなことはしていないと批判した。孟子は言う。「天下の生《しょう》じ易《やす》き物と雖《いえど》も、一日これを暴《あたた》めて、十日これを寒《ひ》やさば、未《いま》だ能《よ》く生ずる者は有らざるなり」（『孟子・告子篇・上』）

どんなに発芽しやすい種子でも、一日だけ陽《ひ》に当てて温め、十日にわたり陽を遮《さえぎ》って冷やしたのでは、芽を出すはずはないというのである。

同じように孟子が王に会うのはごくまれで、孟子が退出すると、せっかく温めた王の心を冷やす連中がどんどんやってくる。これではたとえ王の心に芽生えかけた良心もどうしようもないと、孟子の主張が続く。（清宮　剛）

呉下阿蒙《ごかのあもう》 学問がなくて進歩しない人

学問がなくて、いつまでたっても進歩しない人間のこと。「呉下」は呉の地方の意、蘇州《そしゅう》のあたりを指す。「阿蒙」は蒙さんということ。「今ではもはや以前の呉の蒙さんではないぞ」というふうに使う。

三国時代の呉の将軍・呂蒙《りょもう》は軍事には優れていたが学問の方はさっぱりだった。国王の孫権《そんけん》に学問も身につけるようにさとされ、「軍務多忙でその暇がありません」と答えると、「忙しいというのは理由にならぬ。わしも光武帝《こうぶてい》も曹孟徳《そうもうとく》（曹操《そうそう》）も、軍務・兵馬《へいば》の間で学問に励んだのだ。せめて兵法と歴史の書だけは読め」といわれて、一念発起《いちねんほっき》、学問に励んだ。

その後、呂蒙に会った魯粛《ろしゅく》が、その学識に驚嘆して、「貴君は軍略だけかと思っていたが、今では学識もすばらしい。もはや呉下阿蒙にあらず」というと、呂蒙『士別れて三日なれば、刮目《かつもく》して更《さら》に相待《あいたい》す』（しばらくぶりに再会するときには、目をみはって注視せよ）というではないか」と。『三国志《さんごくし》』の呂蒙の伝記の注に見える。（小川　陽一）

暗送秋波《あんそうしゅうは》　美女がちらと流し目を送る

「暗送秋波」、「暗《ひそ》かに秋波を送る」とは、美しい女性が男をいざなうようにちらと流し目を送ること。

箏《こと》を奏でる美しい歌妓《うたひめ》の様子を白居易《はくきょい》は、「双眸《そうぼう》　秋水を剪《き》り／十指　春葱《しゅんそう》を剝《む》く」（ひとみは秋の水を切り取ったように青く澄みわたり、指は春の葱《ねぎ》を剝いたように細く白い）と歌い、美女のひとみを秋の澄み切った水にたとえている（「箏」）。

また楚《そ》の宋玉《そうぎょく》は、酔って赤く上気した美人の様子を「いたずらっぽい目をしてまなざしを漂わせ、さざ波がいくえにもゆれるようだ」（目は波を曾《かさ》ぬ）とたたえている（「招魂」）。

こうした秋水と波の美しい比喩が合わさって、美人の澄んだひとみが、媚《こび》を含んでさざ波のようにゆれる様子を表すことば「秋波」が生まれた。

「眼色　暗かに相《あ》い鉤《いざ》なえば／秋波　横ざまに流れんと欲《す》」（李煜《りいく》）。ひそかにさそうまなざしの、さざ波のごと流るれば……。いいなぁ、わたしなんぞ、ハゼのように簡単に釣られてしまいそうです。

（島森　哲男）

一心不乱《いっしんふらん》　雑念を捨てて心を集中

仏教語。心を集中して、ほかのことに乱されないこと。「二人の尼……端座《たんざ》合掌して、念仏百返《ぺん》となへて、一心ふ覧（不乱）にして……往生の素懐《そかい》（日ごろの思い）をとげにけり」（『曾我物語』）というように用いられてきた。

浄土三部経の一つ『阿弥陀経《あみだきょう》』に、阿弥陀仏の名号《みょうごう》を**一心不乱**に保ち続ければ極楽国土に往生できるとあるのに基づく。

このことについて、わが一遍上人《いっぺんしょうにん》（一二三九―八九年）は「我体を捨て南無阿弥陀仏と独一（一体）なるを**一心不乱**といふなり」（『一遍上人語録』）と述べた。

また、中国の明《みん》末に活躍した袾宏《しゅこう》（一五三五―一六一五年）は、「ただこの**一心不乱**の四字に、参禅学道の事は全部つくされている。しかるに多くの修行者はこの**一心不乱**ということを軽んじゆるがせにしている」（藤吉慈海訳『禅関策進』）と語っている。

一心不乱ということばには、古人の心が今もなお生きているのではあるまいか。

（小野　四平）

八功徳水《はっくどくすい》

八種の特質をもつ水

『往生要集《おうじょうようしゅう》』に浄土の池を「瑠璃《るり》の池の底には水精《すいしょう》の沙《いさご》あり。珊瑚《さんご》、虎魄《こはく》、車磲《しゃこ》、馬瑙《めのう》、白玉、紫金《しこん》も亦《また》またかくの如《ごと》し。八功徳《くどく》の水、その中に充満し、宝の沙の、映徹して深く照さざることなし」(『欣求浄土《ごんぐじょうど》』)と説く。

八功徳水とは八つの功徳、すなわち甘い、冷たい、やわらかい、強い、浄《きよ》らか、においがない、飲んでのどをいためない、飲み終えて腹をいためない水のこと。

原始仏典に次のような話がある。釈尊が阿難《あなん》に三度「水が飲みたい」というが、阿難は「五百台の車が川を通ったばかりです。濁って飲めません」と答えた。

すると雪山《せっせん》に住む鬼神がすぐ鉢に八種の特質をもつ水(**八功徳水**)をいっぱいいれて献《ささ》げた。釈尊は受けて飲まれると「威勢が強くなり、大勢の人々の中をライオンのように闊歩《かっぽ》」し、河を渡った。

仏教の宇宙観では私どもの住む世界は南贍部洲《なんせんぶしゅう》で、そこにはとてつもなく広い無熱悩池《むねつのうち》があり、**八功徳水**が満ちあふれているという。

(荘司　格一)

捨身飼虎《しゃしんしこ》

他者救うため自己を犠牲に

身を捨てて虎に飼《く》わす。餓死しかけた母子の虎を救うために薩埵《さった》王子(前生に修行中の釈尊の名)がわが身を傷つけ血を流して吸わせ、肉を食わせたことをいう。

捨身とは仏に供養し、また他者を救うためにおのれの身を捨て布施《ふせ》することで、薬王菩薩《やくおうぼさつ》の焼身供養、雪山童子《せっせんどうじ》の捨身羅刹《らせつ》など激越な自己犠牲を強調したもので、上布施(上中下の上)とされる(『大智度論《だいちどろん》』)。前生譚《ぜんしょうたん》にウサギやハトの身代わりになった尸毗王《しびおう》の物語などもあって、釈尊の神秘化への動きが見られる。

このような捨身の行為が仏教信仰者に大きな影響を与え、中国では王侯貴族が「三宝の奴《さんぽうのやっこ》」と称して一時的にではあれ自分の身を布施し、多額の財物を寺院に寄進して身をうけだすことも行われた。日本でも焼身、入水《じゅすい》、断食《だんじき》などが、とくに浄土教の盛行とともに実行された。文学や絵画の題材ともなり、文献、記録も多い。

(荘司　格一)

三人成虎《さんにんとらをなす》　うそもうわさで事実ととれる

虎が出るはずのない市街地でも、「虎が出た」と三人が言うと、信じられてしまう。事実でないことでも、多くの人がそう言うと、事実だと思われる。

『戦国策《せんごくさく》・魏策《ぎさく》』にある話――魏の国の太子が趙《ちょう》の国へ人質となって行くとき、龐葱《ほうそう》がお供をすることになった。留守中に讒言《ざんげん》されるのを恐れた龐葱が国王に、「街に虎が出たと言われたら、信じられますか」と尋ねると、「いや、わしは信じない」、「別の者が同じことを申し上げたら?」、「ほんとかなと疑うだろうな」、「三人目には?」、「信じるだろうな」。

龐葱は**三人成虎**と、讒言が繰り返されることの恐ろしさを訴えて、王に「わしは信じないぞ。心配するな」と約束させた。だがやはり、人質の任を終えた太子は、二度と王に会うことができなかった。

孔子《こうし》の弟子の曾参《そうしん》は孝行者で母は深く信頼していたが、その母でも、曾参が人を殺したと間違って伝えられたとき、三度目には本当かと思い、取り乱した。「曾参《そうしん》殺人《ひとをころす》」という。これも同じ意味だ。

（小川　陽一）

鰥寡孤独《かんかこどく》　頼るところがない境遇の人

鰥《かん》は妻のない男、寡《か》は夫に先立たれた女、孤は父のない幼児、独は子のない老人。いずれも、独りぼっちで頼るところがない境遇の人。

『孟子《もうし》・梁恵王篇《りょうのけいおう》』に、この四者は孤独な貧窮者であるから、世話してやることが必要だという。

鰥はもともと魚の名。鰥に限らないが、魚は眠っているときも目を開けている（ようだ）。だから、夜中に目が覚めて眠れない状態を、鰥鰥《かんかん》とか鰥鰥然《かんかんぜん》という。妻のない男も夜な夜な眠れずに目を開けているところから、鰥といわれるようになったとされる。

一説に鰥という魚は群れを成さず、常に単独で行動し、独りぼっちにたえるからとも言われる。

今では妻や夫があっても、父や子がいても、心が通いあわない精神的な**鰥寡孤独**が少なくない。だがそういうときの独りぼっちを表す語はまだない。そのうちに新しい語が生まれるか、それとも**鰥寡孤独**に新しい意味が加わるか。

（小川　陽一）

赤県神州《せきけんしんしゅう》　中国の別称

中国の別称。『史記《しき》・孟子伝《もうしでん》』の「中国を名づけて赤県神州と曰《い》う」に基づく語であるが、孟子のことばではなく、騶衍《すうえん》という人の世界観によるものである。

彼によれば赤県神州（中国）のほかに同じようなものが九つあり、さらにそれを単位としたものが九つある。それが世界であるという。つまり全世界の八十一分の一が中国ということになる。非常に広大な世界観である。

日本でも「神国」は自国を誇っていう場合にしばしば用いられた。終戦の詔書には「宜《よろ》しく挙国一家子孫相伝へ確《かた》く神州の不滅を信じ」ということばがある。

日本では戦後このことばはほとんど聞かれなくなったが、中国では現在もいろいろな製品のコマーシャルなどによく使われている。

中国の学者の中には「なぜ中国を神州と呼ぶか」というテーマを追究し、ついにキリスト教との関係まで指摘するが、にわかには信じがたい説である。

（清宮　剛）

侃侃諤諤《かんかんがくがく》　はばかることなく直言

ふとしたことで『かんかんがくがく』という書物を読んだ。副題に「塚崎麻津男対談集」とある。その中に池田満寿夫との対談が収められていて面白い。読んでいたら「日本の美術界は政界と似ている」ということばが目に飛び込んできた。なるほど、これが侃侃諤諤なのかと、妙に納得させられてしまったものだ。

侃侃は、剛直《ごうちょく》で堂々としていること。「柳渾《りゅうこん》は誠実な人で、いつも侃侃として人に屈することがなかった」（柳宗元《りゅうそうげん》『柳常侍行状《ぎょうじょう》』）。また「千人の諾諾《だくだく》より、一人の諤諤は遥《はる》かに優れている」（『史記』）の例もある。何事にも応諾《おうだく》するのが諾諾。その反対に、憚《はばか》ることなく直言するのが諤諤。

古くは、ふたつのことばが結び付いた例がみられない。次の例は現代中国の著名な作家・郭沫若《かくまつじゃく》のものである。

「私・丁平子《ていへいし》は十五歳で日本に留学し……そこで四川《しせん》省同郷会の総幹事に選出されました。上海に戻ってからは、当局に対して侃侃諤諤の意見を述べましたぞ」（『我が少年時代』）

（小野　四平）

走馬看花《そうばかんか》　表面をさっと眺めるだけ

馬を走らせて花を看《み》る、と訓読する。唐の詩人・孟郊《もうこう》が科挙《かきょ》に合格した時に作った「春風に意を得て馬《ば》蹄《てい》疾《はや》く、一日にして見《み》尽《つく》す長安《ちょうあん》の花」(「登科後」)に基づく。得意の時の、愉快な心情を表すことばである。

が、清《しん》朝のころから用法が全く変わり、物事の表面をさっと眺めるだけで、その内容に立ち入らないことをいうようになった。たとえば、こうである。「唐詩の情《おもい》は深く、詞《ことば》は婉《しなやか》である。時間をかけても、詩の意《こころ》をつかむのは容易でない。**走馬看花**なら全く読まないのと同じである」(呉喬《ごきょう》『囲炉《いろ》詩話』)。

一九二四年夏。作家・謝冰心《しゃひょうしん》女史が訪米の途中、雨の横浜に上陸し、その時に故国に送った通信の中でこう書いた。「**走馬看花**、霧裏《むり》看花で、何も見えませんでした」(『寄小読者』)。霧裏看花は杜甫《とほ》の詩に基づくことばで、物がよく見えないことをいう。当時の女史の日本に対する複雑な思いが、二つの比喩を通して印象深く書き留められている。

(小野　四平)

一旦緩急《いったんかんきゅう》　ひとたび非常事態が起きたら

十月三十日といわれてすぐ「御名御璽《ぎょめいぎょじ》」を思い浮かべるのは何歳ぐらいまでの人でしょう。「朕《ちん》惟《おも》うに我《わ》が皇《こう》祖《そ》皇宗《こうそう》」と始まる教育勅語、「十月三十日御名御璽」はその結びで、昔の小学生はみなこれを暗誦《あんしょう》させられたものです。

その中に「**一旦緩急**あれば義《ぎ》勇公《ゆうこう》に奉《ほう》じ」とありましたが、**一旦緩急**は『史記《しき》』などにみえる古いことば、ひとたび非常事態が起こったならばということです。

さきごろ周辺有事とかガイドラインとかがしきりに話題になりましたが、教育勅語が生きていれば、こんなことは議論するまでもなかったでしょう。有事とはすなわち**一旦緩急**、その時は国民こぞって義勇公に奉ずるだけのことです。むかしは国民皆兵《かいへい》、成年男子はすべて兵役の義務があり、召集された時の用意に奉公袋というものを持たされておりました。

「緩急あれば」は口語的な言い方で、厳粛な文語体では「あらば」となるべきところ、むかしの小学生は文法的に少々問題のある文章を一生懸命暗誦させられていたのでした。

(村上　哲見)

成人之美《ひとのびをなす》　欠点に目を閉じ長所をほめる

人の美点をほめてやったり、いい行いを成就させてやること。『論語《ろんご》・顔淵篇《がんえんへん》』に「君子《くんし》は人の美を成し、人の悪を成さず。小人《しょうじん》はこれに反す」という。『中庸《ちゅうよう》』には「悪を隠して善を揚ぐ」（人の欠点や悪事を隠してやり、長所や善事をほめたたえてやる）とある。

そうすることによって、本人は一層その方向に励むだろう。心ない花でも、「きれいだ、きれいだ」とささやき続けてやると、ますますきれいになっていくとか。

楚《そ》の国の葉《しょう》県の長官が、自分の県に正直者がいて父が羊を盗んだときそれを隠すことなく証言したと言って自慢したところ、孔子《こうし》は、親子間の正直とは必ずしもそういうことではない、子は父のために隠すものだといった（『論語・子路篇《しろへん》』）。

一昔前、文化大革命の嵐《あらし》が吹きまくったころ、子供に両親のプライバシーを告発することが求められた。その結果、人心は荒廃し、社会に大きなダメージがもたらされたことは記憶に生々しい。内部告発は是か非か。

（小川　陽一）

仙姿玉質《せんしぎょくしつ》　すがすがしく高貴な女性美

女性の美しさを形容することばは少なくない。仙姿玉質も、そのうちの一つ。姿かたちのすがすがしくさっぱりしているのが、仙姿。玉質は、人がらの高貴で上品なこと。別に、仙姿玉貌、仙姿玉色ともいう。いずれも、女性美を硬質なイメージでとらえているのが目をひく。

「大雪ふりつもり／梅花ほころぶとき／馨《かぐわ》しき香り広がる。白き雪／すっぽりと梅樹を包み／梅の花／雪に映えて美《うるわ》し。梅は雪の白きを愛《いと》おしみ／雪は梅の香りを愛おしむ。雪と梅の**仙姿玉質**こそ／この世に二つとない／天の巧みなる技。珊瑚《さんご》も瑪瑙《めのう》も遠く及ばない」（華広生《かこうせい》『白雲遺言』）。女性美を形容することばが、雪と梅の作り出す美しさの形容に応用され、独特な雰囲気を醸《かも》し出していて面白い。

日本には、広く知られているこんな例がある。「立てば芍薬《しゃくやく》、座れば牡丹《ぼたん》、歩く姿は百合《ゆり》の花」。

ここでも、美女の姿が植物にたとえられている。しかしながら、**仙姿玉質**とは対照的な、みずみずしく柔らかな印象を際立たせている。

（小野　四平）

紅葉題詩《こうようだいし》　紅葉に思いをしたためる

唐の末のころの話である。秋の夕暮れ、男は宮廷の溝を流れる紅葉に目を止めた。詩がしたためられている。「水流るること何ぞ太《はなは》だ急なる／深宮尽日閑《かん》なり／殷勤《いんぎん》に紅葉に謝す／去《ゆ》きて人間《じんかん》に至る好《べ》し」（水は流れてうたかたの、むなしく後宮《みや》に明け暮れて、紅葉に寄する言の葉を、水面《みなも》に拾う人もがな）

男はそれを文箱《ふばこ》にしまい、女の身の上を思った。心に掛かって忘れられず、もしやその女に届くかと自らも紅葉に詩を題して流れに浮かべた。

時は過ぎ、宮中の美女たちが後宮から退けられることになった。男は知人の世話でそのひとりと結ばれた。婚礼が済み、洞房《へや》に戻った新妻は男の文箱の紅葉を見て驚く。あぁこれはわたしが書いたものですわ。さらに驚いたことには、女が宮中で拾って大事にしまっておいた紅葉の詩もこの男の記したものだった（劉斧《りゅうふ》『青瑣高議《せいさこうぎ》』巻五、その他）。

月下老人の紅《あか》い糸と同じく、紅葉は男女を結ぶきずなとなった。あなたも紅葉を封筒に入れて便りを出したらいかが。

（島森　哲男）

抱甕灌圃《ほうおうかんぽ》　要領悪く純朴一筋に生きる

孔子《こうし》の弟子・子貢《しこう》が旅先で一人の老人に出会う。老人は甕《かめ》を抱えて水場に下《くだ》っていき、そこから水をくみあげてきて、せっせと圃《たんぼ》に灌《そそ》いでいた。大変な労力を費やしているのに、老人の仕事はちっともはかどらない。

見かねた子貢が語った。「機械仕掛けのはねつるべを作ったら、どうですか」。老人が答えた。「それは分かっておる。だが、私の師匠が教えてくださったよ。機械を持つと機心（巧みにいつわる心）が生まれ、純白（潔白な心）が損なわれる。やがて心の安定を欠き、正しいことが実行できなくなる、とね。だから、私は恥ずかしくて機械を使えないのさ」（『荘子《そうじ》』）。

ここから生まれた「甕《かめ》を抱えて圃《たんぼ》に灌《そそ》ぐ」ということばは、要領の悪い、しかし純朴一筋に生きる人のことになる。近年、私たちの生活は機械化の中で便利になってきた。このことばは、もう死語になったのかもしれない。そんな中で、たまに「私は決してケータイを持たない」と語る人を見ると、それだけでホッとした気分になる。**抱甕灌圃**の人に対する想いは、やはり消えるものではない。

（小野　四平）

禍《か》福《ふく》無《む》門《もん》　幸福や災いも招くのは自分

「禍《か》福《ふく》門なし、唯《た》だ人の召《まね》く所――偶然とも思える幸福や災いも、自分自身で招き寄せるものだ」（『春秋左氏《しゅんじゅうさし》伝《でん》・襄公《じょうこう》二三年』）

魯《ろ》の季武子《きぶし》の庶公子である公弥《こうび》と悼子《とうし》が跡目争いをした。家老の陰謀により兄公弥の地位は危うく、馬正《ばせい》という低い官職を与えられた。公弥は怒って家に閉じこもった折に、閔子馬《びんしば》という人が彼を諫《いさ》めたことばである。以後彼は言動を改め、よく父に仕えたので家は本家よりも富み、さらに出仕して魯公《ろこう》の左宰《ききさい》（官職名）にまでなったという。

人生の禍福については古来さまざまな格言がある。「禍は福の倚《よ》る所／福は禍の伏《ふく》する所」（『老子《ろうし》』五八章）、さらにこれを踏まえた、日本でも有名な「禍と福とは何ぞ糾《あざな》える纆《なわ》に異ならん」ということばは『史記《しき》・賈生列《かせいれつ》伝《でん》』に見える。

しかし『老子』や賈誼《かぎ》が「孰《た》れか其《そ》の極を知らん」というように運命的な不可知のものとしているのに対し、このことばは人間の積極的な関与を強調している。

（清宮　剛）

刻《こっ》鵠《こく》類《るい》鶩《ぼく》　良き手本を見習って努力する

鵠はオオハクチョウ（「鴻鵠之志《こうこくのこころざし》」、一二七ページ参照）、そして鶩はアヒルです。

刻鵠類鶩、訓読すれば「鵠を刻《きざ》みて鶩に類す」は、本来は「鵠を刻みて成らざるも、なお鶩に類す」といい、立派な人をお手本にして努力すれば、たとえ同じようになれなくとも、ある水準には到達できるということです。

似たような成語に「虎《とら》を画《えが》いて狗《いぬ》に類す」（「虎を画いて成らず、かえって狗に類す」）というのがありますが、内容は全然違います。アヒルがそれなりの存在価値を示すのに対し、成語の中のイヌは全然ダメなものの象徴で、虎をめざして成功しなければ、もはやどうにもならないということです。

この二つはともに後漢《ごかん》の馬援《ばえん》という人が若者を戒《いまし》めたことばです。

立派な尊敬できる人でも、見習うべき人とそうでない人がいるというので、鵠にたとえられたのは謹厳実直《きんげんじっちょく》の名士、これに対して虎にたとえられたのは「豪侠《ごうきょう》にして義を好む」人物でした。

（村上　哲見）

風樹之《ふうじゅの》歎《たん》

取りかえしのつかない悲哀

皐魚《けつぎょ》という男が、道ばたで泣いていた。通りかかった孔子《こうし》が、どうしたのかと尋ねた。男は、若いころから仕官の口を求めて諸国を旅してきたのだという。久しぶりに帰国したら、すでに両親は死んでいた。そして、男はこうつけ加えた。

「樹《き》静かならんと欲すれども風止《や》まず、子《こ》養なわんと欲すれども親待たざるなり」（『韓詩外伝』）

ここから、**風樹之歎**ということばが生まれた。孝養を思い立った時、親はもういないという、取りかえしのつかない悲哀を意味するものとして、古くから広く用いられてきた。

三十年ほど昔。国立大学の教授が六十三歳の定年を迎え、その最終講義の席に九十五歳の父君が出席したことがあった。そのころは、まだ**風樹之歎**がふつうだったから、この話は珍しいニュースとして、当時の新聞をにぎわした。だが、近年、**風樹之歎**は、あまり通用しなくなってしまった。いつまでも元気な親が珍しくなくなったということ。これは、やはり慶《よろこ》ぶべきことなのだろう。

（小野　四平）

四不壊浄《しふえじょう》

信仰深まれば悪事に走らず

三宝《さんぼう》に帰依《きえ》して信者になると、必ず五戒（不殺生《ふせっしょう》、不《ふ》偸盗《ちゅうとう》、不邪淫《ふじゃいん》、不妄語《ふもうご》、不飲酒《ふおんじゅ》）を守る。信仰がゆるぎなくなれば三宝と聖なる戒を絶対に犯さない。これが**四不壊浄**である。

不壊は金剛《こんごう》不壊（ダイヤモンドは堅固《けんご》で壊れない）、浄は浄信（心が清まり澄む）のこと。絶対的な信仰の確立をいう。

初歩の悟りを得るには信によるもの（随信行）と理論的理解によるもの（随法行）がある。前者が**四不壊浄**（四証浄《ししょうじょう》とも）で、悪事を犯すことがなくなるから悪趣（ふつう地獄、餓鬼《がき》、畜生の三悪道）に堕《お》ちることがないので不堕法《ふだほう》、不退転、正性決定《しょうしょうけつじょう》（最高の悟りに至ることが決定している）ともいわれる。この仲間になることを正定聚《しょうじょうじゅ》に入るという。

原始経典に、釈尊は阿難《あなん》に向かい「法鏡《ほうきょう》の教え」（この教えを法の鏡とすれば、だれでも死後の行方を知りうる）を説いたとある。その内容は**四不壊浄**と同じであるといわれる。

（荘司　格一）

五風十雨《ごふうじゅうう》

天候が順調なら天下太平

「五日に一たび風ふき、十日に一たび雨ふる（五風十雨）」とは王充《おうじゅう》の『論衡《ろんこう》』にみえることば。天候が順調に推移することであり、天下太平を意味します。

農耕民族にとって天候は最大の関心事、よい天気といえば晴天のことですが、風のない晴天ばかりではこれまた異常、適度に風が吹き雨が降ってこそ順調で、豊作間違いなしとなるのでしょう。

農業が基本産業だった時代には天候は国家にとっても一大事、干ばつや水害、地震などの災害は悪政に対する天の怒り、警告と考えられていました。北京に天壇《てんだん》という観光名所がありますが、あの壮麗な建物は皇帝が順調な天候と豊作を祈願する場所だったのです。

二十一世紀の今日、いかに科学や技術が進歩しても、**五風十雨**の順調な天候は天に祈るしかないでしょう。天地自然を畏《おそ》れ敬う心を失ってはなりません。川をせき止めたり、海を埋め立てたり、むやみな自然破壊は天罰を招くかもしれません。

（村上　哲見）

阿鼻叫喚《あびきょうかん》

地獄で味わう永遠の苦しみ

災害などで人々が逃げまどい泣き叫ぶさまを阿鼻叫喚の巷《ちまた》と化したという。これは阿鼻地獄と叫喚地獄とを併せていったものである。

阿鼻の漢訳は無間《むけん》。八熱地獄の最下におかれ、父母、出家を殺すなど五逆罪を犯した者などが堕《お》ち、猛火に焼かれ、無限の苦しみをうける。無間というのは苦しみが間断ないからというが、原語の意味は不明。

叫喚の漢訳は号叫《ごうきょう》。叫呼獄《きょうこごく》とも。八熱地獄の第四の地獄で、殺生《せっしょう》、盗み、邪婬《じゃいん》、飲酒《おんじゅ》の罪を犯した者が堕ち、大釜《おおがま》で煮られ、猛火を出す鉄の壁の部屋に追い込まれ、口をこじあけられ、熱く溶けた銅汁が流し込まれる。

このような地獄の恐怖が説かれるとともに、修行をつみ解脱《げだつ》することも強調された。

わが国では平安時代、源信《げんしん》の『往生要集《おうじょうようしゅう》』に詳しく説かれ、地獄草紙《じごくぞうし》や絵巻物も盛行する。三途《さんず》の川、賽《さい》の河原の信仰など、影響ははかり知れない。

（荘司　格一）

愛惜字紙《あいせきじし》　字の書かれた紙を大事に敬う

字の書いてある紙を大事にし敬うこと。物を包んだり、汚い所に捨てたりして、粗末に扱うようなことをしないこと。「敬重字紙」ともいう。

昔から文字には、伝達や記録の機能のほかに、悪魔や災難から人を守る霊力があると信じられてきた。

そのように霊妙な働きのある文字の書かれている紙を、大事にすれば福が訪れ、粗末にすれば罰が当たる、とされるようになった。

宋の王曾《おうそう》の父は路上に字紙が落ちていると、拾って持ち帰り、香入りの湯で洗い、乾かして焼却した。四、五十年間、一日も休まなかった。王曾の父は老いても子がなかったが、ある夜、夢に孔子《こうし》が現れて「なんじの行いをめでて、男子を授ける」と言った。はたして、男子を設けた。この子が王曾で、後に大臣にまでなった（『日記故事大全』巻六）。

近世になると、これが社会運動となり、惜字会などというグループが作られ、字紙の愛惜活動が行われた。いま日本では字紙の浪費が甚だしいから、森林伐採による環境破壊という罰を受けるだろう。

（小川　陽一）

並蔕同心《へいていどうしん》　夫婦仲よく老いるまで一緒

中国で新年を迎えるとき壁に張る「年画」はいろいろな吉祥《きっしょう》の寓意《ぐうい》を込めた象徴的な版画だが、そのひとつに**並蔕同心**という図柄がある。

一本の茎の上に紅白二輪の蓮《はす》の花が咲いている並蔕蓮《れん》という蓮を描いたもので、夫婦仲よく、形と影のごとく離れず、ともに老いるまで元気で一緒にいられることを願う絵である。蓮は中国では憐《れん》（かわいい、愛する）に通じて愛情を象徴する。

「蔕《てい》」は花の萼《がく》で、ひとつの萼の上に二輪の花が一緒に並んで咲くので「並蔕」。「同心」は心がぴたっと一緒になること。

杜甫《とほ》が妻と一緒に小舟に乗って舟遊びをしたときの詩（「進艇《しんてい》」）に、子どもらは水に飛び込み、二羽のチョウは追いつ追われつ、「並蔕の芙蓉《はす》」が水面に並んで咲いている……と、戦乱を乗り越えて、今、妻とともにいられることを心から喜んでいる。

並蔕同心、それは大変なことだが、困難な時代を五十年六十年ともに過ごされた、元気なご夫婦をみると、心うたれる。

（島森　哲男）

永垂不朽《えいすいふきゅう》

後世に伝わる輝かしい業績

　永は長久《ちょうきゅう》、垂は後世に流伝《るでん》することで、輝かしい業績と崇高な精神が長く後世に伝わることのたとえである。この熟語の出典は明確ではない。「不朽」については『春秋左氏伝《しゅんじゅうさしでん》・襄公《じょうこう》二四年』に次のような話がある。

　春秋時代に晋《しん》国の大臣で范宣子《はんせんし》という人がおり、晋の平公に代わって国家の実権を握っていた。ある時、穆叔《ぼくしゅく》という人が晋国を訪れた。范宣子は彼に向かって、「古人のことばに、死んでも朽《く》ちないというのがあるが、どういう意味か」と尋ねた。

　范宣子は自分の家が祖先からずっと絶えずにあることを「不朽」の意味と思っていた。それに対し、穆叔は言った。

「そういうものではない。最高のことは徳行《とくぎょう》を樹立すること。その次は立派な功績を挙げること。その次は優れた言論、著作を残すこと。後世になっても廃《すた》れることのない徳行、功業、言論を残すことが不朽ということだ」

　この故事を基に後世の人が**永垂不朽**と言ったと思われる。

（清宮　剛）

暗箭難防《あんせんなんぼう》

中傷や攻撃は対処しにくい

　どこから飛んでくるかわからない矢は防ぎにくい。陰でひそかになされる中傷や攻撃は対処しにくい。

　暗は「人に気付かれずに」「こっそりと」の意。暗殺・暗証番号の暗。箭《せん》は矢に同じ。「明槍《めいそう》（公然と突きかかってくるやり）は躱《かわ》しやすく、暗箭《あんせん》は防ぎがたし」「毒蛇は躱しやすく、暗箭は防ぎがたし」ともいう。戯曲や小説によく使われた。

　いつ何時、どこからやって来るか分からない点では、ミサイルもゲリラも、スリもひったくりも、怪文書も悪口も、みんな同じだ。

　交通事故も原子力施設のトラブルも地震も、意図的な作為ではないにしろ、防ぎにくくて、被害に遭ったら困ることでは変わりがない。

　昔、杞《き》の国（今の河南《かなん》省）に天が落ちてこないか、大地が崩れないかと心配して夜も眠れない男がいて、まわりから心配のしすぎだと笑われた（『列子《れっし》』）。「杞憂《きゆう》」ということわざの基になった話だ。災害の危険の中で暮らすわれわれには、杞の国の男を笑うことはできないだろう。

（小川　陽一）

得隴望蜀《とくろうぼうしょく》　人々の欲望に終わりがない

「しかし私はあえて間崎教諭に教授形式の鍛練確立のために、望蜀の言《げん》として申し上げたいことは……」（石坂洋次郎『若い人』）

この例文の中の「望蜀の言」は、一つの望みを遂げてさらにその上を望むこと。中国の**得隴望蜀**（隴を得て蜀を望む）から来たことば。

王莽《おうもう》を破って漢王朝を再興した後漢《ごかん》の光武帝《こうぶてい》が、武将・岑彭《しんぽう》に与えた書簡がある。

「その城を占領したら、南の蜀《しょく》を攻撃せよ。人は満足することを知らないという。私も隴（今の甘粛《かんしゅく》省）を得て、なお蜀（今の四川《しせん》省）を獲《と》ろうとしている。そして軍隊を動かすたびに白髪が増えていく」（『後漢書《ごかんじょ》』）

ここから、人々の欲望に終わりがないという意味の**得隴望蜀**が生まれた。『紅楼夢《こうろうむ》』の中の金陵《きんりょう》十二釵《さ》（十二人の美女）の一人、史湘雲《しじょううん》が語る。「**得隴望蜀**は、だれだって持っている気持ちなのよ。こうしてみると昔の人のことばって本当のことなのね」。

『紅楼夢』の世界では、**得隴望蜀**が人間の自然の姿として明るく肯定されている。

（小野　四平）

巴山夜雨《はざんやう》　夜更けの雨音に遠くの妻を思う

李白《りはく》や杜甫《とほ》から約百年後の晩唐の時代を生きた李商隠《りしょういん》が、任地先の巴《は》（今の四川《しせん》省東南の山間部）の地から妻に寄せたといわれる詩がある。

「君は帰期を問うも未《いま》だ期有らず／巴山《はざん》の夜雨《やう》　秋池に漲《みなぎ》る／何《いつ》か当《まさ》に共に西窓の燭《しょく》を剪《き》りて／却《かえ》って**巴山夜雨**の時を話《かた》るべき」

お帰りは何時なのとお前は聞くが、いつ帰れるかわからない。ここ巴の地の山に降る雨は、夜更けてなお降り続き、秋の池には水があふれている。いつの日かお前と西の窓辺に寄って、ろうそくの芯《しん》を切りつつ、「そういえば巴山の夜雨をひとりしみじみ聴きながら、お前のことを思ったっけ」と、語り合える日がくればなあ。

夜更けて秋の池に水が漲るとは、いかにも愁いに満ちた心のありようを感じさせる詩である。

この詩から**巴山夜雨**といえば、異郷の地で夜雨を聴く纏綿《てんめん》たる孤独感がイメージされるようになった。後世の詞では妻（友）との再会を心待ちにする気持ちを、このことばで表す。

（島森　哲男）

暴虎馮河《ぼうこひょうが》

無鉄砲な弟子には慎重にと戒め

『論語《ろんご》』は孔子《こうし》の教えをしるした古典として有名ですが、孔子の著書ではなくて、折に触れてのことばを弟子たちが編集したもので、各項が時にはまるで逆のように食い違っていることがあります。

たとえば「義を見て為《な》さざるは勇《ゆう》無きなり」（為すべきことをしないのは臆病者だ）と言いながら、別の所では「暴虎馮河、死して悔い無き者は、われ与《とも》にせざるなり」と言っております。

暴虎は虎《とら》に素手《すで》で立ち向かうこと。馮河は大河を歩いて渡ること。共に『詩経《しきょう》』にみえる古いことばで、要するに無鉄砲な行動、そんな男とはいっしょに行動しないと言うので、一方では断平《だんこ》としてやれ、他方では慎重に、無茶はするなと言っているのです。

後者は子路《しろ》という元気のよい弟子に言ったことばです。『論語』は抽象的な理論を説くのではなく、現実に即しての教えですから、相手により場面によりいろいろになりますが、それぞれに深い味わいがあります。

（村上　哲見）

南船北馬《なんせんほくば》

南に北に忙しく動きまわる

広大な中国ですが、おおまかにいって北の黄河流域と南の長江《ちょうこう》流域とに分かれ、気候風土もことばも相当に違います。

南は川や湖沼が多く、しかも早くから運河が発達して、交通手段は船が主流、それに対して華北の平原では馬が頼りでした。そこで**南船北馬**といい、「東奔西走《とうほんせいそう》」と同じようにあちらこちら忙しく動きまわることを表します。

かつて山東《さんとう》省の淄水《しすい》という川の長い橋を自動車で渡ったことがありますが、河原がはるかに広がっているだけで、水はほとんど流れていませんでした。華北では雨が降った時だけの川というのも少なくないようです。

一方、浙江《せっこう》省の杭州《こうしゅう》といえば例の大運河のターミナルですが、その船着き場のものすごい混雑には驚きました。

というのも同じ杭州の鉄道の駅の方はそれほどでもなかったからです。「北馬」は鉄道や自動車に取って代わられてしまいましたが、「南船」は今でも鉄道などより多くの人や物を運んでいるようです。

（村上　哲見）

五劫思惟《ごこうしゆい》　熟慮に費やす果てしない時

五劫という長い間考えつづけること。

囲碁で石一目を交互に取ることができる形を劫といい、ほかに一手をかけないと（劫だて）取り返せないルールになっている。この劫とはもともと梵語《ぼんご》カルパの音写で古代インドにおける最長の時間の単位。『雑阿含《ぞうあごん》経《ぎょう》』には芥子《けし》劫と磐石《ばんじゃく》劫を説く。

四方高さ一由旬《ゆじゅん》（約七キロとも）の鉄の城を芥子でみたし、百年に一度一粒をとり去る。すべてがなくなってもその劫はおわらない。

また四方一由旬の大きな岩山を男が百年に一度白い毛《もう》氈《せん》でなでる。完全に岩山がなくなってもその劫はおわらない（他の説もある）。

思惟は考えることで、とくに対象をよく考え識別する心のはたらきのこと。

阿弥陀仏《あみだぶつ》がまだ法蔵菩薩《ほうぞうぼさつ》として修行中に、すべての衆《しゅ》生《じょう》の救済のため四十八の願をたてたが、その前に五劫という長い間考えたことをいう。親鸞上人《しんらんしょうにん》はこの願を自分一人のためと真摯《しんし》にうけとめた。

（荘司　格二）

外彊中乾《がいきょうちゅうかん》　外見は強そうだが実は虚弱

彊は強に同じ、外は外貌、中は内部、乾は虚弱の意味。外見は強そうだが実は虚弱であることのたとえ。話は『春秋左氏伝《しゅんじゅうさしでん》・僖公《きこう》一五年』に見える。

紀元前六四五年、秦《しん》の穆公《ぼくこう》が大軍を率いて晋《しん》国に至り、韓原《かんげん》という所まで攻めて来た。晋国の君である恵公《けいこう》は自ら兵を率いて立ち向かおうとした。恵公が鄭《てい》国産の「小駟《しょうし》」という馬に乗っているのを見て、大臣の慶鄭《けいてい》が言った。

「昔から戦いのときには自国産の馬を使います。それは馬がその土地の産なので、人の心を知り、道路に通じ、御者の意のままに使うことができるからです。外国産の馬は戦場では驚き恐れ、御者の心とは相反する行動を取るでしょう。結局、**外彊中乾**であって、必ず後悔するでしょう」

恵公はそのことばを聴かず韓原で決戦を試みたが、慶鄭の予言通り、馬はぬかるみに陥《おちい》って進めなくなり、恵公は秦軍の捕虜となってしまった。馬が中心の古代の戦いにおいては、この話にも真実味がある。

（清宮　剛）

明鏡止水《めいきょうしすい》

無我無欲の心境

明鏡は、汚れのない澄み切った鏡。止水は、静止している透明な水。いずれも対象をありのままに映し出す。そこから、対象をゆがめることなく受け入れられる無我無欲の心境をたとえて、**明鏡止水**という（『荘子《そうじ》』）。

「聖人の心には、もともと怒りというものがない。たとえば明鏡のようなものだ」「聖人の心は、止水に似ている」（『近思録《きんしろく》』）。これは、宋代の儒者の考え方である。

日常、いつも**明鏡止水**の心境を維持しておれたらよいことだ、と思う。しかし、実際にはできない。主観というちっぽけな汚れのため周りが見えなくなってしまい、怒ったり焦ったりしているのである。

ところで、江戸時代の儒学者・伊藤仁斎が「人々の心が、初めから**明鏡止水**になっているのではない。長い間の修行をかさね、思索をめぐらしてから、そこに到達できるのだ」（『童子問』）と述べていることに注意したい。

明鏡止水とは、私たちにとって永遠のあこがれの世界のことなのであろう。

（小野　四平）

燕痩環肥《えんそうかんひ》

美女でもタイプはいろいろ

若い女性たちの痩身《そうしん》願望はほとんど悲壮。スタイルより中身じゃないのと、おじさんは思う。「いまの君はピカピカに光って……」の宮崎美子（一九八〇年のCM）がなつかしい。

柳のようにスラリとした女性がいいか、豊乳肥臀《ほうにゅうひでん》のグラマーがいいか、時代によって美人の基準はさまざま。楚《そ》の霊王は細腰（柳腰《やなぎごし》）の女性を好んだので、宮女たちは痩《や》せようとして餓死するものまでいた。漢の成帝の后《きさき》、趙飛燕《ちょうひえん》は体軽く、手のひらの上で舞ったといわれる。六朝《りくちょう》時代の美人画を見てもみな細い。

それが唐代になるとぐっとグラマーになる。楊貴妃《ようきひ》はその代表。温泉、水滑《なめ》らかにして凝脂《ぎょうし》を洗い、玄宗《げんそう》の寵《ちょ》愛《うあい》を一身に受けた。時代下って宋代は固太り。明《みん》・清《しん》時代になるとまたほっそりとして、美人画を見るとみな肩がない。

燕痩環肥は、趙飛燕は痩せ、楊玉環（楊貴妃）は太っている、の意。同じ美女でもタイプはいろいろ。それぞれに風韻あって、私はどっちも好きですね。

（島森　哲男）

三矢之教《さんしのおしえ》　兄弟の結束を説く

毛利元就《もうりもとなり》が臨終の床に三人の子どもを呼んで矢を折らせた話は有名である。はじめ一本ずつ折らせると、みな簡単に折った。次に三本いっしょに折らせたがだれも折れなかった。こうして兄弟三人の結束をさとしたという。

「これは元就のオリジナルではない。全く同じ話が、ジンギス汗の母・ホエルの言動として『元朝秘史』にも記録されている」（堺屋太一『豊臣秀長』）とあるが、『元朝秘史』の記事はこうだ。「ジンギス汗から十一代前のドブンの妻・アランが五人の子どもに五本の矢を与えて兄弟の結束を説いた。ホエルは、アランの話を引いて自分の子どもを教育した」（小沢重男『元朝秘史全釈』）。

元就の話が史実でないことは、早くに知られていた。長男が父より九年も前に死んでいたのである（瀬川秀雄『毛利元就』一九四三年）。この話が、実は紀元前から汎ユーラシア的な広がりのなかで流布され、早い時期に中国を通じて日本にも伝えられていたのだろうとする、中務哲郎の懇切な指摘があることに注意したい（『イソップの世界』一九九六年）。

（小野　四平）

訥言敏行《とつげんびんこう》　ことばよりも実践

訥はことばの出るのが遅いこと、敏は事をすばやく行うこと。「君子は言に訥にして、行に敏ならんことを欲す」（『論語《ろんご》・里仁篇《りじん》』）に基づく。

ことばよりも実践を重んじるのが孔子《こうし》の精神であった。「ことばに慎重であれ」というのは『論語』に強調されるところであり、同様のことばは「学而篇《がくじ》」に「事に敏にして、言に慎しむ」とも見える。

ことばは巧みでも実践の伴わない人間が多いのは、すでに孔子の時代から指摘されていた。「古者《いにしえ》、言の出さざるは、躬《み》の逮《およ》ばざるを恥ずればなり」（昔の人が軽々しくことばを出さなかったのは、実行がことばに伴わないのを恐れたからである）（「里仁篇」）。「古者」とわざわざいうところからすれば、孔子の時代、すでにそうでなかったことを示す。「君子は其《そ》の言の其の行に過ぐるを恥ず」（「憲問篇《けんもん》」）も同じ意味である。

他人への批判のことばとともに、何度か過ちを繰り返して来た私の自省にも通用する。

（清宮　剛）

殷鑑《いんかん》不遠《とおからず》　歴史の教訓を忘れないように

中国の歴史の基本文献のひとつに「通鑑《つがん》」という本があります。鑑は鏡のことですが、「通鑑」の内容は中国通史です。

日本にも『大鏡』『水鏡』など、鏡のつく歴史物語がいくつもあります。鑑は「かんがみる」とも読み、照らし合わせて手本とする、教訓とするという意味があるのです。

殷鑑不遠は中国古代、周《しゅう》の時代の歌謡の句で、後に「夏后《かこう》の世に在《あ》り」と続きます。夏《か》・殷《いん》・周は上古三代、古代の三つの王朝で、夏は桀王《けつおう》、殷は紂王《ちゅうおう》という暴君が登場して滅びました。

この歌は、殷はすぐ前に夏という教訓があったのに、同じことをして滅んだといって、周の王様をいさめたのです。

このごろ歴史認識ということがしばしば話題になります。日本の近代史には中国や韓国・朝鮮との関係など、思い出したくないことがたくさんありますが、歴史を消し去ることはできません。**殷鑑不遠**、歴史の教訓を忘れないようにしましょう。

（村上　哲見）

応無所住《おうむしょじゅう》　執着心をもってはならない

『金剛般若経《こんごうはんにゃきょう》』に見える語で、「而生其心《にしょうごしん》」と続く。「まさに住する所なくして、しかもその心を生ずべし」と訓読する。住するとは執着することで、そうした心の働きがあってはならないという意。

北宋《ほくそう》の詩人・蘇軾《そしょく》は文を作るには行雲流水《こううんりゅうすい》の如《ごと》くに、といった。ゆく雲、流れる水は一所にとどまらず、水は方円《ほうえん》に従うといわれるように方の器にも円《まる》い器にもそれなりに形を変え、元の形をとどめない。まったく自由であり無礙《むげ》である。

仏教の修行の目的は悟りを得ること、つまり最高の般若（智慧《ちえ》）の完成にあるが、般若にとらわれると、そこに迷うことになる。そうした執着をもってはならないという。行脚《あんぎゃ》僧や修行僧を雲水と呼ぶのはこれにちなむ。

仏教の根本思想である「空《くう》」は実践的には無執着、無所得（思いはかることがない）であるといわれる。まさしく「**応無所住而生其心**」でなければならないのである。

（荘司　格一）

滄桑之変《そうそうのへん》　転変常なきこの世

中国の『神仙伝《しんせんでん》』にみえる麻姑《まこ》という仙女は、妙齢の美女の姿をしておりますが、自ら語るところでは海が三たび桑畑に変じたのを見たとのこと。どれほどかわからない長い長い年月を、その美しい姿で生きているのです。

滄は滄海《そうかい》、青海原《あおうなばら》。桑は桑畑《くわばたけ》。**滄桑之変**は海が陸になり、陸が海になることであり、不老不死の仙女に対し、世の中ががらりと変わってしまうこと、この世の転変常なきことを表します。

ついでながら麻姑のほっそりした美しい手には鳥のような爪《つめ》がついていて、会った人はその手で背中をかいてもらったらさぞ気持ちがよかろうと思ったといいます。俗に「孫の手」と呼んでいるのは、本来は「麻姑の手」だそうです。

このごろは山が消えて住宅地やゴルフ場になったり、海が干拓や埋め立てで陸地になったりする光景は珍しくもありません。**滄桑之変**を見たというのが仙人の資格なら、日本人はみな仙人になれそうです。

（村上　哲見）

問安視膳《もんあんしぜん》　父母を尊ぶ心片時も忘れず

父母や目上に朝晩その安否を問い、食事の進み具合を視《み》ること。膳は飲食・食事。日本でも「お膳」「～膳」などと使われる。

宋の天子・真宗《しんそう》は皇后との間に子がなかった。宮女の李《り》氏が天子の子を産むと、皇后は天子の愛が奪われることを恐れ、お付きの女官にその子を殺すよう命じた。だが女官が跡継ぎの絶えることを心配して、天子の弟の楚《そ》王《おう》のもとに送り届けたので、一命を取り留め、ひそかに育てられた。

二十年後にその子が即位して天子（仁宗《じんそう》）になると、実母の李氏を捜し出し、皇太后として迎え、朝夕**問安視膳**した。元《げん》の戯曲『抱粧盒《ほうしょうごう》』のお話である。

老父母が一緒に住んでいれば、毎日**問安視膳**することはできようが、施設住まいだとそうはいかない。だが毎日でなくても、身内が時折訪れるだけで元気になるそうだから、**問安視膳**の意義は今も変わらない。

（小川　陽一）

花言巧語《かげんこうご》

たくみに飾られた実のないことば

「花言」は表面的に飾られた、実のないことば。「花語」ともいう。「巧語」はたくみに飾られた、実のないことば。「巧言」ともいう。「花言」も「巧語」も、ほぼ同じ意味だ。

『論語《ろんご》・学而篇《がくじ》』に「巧言令色《れいしょく》鮮《すくな》し仁」。口先が巧みで顔つきがやたらといい人は、こびへつらいが上手で実がないという。宋の朱子《しゅし》も「巧言とは世間でいう**花言巧語**のことで、近ごろの科挙《かきょ》の受験生の答案がこれだ」といっている。

元《げん》の戯曲『西廂記《せいしょうき》』に、張という青年と崔鶯鶯《さいおうおう》というお嬢さまが恋におちた。張が下女の紅娘《こうじょう》を通じてラブレターを届けると、鶯鶯は「なんてはしたないことを。二度とこんなことしないで!」と紅娘をしかりつけながら、月夜の密会を約束する返事を届けさせた。

そんな鶯鶯の心を紅娘はとうにご承知、「張さまとは兄と妹の仲／はしたないこと／などと私の前では巧言花語／だれもいないと張さま慕い／陰で愁《うれ》いの涙を流す」と歌い、口先だけで、心にもないことをいうお嬢さまをからかう。

（小川　陽一）

樹下石上《じゅげせきじょう》

修行の場所、修行者の境涯

樹木の下や石の上の意で、仏教では修行の場所、また修行者の境涯をいう。本来、出家修行者は文字通り家を出、定まった住居をもたず（一所不住《いっしょふじゅう》）、すべてを捨てて乞食《こつじき》し、しかも一日一食、樹下《じゅげ》で炎熱や雨露をしのぎ、石上《せきじょう》で坐禅に打ちこむ生活であった。樹下露地《ろじ》も同意。露地は野外、屋外のこと。

石上で坐禅にあけくれた禅宗の祖師も多い。禅僧だけではない。華厳宗《けごんしゅう》・高山寺《こうざんじ》の明恵上人《みょうえしょうにん》は山中の石で坐せざるはなかったといわれる。夢窓《むそう》国師はいう、「上古は禅僧とて或《ある》は**樹下石上**に居し、或は叢林《そうりん》に首《こうべ》をあつめし人、皆此《こ》の一大事のためなりし故に各々《おのおの》寝食を忘れ二六時中工夫ならざる時節なし」（『夢中問答《むちゅうもんどう》』）。此の一大事とは悟りをうること。

釈尊は二十九歳で出家する前、一度樹下に坐しただけで瞑想《めいそう》の四段階の最初の境地にただちに達しえたといわれる。希有《けう》、非凡な資質をかたる。しかし何歳の時かは不明。

（荘司　格一）

万里長征《ばんりちょうせい》　はるかかなたへの出征

はるかかなたへの出征。

唐の玄宗《げんそう》の末期、唐王朝の権威は次第に衰え、北方夷《い》狄《てき》の侵略を受けていた。唐王朝は国を守るために多くの兵を辺境に送った。これらの状況の中から多くの辺塞詩《へんさいし》が作られた。

辺塞とは夷狄の侵入を防ぐために作られた国境の砦《とりで》のことである。辺塞詩人として有名な王昌齢《おうしょうれい》に「出塞《しゅつさい》」という詩がある。

「秦時の明月漢時の関／万里に長征して人未《いま》だ還《かえ》らず／但《た》だ竜城《りゅうじょう》の飛将《ひしょう》をして在《あ》らしむれば／胡馬《こば》をして陰山《いんざん》を渡らしめざらん」(秦漢の時代から遠征軍は明月の中、関所を越えて行った。万里の長征に兵士はほとんど帰国しなかった。かつての李広《りこう》将軍のような人がいれば、蛮族を侵入させることはなかったのに)

この詩には多くの意味が含まれている。兵士への同情、王朝への不満、戦争の正しさと愛国心への疑問。二十一世紀の今もなお、世界各地で戦う兵士たちの姿が浮かぶ。

(清宮　剛)

蜀犬吠日《しょっけんひにほゆ》　見識狭く賢者の言動理解できず

蜀《しょく》(今の四川《しせん》省)の犬は、太陽を見ると怪しみ驚いて、吠《ほ》え叫ぶ。この地方は晴天の日が少なくて、太陽が顔を現すことが少ないためだという。転じて、見識が狭くて人の優れた言動が理解できずに、非難攻撃することにたとえる。

「蜀の犬は日に吠え、越《えつ》の犬は雪に吠える」ともいう。越は南方の広東《かんとん》・広西《こうせい》の地で暖かい。「少見多怪《しょうけんたかい》」(見ること少なければ怪しむこと多し)といういい方もある。

唐の柳宗元《りゅうそうげん》が韋中立《いちゅうりつ》にあてた手紙のなかで、「蜀では雨が多く、たまに太陽が出ると犬が吠えるというが、大げさだと思っていた。だが実際に越に行ったとき、珍しく雪が降ったら犬が数日間吠え叫び、狂ったように走りまわった。世の中には、この犬のような人が少なくないものだ」と記している。

これは弟子になりたいという韋中立の申し入れに対する返事の一節で、つづけて「今は師弟関係など、はやらぬご時世。あなたは私を、越の雪になさりたいのか」といって断っている。

(小川　陽一)

悲憤慷慨《ひふんこうがい》　不条理に対する抑え難い憤怒《ふんぬ》

漢の高祖《こうそ》との決戦に敗れた項羽《こうう》が「悲歌慷慨《こうがい》」して「抜山蓋世《ばつざんがいせい》」の歌を作る（『史記《しき》』）。忼慨は慷慨と同じ。激しく恨み嘆くこと。

後漢《ごかん》末の才媛《さいえん》・蔡琰《さいえん》は、著名な文学者・蔡邕《さいよう》の娘だった。夫に死別して実家に戻っていた彼女は侵入軍に捕らえられ、匈奴《きょうど》王の側室として二人の子を産む。十二年の後に救出され、二人の子に別れて中国に帰る。そして、数奇な運命を自ら「悲憤の詩」に歌い上げた（『後漢書《ごかんじょ》』）。

悲憤は、逆らい難い不条理に対する抑え難い憤怒のことをいう。

ふたつのことばを一緒にした例が大佛次郎《おさらぎじろう》の小説に見える。先の世界大戦の時、ある事件によって海軍を離れ、外国で暮らしていた守屋恭吾が帰国する。戦後日本の大きな変化を見た彼は、「どうも悲憤慷慨だ」と語り、「自嘲《じちょう》するように笑った」。そして、再び日本を離れる（『帰郷』）。

守屋もまた、自分をもてあそんだ数奇な運命に対する抑え難い憤怒を、胸に抱えていたのだった。（小野　四平）

柏舟之誓《はくしゅうのちかい》　亡夫への貞節を生涯守り抜く

女性が夫を亡くした後、節を守って再び嫁がないことにたとえる。

衛《えい》の世子・共伯《きょうはく》が若くして亡くなった後、その未亡人の共姜《きょうきょう》が、里方の親から再婚を迫られたのを拒絶して「柏舟」の詩を作った。詩は『詩経《しきょう》・鄘風《ようふう》』にみえる。

柏舟とはかしわの舟であり、黄河《こうが》に漂う小舟を共姜がわが身にたとえて詠んだものである。

「ただよえる／河のさ中の捨小舟／さげ髪のかの人こそ／まことわが夫《つま》と定めて／死ぬまで愿《たが》うまじきを／母よ夫よ／人の心を察し給わぬ」（目加田誠訳）

夫を失った若い未亡人の悲しみと亡き夫に対する貞節がよく表現されている。『史記《しき》』によれば、共伯は弟（後の武公《ぶこう》）の脅迫により、父の墓前で自殺したのだという。事実だとすれば共姜の悲しみはなおさらであるが、武公が即位したのは四十歳ぐらいのころであり、兄共伯が死んだのはそんなに若い時のことではない。少し興ざめの思いもするが、あまり深く詮索《せんさく》することもあるまい。（清宮　剛）

琵琶《びわ》別抱《べっぽう》　女性の再婚を表す

「ゆく春やおもたき琵琶《びわ》の抱《だき》ごころ」（蕪村《ぶそん》）。琵琶ほど「抱く」という表現の似合う楽器はない。中国語でもやはり「抱琵琶《バオピーバ》」という。琵琶を抱くのが女なら、雅《みやび》やかなしっとりとした情感、おのずから漂う。

琵琶別抱（琵琶、別に抱《いだ》く）ということばがある。女性の再婚を表すことばである。別の男のために琵琶を弾くということ。

元和《げんな》十一年秋、白居易《はくきょい》は川面《かわも》に静かな琵琶の音《ね》を聞く。船を近づけて招けば、女は琵琶を抱き半ば面を遮《さえぎ》りつつ出てくる。曲罷《や》んでそぞろに聞けば、女はもと長安《ちょうあん》の楽妓《がくぎ》。その琵琶の腕前と類《たぐ》いまれな美しさから、宮廷の若者たちみな言い寄るほどの売れっ子だったが、年経て色衰え、商人に嫁ぐも見棄てられて、今は江湖の間に淪落《おちぶれ》ている。夜更けてひとり夢に見るのは、華やかなりし娘時代。夢に泣いて紅もにじむ。話を聞いた白居易は左遷されたわが身に重ね合わせて同情の涙をそそぐ。

琵琶別抱ということばは、この白居易の「琵琶行《びわのうた》」から転化して生まれた。貶《けな》すようなニュアンスをともなうのは、女の再婚が否まれた時代の雰囲気ゆえ。（島森　哲男）

狐疑逡巡《こぎしゅんじゅん》　疑い深く用心して前に進まない

キツネは犬に似ていながら人間にはなかなか懐《なつ》きません。しかしイソップ物語、中国寓話《ぐうわ》、日本のおとぎ話と、お話の中では洋の東西を問わず至るところに登場する身近な存在です。そしてこれも洋の東西を問わず、ずる賢い動物というのが共通の認識のようです。

「狐疑」はキツネのように疑い深いこと、中国古代の詩集『楚辞《そじ》』に「心は猶予《ゆうよ》して狐疑す」とあるのが古い例、「逡巡」はこの「猶予」と同じく、ぐずぐずとためらうさま。**狐疑逡巡**はキツネのように疑い深く用心して前に進まないこと、同じく動物にたとえても、「猪突猛進《ちょとつもうしん》」とは正反対です。

先行き不透明の時代、みな用心深くなって前に進もうとしません。銀行の貸し渋りが問題になるなどもその例でしょう。イノシシのように突進する「猪突猛進」はけがのもとですが、**狐疑逡巡**ばかりでは新しい展望は開けません。

「過ぎたるはなお及ばざるがごとし」とはうまく言ったものです。（村上　哲見）

天道是非《てんどうぜひ》　天の道理は正しいのかどうか

李陵《りりょう》事件に連座して宮刑《きゅうけい》に処せられた司馬遷《しばせん》は失意の中で『史記《しき》』を著し、書の中に自己の人生観を秘めた。列伝の最初に置かれる「伯夷列伝《はくいれつでん》」にこのことばは見える。

伯夷、叔斉《しゅくせい》の兄弟は清廉《せいれん》な人間として有名であるが、彼らは不遇のうちに餓死した。人は「天道は私親がなく、いつも善人に味方する」というが、果たしてそうであろうか。世の中を見てみれば、善人が滅び悪人が栄えるという例は枚挙《まいきょ》にいとまがない。

「天道是《ぜ》か非《ひ》か」（天の道理は正しいのかどうか）これは人間が長い間信頼し続けてきた天に対する司馬遷の究極的な疑問であり、嘆きであった。

改めて言うまでもない。悪が栄え、善人が災いに遭う、いや善は善なるが故に滅び、悪は悪なるが故に栄えている現実は、われわれはいやというほど見てきている。それでもなおわれわれは善の勝利を信じ、今日をたくましく生きようとする。司馬遷の疑問はまだ解決されていない。

（清宮　剛）

嚢中之錐《のうちゅうのきり》　おのずから突出する袋のきり

中国の戦国時代は紀元前のことですが、諸侯の国々が対立して争っておりました。各国は競争で優れた人材を集めようとしますが、趙《ちょう》の国の宰相の平原君《へいげんくん》は人望があって、天下から多くの人が集まって来ました。

平原君が楚《そ》という強国に外交交渉に行くことになり、二十人のお供を選抜することになりましたが、毛遂《もうすい》という男が我こそはと名乗り出ました。

この時平原君が言ったのが**嚢中之錐**というたとえです。嚢は袋、きりを袋に入れると、すぐに先が突き出て来るが、あなたはここに三年もいて全然目立たないではありませんか、と。これに対して毛遂は、それは袋に入れられなかったからですと返し、お供に加えてもらいました（一四五ページ「毛遂自薦」参照）。

果たして毛遂は楚王との交渉に大活躍をし、趙と楚の連合を成立させました。司馬遷《しばせん》の『史記《しき》』にみえるお話です。戦国時代は個人の能力が存分に発揮できたらしく、乱世必ずしも悪いことばかりではなさそうです。

（村上　哲見）

和光同塵《わこうどうじん》　才能・学識を隠し世俗と同化

才能・学識を隠して、世俗と同化することをいう。「其《そ》の光を和らげ、其の塵《よご》れを同じくす」（『老子《ろうし》』）に基づく。

老子の哲学、無為自然を示すもので、「才知の輝きを深く包んで凡俗の中に凡俗として生きる強靭《きょうじん》な雑草の精神」（福永光司『老子』）なのだと説かれる。東京の和光大学が、このことばに由来する名称であることは広く知られているとおりだ。

ところで、後漢《ごかん》末の動乱を生きて七十八歳の生涯を閉じた張奐《ちょうかん》は、遺書の中に、こう記した。「私は数々の功績により何度も高位の勲章をうけた。しかし**和光同塵**ができなくて邪悪の者どもに嫌われてしまった」（『後漢書《ごかんじょ》』）。道家《どうか》的見地からの総括の中に、癒《いや》されることのない無念さをにじませている。

別に、仏教語としての**和光同塵**もある。菩薩《ぼさつ》が、衆生《しゅじょう》を済度《さいど》するために自らの光を和らげて、俗塵に生きる人たちと同じ場に立つことを意味している。

（小野　四平）

五逆十悪《ごぎゃくじゅうあく》　仏教でいう五つの重罪十の悪

仏教でいう五逆は五つの重罪、十悪は十の悪。

五逆は小乗仏教では殺母《せつも》、殺父《せっぷ》、殺阿羅漢《せつあらかん》、出仏身血《しゅつぶっしんけつ》、破和合僧《はわごうそう》の五つ。すなわち母、父、阿羅漢を殺す、仏の身体を傷つける、教団を分裂させること。

大乗仏教では塔寺を破壊し経像を焼き三宝《さんぼう》のものを奪う、法をそしる、修行を妨げ修行者を殺す、小乗の五逆の一罪を犯す、業の報いはないとすることの五つ。

十悪は殺生《せっしょう》、偸盗《ちゅうとう》、邪淫《じゃいん》、妄語《もうご》（うそをつくこと）、両舌、悪口《あっく》、綺語《きご》（飾り立てたことば）、貪欲《とんよく》、瞋恚《しんに》（怒り）、邪見（誤った考え）の十。うち最も重いのは殺生と邪見とされるが、経典によっては異説がある。これらから離れるのが十善である。

十悪に恩赦はないといわれるが、こうした罪を犯せば救いはないのだろうか。古来論議のあるところだが、『梁塵秘抄《りょうじんひしょう》』に、「弥陀の誓ひぞたのもしき　**五逆十悪**の人なれど　一たび御名を称《とな》うれば来迎引接《らいごういんじょう》疑はず」とうたうように救いはあるのだ。そう信じたい。

（荘司　格一）

沐猴而冠《もっこうにしてかんす》　ふさわしくない人が高い地位

紀元前三世紀の中国、秦《しん》の始皇帝《しこうてい》の死後、各地に起こった反乱軍は同盟して秦を滅ぼしました。同盟軍のリーダーとなった項羽《こうう》は秦の都咸陽《かんよう》を占領したのに故郷の江南《こうなん》に引き揚げることにします。ある人が咸陽の地の利を説き、ここを根拠地にすることを勧めましたが、項羽は、出世して故郷に帰らないのは錦《にしき》を着て夜歩くようなものだ、とはねつけました。

沐猴而冠（猿が冠をかぶっている）とはその人が項羽を批評したことば、資格のない、ふさわしくない人が高い地位にいるというのです。項羽は怒ってその人をかまゆでにしました。やがて項羽は劉邦《りゅうほう》（漢の高祖《こうそ》）と天下を争って敗れ、自殺することになります（「四面楚歌《しめんそか》」一四ページ参照）。『史記《しき》・項羽本紀《ほんぎ》』にみえるお話です。

世の中にはたいそうな肩書きをお持ちの方々がおいでですが、中には**沐猴而冠**といいたくなる人も――かまゆでにされてはたまりませんからやめておきますが、皆さんそれぞれに思い当たるふしがあるはずです。

（村上　哲見）

五臓六腑《ごぞうろっぷ》　重要な臓器

「五蔵六府《ごぞうろっぷ》」とも書く。中国医学の用語。五臓は心臓・肝臓・脾臓《ひぞう》・肺臓・腎臓《じんぞう》、六腑は胆・胃・大腸・小腸・三焦《さんしょう》・膀胱《ぼうこう》。三焦は実在しないが、ほかは今の臓器の名称に相当する。いずれも重要な臓器の意。転じて体内、腹の中、心の内の意味にも使われる。

艾子《がいし》（架空の人物）は大酒飲みだった。弟子が、忠告しても聞かないので、脅かしてやめさせようと、艾子が酔って吐いたとき、その中にブタの腸を混ぜて示し、「飲み過ぎて、大事な**五臓六腑**の一つがなくなりました」。じっとみていた先生「唐の玄奘三蔵《げんじょうさんぞう》は、二蔵がなくても元気だった。わしにはまだ四蔵ある」（『艾子雑説』）。

元《げん》の太宗《たいそう》は晩年になって酒量が増えた。重臣の耶律楚材《やりつそざい》がいさめても駄目だった。そこで酒樽《さかだる》の蛇口を見せて「鉄製の蛇口でさえ、このように酒で腐食しています。人の五臓では、もっとひどいでしょう」。以後、太宗は三杯を限度とした（『元史《げんし》』巻一四六）。

艾子を見習うべきか、太宗を見習うべきか。そこはひとつ、酒を飲みながらよく考えよう。

（小川　陽一）

才堪相配《さいあいはいするにたう》　共に才あるお似合いの夫婦

学識・才能が男女ともに等しく優れていて、夫婦となるにふさわしいこと。「才堪匹配《さいひつぱいにたう》」ともいう。『三国志演義《さんごくしえんぎ》』の主人公の一人、諸葛孔明《しょかつこうめい》は体格・容姿にも恵まれていた上に、学識・才能も優れていた。その学識・才能を見込んだ黄承彦《こうしょうげん》が、自分の娘を妻に迎えるよう売り込んだ。そのときの言い方が単刀直入（一二六ページ参照）だった。

「君は妻を探しているようだが、わしの娘は髪が黄色くて顔が黒く、ひどく醜《みにく》いのだが、才能は君のつれあいとなるにふさわしい（**才堪相配**）」と言った。自分の娘だから謙遜して「醜い」と言ったのではないことは、才能を自慢している点からも知られる。

孔明は喜んで申し出に従い、この女性を妻に迎えた。孔明は才能を愛したのだった。だがこの話を聞いた人々は「孔明のような嫁選びはやめようよ／やつは黄さんの醜女を嫁にした」と言いはやしてからかった。

これは歴史の本である『三国志』に引く『襄陽記《じょうようき》』の記事である。いつの世にも余計なことを言う人がいるものだ。

（小川　陽一）

清茶淡話《せいちゃたんわ》　さっぱりとし心和む付き合い

人には情もあれば欲もある。欲に従えば競り合いとなり、情に棹《さお》させば流される。いっそのことだれもいない世界に越したいと思いながら、友達がいないのはやはり寂しい。あわあわと付き合える友が欲しい。

「君子の交わりは淡きこと水のごとく、小人の交わりは甘きこと醴《あまざけ》のごとし」（『荘子《そうじ》・山木篇』）。口当たりはいいが、やがて冷める酒よりも、さっぱりして飽きのこない水のような付き合い、それが君子の交わりだ。

宋の胡仔《こし》の『苕渓漁隠叢話《ちょうけいぎょいんそうわ》』に引く司馬光《しばこう》の詩にいう。

「**清茶淡話**　友に逢《あ》い難《がた》く／濁酒狂歌　朋《とも》を得《え》易《やす》し」。

茶請《う》けもないお茶にさっぱりした会話、それでは友達ができにくいが、濁り酒をあおって大声で歌うような雰囲気では、だれでもすぐ仲間になってしまう。あくる日、会っても気が付かない。

清茶淡話のもてなしに、ふっくらとして心が和み、しみじみと心が通う。白磁《はくじ》のごとく透き通った深みが人と人とのあいだに生まれる。

（島森　哲男）

秋水伊人《しゅうすいのかのひと》　思いを寄せるいとしい人

「伊人」は彼《か》の人、あの人、例の人の意。**秋水伊人**とは意中の人、心ひそかに思いを寄せる、いとしい女を指すことばである。

『詩経《しきょう》』（秦風《しんぷう》・蒹葭《けんか》）に、こんな歌がある。

「蒹葭《あし》の葉はさやさや茂り／白き露はや霜となる／懐かしき人尋ぬれば／はるかなる水の彼方《かなた》／川のぼり行かむとすれば／道遠み至りもやらず／川くだり行かむとすれば／面影は水面《みなも》に消えて……」

　秋風の吹く川のほとりで、意中の人の面影を求め、おそらくは足をぬらして、狂ったように川をさかのぼり、やがてまた川をくだって……。男がどんなに追い求めても、面影はいつも遠い彼方に。「所謂《いわゆる》伊の人は／水の一方に在り」。

「秋水」は後の時代には、女性の澄んだまなざしをイメージさせるやさしいことば。しかしこの歌からは、秋の川を行きつ戻りつ、夕闇《やみ》に白いしぶきをあげて、歩一歩狂気の闇に沈んでいきそうな、激しい思いと、それを凍らせる冷たさが感じ取れる。

（島森　哲男）

文質彬彬《ぶんしつひんぴん》　文・質の調和した人間が理想

文は文飾、質は実質。彬彬とは質朴と文飾がちょうどよく配されていること。出典は『論語《ろんご》・雍也《ようや》篇』。

ある時、孔子《こうし》が弟子たちと〝君子〟について論議した。孔子はいう。「ただ質朴の品格があっても文飾を重んじなければ粗野となってしまう。逆に輝かしい文飾があっても質朴の品格がなければ虚浮になってしまう。**文質彬彬**にして君子ということができる」。

　非常に有名な、かつ含蓄の深いことばである。〝文〟は『論語』の中でいろいろな意味に使われているが、ここは礼楽《れいがく》によって得られた文飾、広くは文化的色彩という意味である。

　孔子は学問によって文化的色彩に満ちた人間になることを望んだ。しかし、そのために人の本質たる質朴を失ってはならないとした。

『論語』全体を読むと、孔子は文化より質朴を重んじたようにも見えるが、文・質の調和した人間こそが理想と考えたのである。

（清宮　剛）

貴人多忘《きじんたぼう》

身分が高いと忙しく不人情

「貴人忘るること多し」、高貴な人は、いろいろ約束しても、忙しくて、いちいち覚えてはいられない。「貴人善忘」（貴人よく忘る）とも。

　もとは、金持ちになったり、出世したりすると、昔の友達を捨てて相手にしなくなるという不人情を指すことばだった。「貴易交、富易妻」（貴《き》となりて交わりを易《か》え、富みて妻を易える）（『後漢書《ごかんじょ》・宋弘伝《そうこうでん》』）に通じる。やがて「忘れっぽい」とか「偉い人」という意味になった。

　衛《えい》の国（今の河南省《かなん》と河北省《かほく》にまたがる地域）の貧乏人夫婦が神様にお願いをした。妻「どうか百束《ひゃくそく》の布をお授けください」。夫「たったそれだけでいいのか。もっと頼め」。妻「これより多いと、あなたは妾《めかけ》を買うでしょう」（『韓非子《かんぴし》・内儲説《ないちょせつ》・下』）。

　貧乏はいやだが、金持ちになればいいというものでもないらしい。「利令智昏」（利は智を昏《くら》ましむ）、すなわち利欲が理知を失わせる、というではないか。

　ボクも近ごろはだいぶ高貴な人になった。友や妻を易えることはしないが、よく物を忘れる。

（小川　陽一）

百代過客《ひゃくだいのかかく》

永久に過ぎ去って行く旅客

永久に過ぎ去って行く旅客。光陰のすぎゆくさまを旅人の通過にたとえたもの。

　李白《りはく》の「春夜桃李《とうり》の園に宴するの序」に出てくることばである。この序は李白が桃や李《すもも》の花の中で兄弟・親族と宴会をした折に、各自の詩篇の前に感想を述べた名文である。

「夫《そ》れ天地は万物の逆旅《げきりょ》、光陰は百代の過客なり、而《しか》して浮生《ふせい》は夢の若《ごと》し。歓《よろこび》を為《な》すこと幾何《いくばく》ぞ」（天地は万物が宿る宿屋のようなもの。時間は永久に過ぎ去る旅人のようなもの。その中にある人間の一生は短くはかない夢のようなもの。この世で歓楽をなすのはどれほどの時間であろうか）

　若いころこの文を読んでもさほどの実感はなかった。年を重ねるにつれ、永遠の時の流れに対する人間の生のはかなさのようなものを感ずるようになった。こういう焦りの中で人は何をなすべきなのだろうか。

　この語は芭蕉の『おくのほそ道』にも「月日は百代《はくたい》の過客にして、行かふ年も又旅人也《なり》」と引用される。

（清宮　剛）

秉燭夜遊《へいしょくやゆう》　短い人生、楽しく生きよう

秉は手にとり持つこと、燭はともしび。ともしびを持って夜遊ぶとは、短い人生、せいぜい時を惜しんでしっかり楽しみましょうということ。

「生年は百に満たざるに／常に千歳《せんざい》の憂《うれ》いを懐《いだ》く／昼は短くして夜の長きに苦しむ／何ぞ燭を秉《と》りて遊ばざる」（『古詩十九首』）

百に満たない人生を、憂いに満ちて生きていく。眠れぬ夜を夜もすがら、ひとりあれこれ悩むなら、あかり手にして夜遊べ、あかり手にして夜遊べ。時間は待ってくれやせぬ。

この漢代の享楽的な人生訓を、六朝《りくちょう》時代のまじめ人間、顔之推《がんしすい》は晩学のすすめに変えてしまった（『顔氏家訓《がんしかくん》・勉学篇』）。

いわく、「幼くして学ぶは、日の出の光の中を行くが如《ごと》く、老いて学ぶは、あかりを手にして夜道を行くが如し（秉燭夜行）。それでも目を閉じて何《なん》にも見えないよりはまし」。

老いて学ぶか酒飲むか、どっちにしてもわが命、くすんだ人生送るまい。

（島森　哲男）

曳尾塗中《えいびとちゅう》　昇進を放棄し自由に生きる

「尾《お》を塗中《とちゅう》に曳《ひ》く」。塗は泥のことであり、亀が泥の中に尾を曳きずってはいまわることを言うが、高い官職を放棄して災禍《さいか》を避け、生命の保全を図り、自由に生きるたとえに使われる。

荘子《そうし》が釣りをしていると楚《そ》の国の大臣がやって来て、宰相の地位をもって彼を迎えたいという楚王の命を伝える。荘子は言う、「楚の国には死して三千年にもなる亀が朝廷に大事に保管されているという。しかし亀の身になって考えれば、殺されて大切にされるのと、生きて泥の中をはいずりまわるのとどちらを望むだろうか」。大臣「そりゃ生きて泥の中をはいずりまわった方が幸せだろう」。荘子「だったら君たちには帰ってもらいたい。私もそのような生き方がしたいから」（『荘子《そうじ》・秋水篇』）。

世の栄達《えいたつ》と精神の自由はしばしば対立する。屈辱や迎合の中に身を置き、みずからの自由な精神を抹殺した栄達も多い。精神の自由すら忘れているのが現代であろう。

（清宮　剛）

知足安分《ちそくあんぶん》

欲張らないで分相応に

地獄のひとつに餓鬼道《がきどう》があり、この世での悪業《あくごう》の報いとして、永久に飢えに苦しむのだそうです。ギリシャ神話にものどの渇きに苦しむタンタロスの話があります。デパートの婦人服売り場を見ていると、女性の衣服に対する欲望は、永遠に満たされることのない餓鬼かタンタロスさながらのように思えてきます。

知足安分とは「足るを知り、分に安んず」。『老子《ろうし》』に「足るを知る者は富む」とあり、富むとはものをたくさん持つことではなく、持っているもので満足できることをいうのです。

また分とは天から本来与えられているもの、人それぞれに分があり、それを素直に受け取るのが「分に安んず」です。

ただこのことば、若い人にはあまり言いたくありません。「少年よ、大志を抱け」とはおよそ反対で、向上心を抑えることになりかねません。しかしいつまでも**知足安分**ということがわからないままでは、一生不平不満を抱いていることになります。

（村上　哲見）

和魂漢才《わこんかんさい》

大和《やまと》魂《だましい》捨てず中国の技を活用

日本に固有の精神（大和魂）をもって、中国伝来の学芸（漢才《からざえ》）を摂取、活用することをいう。菅原道真《すがわらのみちざね》以後の、菅家のだれかが書いたという次の文章が、最初の用例。

「凡《およ》そ国学の要する所、論じて古今《ここん》に渉《わた》り、天人を究めんと欲すと雖《いえど》も、其《そ》の**和魂漢才**に非《あら》ざるよりは、其の閫《こん》奥《おう》（奥義《おうぎ》）を闚《み》ること能《あた》わず」（『菅家遺誡《かんけいかい》』）。固有のものを棄てて外来文化に依存することを戒《いまし》めたのである。

幕末から明治にかけて、このことばは盛んに用いられた。

「条約改正も結構、併《しか》し西洋人に阿諛《おべつか》をする必要が何処《どこ》にあるか。**和魂漢才**と云《い》ふ事もあつて、日本には日本の長処がある」（徳富蘆花『黒潮』）

同じころ、このことばの類推《るいすい》として作られた和魂洋才《わこんようさい》も用いられるようになる。

「なんでもこれから先き、日本の国家社会で有用の材となるには、和魂洋才でなくては行けません」（森鷗外『なのりそ』）

（小野　四平）

一炊之夢《いっすいのゆめ》　人生夢の如し

「邯鄲之夢《かんたんのゆめ》」「黄粱《こうりょう》一炊之夢」などともいいます。邯鄲は地名、北京から鉄道でずっと南に下った所にあります。

唐の沈既済《しんきさい》という人の小説『枕中記《ちんちゅうき》』のお話。盧生《ろせい》という若者が邯鄲の宿屋で呂翁《りょおう》という老人に出会い、貧しくみすぼらしいことを嘆くと、老人はまくらを取り出して貸してくれます。

盧生がそのまくらで眠ると、夢の中でいろいろなことを体験し、最後は富貴栄華を極めますが、やがて年老いて息を引き取るところで目が覚めます。眠る時に宿屋のおやじが黄粱（アワ）の飯を炊き始めていましたが、まだ炊き上がっていませんでした。

それだけの間に一生を体験してしまったのです。盧生が「ああ夢だったのか」というと呂翁が答えます、「人生なんてそんなものさ」。

この話は後に明《みん》代の戯曲『邯鄲記』、さらに日本にきて謡曲『邯鄲』など、さまざまな文学作品に発展します。「人生夢の如《ごと》し」という永遠のテーマを踏まえているからでしょう。

（村上　哲見）

変成男子《へんじょうなんし》　女が男に変わる

「四郎兵衛が不首尾変成男子なり」（『柳多留《やなぎだる》』）とは、男装して廓《くるわ》をぬけだす女郎を四郎兵衛（門番）が見ぬけなかったことを揶揄《やゆ》する川柳である。

転女成男《てんにょじょうなん》ともいい、女が男に変わる意であるが、『法《ほ》華経《けきょう》』に沙竭羅《しゃから》竜王の八歳の娘竜女《りゅうにょ》はすぐれた智慧をもち、菩提《ぼだい》心を発《おこ》して仏陀に宝珠《ほうじゅ》を奉った。舎利弗《しゃりほつ》がみて「悟りは得がたい」というと、竜女に男の生殖器が生じて悟りうる者となり、南方の無垢《むく》世界にいき悟った。舎利弗は沈黙したと記される。

五障三従《ごしょうさんじゅう》ゆえに差別視された女性も修行によっては男性とひとしく悟りうるということであろうか。

階層の別を認めず、人間平等の立場から行為を重んじた仏陀が女性を軽視したとはおもわれない（最初は女人の出家を認めなかったといわれるが）。女人の説法といわれる『勝鬘経《しょうまんぎょう》』には記述がないから、あるいは一部にのみ行われた考えかもしれない。

（荘司　格一）

一見如故《いっけんこのごとし》

初体面なのに親友みたいな人

一見しただけの仲なのに、古くからの知人のようだの意。初対面なのに親近感がもてて、旧知の間柄のような気にさせる人にいう。「一見如旧《いっけんきゅうのごとし》」「一見如旧識《いっけんきゅうしきのごとし》」などともいう。

十世紀の初めの盧延譲《ろえんじょう》は詩に癖があって、世間から相手にされなかった。当時詩人としても名高い高官の呉融《ごゆう》が盧のいた地方を訪れたときには、貧乏で会いに行けなかったが、偶然にも呉のいとこが盧の詩百首を呉に届けたところ絶賛し、仲間の高官にも紹介してくれて評価が高まった。のち初対面のときに、呉が「一見旧相識《きゅうそうしき》の如く」接してくれたので、感激して涙を流した。やがて奮起一番、科《か》挙《きょ》にも合格した（『唐摭言《とうせきげん》』巻六）。

旧知の間柄なのに、心を閉ざして近づかせない人もいれば、出会ったばかりなのに、前から知り合いだったような気にさせる人もいる。困っているときや、不遇のときに、こんな人に出会ったら、盧延譲でなくても感激するだろう。

（小川　陽一）

降魔成道《ごうまじょうどう》

魔の誘惑を断ち悟りを完成

魔を降《くだ》し道を成す。魔とは悪魔で修行を防げるもの。一説に煩悩魔《ぼんのうま》、蘊魔《おんま》、死魔、天子魔をいう（『大智《だいち》度《ど》論《ろん》』）。煩悩魔、蘊魔とは人間存在にまつわる百八煩悩のこと。死魔は死そのもの、天子魔は人間の善事を妨げる一種の神と考えられている。

道とは儒学では人倫の道をいうが、仏教では古く「菩《ぼ》提《だい》」を「道《どう》」と漢訳し、仏教を道教ともいった。そこで成道《じょうどう》とは得道《とくどう》、成仏《じょうぶつ》と同じく悟りの完成をいう。

伝承によれば、ゴータマ・シッダールタ（釈尊の本名）は仏陀（覚者）になってもなお悪魔の誘惑をうけた。仏陀は右手の指を大地にふれ、大地の女神にたしかに仏陀になったことを証言させ、退散させた。が、これで懲《こ》りて現れなくなったのではない。幾度も手を替え品を替えて誘惑し続けたといわれる。

この悪魔、仏陀によって死に絶えたのではない。仏陀を悩まし続け、そしていまなお生きていて私どもを悩ませている。

（荘司　格一）

山眉水眼《さんびすいがん》　目もとに山水のたたずまい

中国では古来、女性たちは眉《まゆ》を剃《そ》って上からまゆずみで眉を描いていたようだ。司馬相如《しばしょうじょ》の妻、卓文君《たくぶんくん》が遠く霞《かす》む山並みのような眉を描くと、街中の女が「遠山眉」と称してまねたという。漢の張敞《ちょうしょう》が妻のために毎日、美しい眉を描いてやったというのも有名な話（二五七ページ）。

唐代に入ると眉の描き方も多様化する。眉マニア（眉《び》癖《へき》）の玄宗《げんそう》皇帝は、安史《あんし》の乱で都を逃れる途中、わざわざ画家に「十眉図」を描かせている。鴛鴦眉《えんおうび》、遠山眉、柳葉眉、却月眉、払雲眉《ふつうんび》、倒暈眉《とううんび》……。平康坊のある妓《ぎ》女《じょ》は毎日毎日違う眉を描くので、男に「百眉図」を作ってやろうかとからかわれたほど。眉の描き方ひとつで面《おも》立《だ》ちもけっこう変わるから、女たちが心をくだくのも無理はない。

美女を表すのに**山眉水眼**ということばがある。遠く霞む山並みのような眉、秋の川面《かわも》のさざ波のように静かに澄んで揺れるまなざし。眉睫《びしょう》の間（目もと）に山水のたたずまいあって、男たちは路に迷う。

（島森　哲男）

悲歓離合《ひかんりごう》　悲しみや別れのさだめあり

テレサ・テンやフェイ・ウォンといった人気歌手が、今から九百年もむかしの蘇軾《そしょく》の詞に新たな曲をつけて歌っていた。「明月幾時《いつ》よりか有る／酒を把《と》って青天に問う」（「水調歌頭・中秋」）と始まるその歌は、二人の歌手のうまさもあって、心に染み入るようだ。

歌は続く。べつに恨みもあるまいに、人の別れの悲しみを、月はいつでもさえざえと、円い姿で照らすのか。「人に**悲歓離合**有り／月に陰晴円欠有り」。人には喜びと悲しみと、出会い別れのさだめあり。月には晴れや曇りの日、満ちては欠けるさだめあり。すべてのことはなかなかに、思い通りにゆかぬもの。

そうして蘇軾はこう結ぶ。「ただ願わくは人の長久《ちょうきゅう》にして／千里嬋娟《せんけん》を共にせんことを」。たとい円居《まどい》はできずとも、親しき人のすこやかに、千里の彼方《かなた》ここかしこ、このあでやかな月明かり、眺めて心通わせん……。**悲歓離合**ままならずとも、大きな一つの世界の中で、それぞれに生きていくことを私は願う、というのである。

（島森　哲男）

冬の章

蛍雪之功《けいせつのこう》　貧苦に負けぬ勉学への情熱

日本では、古くから蛍雪之功（『沙石集《しゃせきしゅう》』）といわれてきた。中国では、蛍窗雪案《けいそうせつあん》（蛍の窗《まど》、雪の案《つくえ》）ということが多い。

晋《しん》代の、貧乏で灯油を買えなかった青年たちの苦学の話に基づいている。車胤《しゃいん》は、練絹《ねりぎぬ》の袋に数十匹の蛍をいれて読書をした（『晋書《しんじょ》』）。孫康《そんこう》は、雪明かりを頼りにして読書に励んだ（『蒙求《もうぎゅう》』）。

この話のかげで日本ではあまり知られていないが、中国では鑿壁偸光《さくへきとうこう》が有名である。漢の匡衡《きょうこう》が、隣家の壁に穴をあけ、その灯火で書物を読んだという故事である（『西京雑記』）。そして、このことばはいつも蛍窗雪案と併称されてきた（元《げん》雑劇『金銭記』、魯迅《ろじん》『且介亭雑文《しょかいていざつぶん》』）。

これらの話は、みな現実味を欠いたアナクロニズムだと語る人がいる。だが、それらのことばの底に流れている、読書という営為《えいい》に寄せる、古人の真剣な思いを見落としてしまいたくないものだ。

古人の心を思いながら、読書の時をもつことにしたい。

（小野　四平）

無為徒食《むいとしょく》　何もしないで飯だけは食う

訓読すれば、「為《な》すこと無くして徒《いたず》らに食す」。「無為」は「有為《ゆうい》」の反対、この「為」は「前途有為」などというように、犯罪行為などは入らず、もっぱら立派なことをする、世の中の役に立つということ。「徒」は無駄に、無為徒食は社会に貢献することは何もしないで、飯だけは食うということです。

このことばには後ろめたさ、罪悪感がつきまといます。飯を食って生活しているのは社会の恩恵で、それに対してはお返しをすべきだという意識はだれにでもあるでしょうし、恩恵を享受するだけではけしからん、という考え方がこのことばにはひそんでいます。

しかし社会は「有為」の人ばかりで成り立つものではありません。かつては老人、病人、障害を持つ人、失業者などを「無為徒食」として見下す傾向がありましたが、それらの人々をどのように遇するかはその社会の文化のレベルを表すことになります。棄老《きろう》伝説、姥捨山《うばすてやま》の昔話はそのことが昔から問題だったことを示しております。

（村上　哲見）

病入膏肓《やまいこうこうにいる》　事柄が最悪の状況になる

春秋時代《しゅんじゅう》。晋《しん》の景公が病床で夢をみた。二人の童子《どうじ》が話をしている。

「秦《しん》から名医が来るという。ボクたち、どうしよう」。

「心配ない。肓《こう》の上、膏《こう》の下に隠れたら大丈夫さ」。のち、景公を診《み》た名医が語った。「病気は、肓の上、膏の下に入りました。鍼《はり》も薬も役にたちません」（『春秋左氏伝《しゅんじゅうさしでん》』）。

いま、人体解剖図の腹部をみると、心臓の下部を横隔膜がぴたりと支えているのが分かる。古人は、このふたつの臓器の接着部を膏肓と呼んだのである。**病入膏肓**とは、回復の見込みのない病気に侵されることをいう。

のちに、このことばは事柄が最悪の状況になることを広く指すようになる。「いま、天下の病、膏肓に在《あ》ること久し」（朱子《しゅし》「与台端書」）。「いま、大学士の厳嵩《げんすう》、貪婪《どんらん》の性、病膏肓に入《い》れり」（『明史《みんし》』）。

日本では、趣味や道楽に熱中することにも用いる。「君なんか病膏肓に入《はい》ってるんだから駄目だね」（正宗白鳥『泥人形』）。

（小野　四平）

冬日可愛《とうじつあいすべし》　周囲なごますおだやかな人柄

まるく膨らんだスズメが、葉の落ちた小枝の上で揺れながら冬の日を浴びている。おでこが暖かくて気持ちいいんだろうなと思う。小春の日差しは柔らかくすべてをつつみ、布団の中でまどろむような、ほんわかした心持ちにさせる。

冬日可愛という言い方がある。人柄がおだやかで親しみやすく、慈《いっ》しみに満ちているような人を称していう。

中国の春秋時代の歴史を記した『春秋左氏伝《しゅんじゅうさしでん》』の文公《ぶんこう》七年の条に、晋《しん》の功臣趙衰《ちょうし》とその子趙盾《ちょうとん》のどちらがすぐれているかという質問に対して、ある人が「趙衰は冬日の日なり、趙盾は夏日の日なり」と答えたという。

「冬日は愛すべし、夏日は畏《おそ》るべし」と杜預《どよ》の注にあるように、趙衰はほっとするようなおだやかな性格だが、趙盾は烈々として犯し難いというである。

たしかに世の中にはそばにいるだけでこちらの心がなごんでくるような、生きた温泉みたいな人がいる。「冬日」のような人柄とは、そんな人のことをいうのである。

（島森　哲男）

東山再起《とうざんさいき》　才人が再び世に出て活躍

才能ある人が再び世に出て功績を挙げること。時に倒された旧勢力が巻き返しを図るという意味に使われることもある。話は『晋書《しんじょ》・謝安伝《しゃあん》』に由来する。

謝安は東晋《とうしん》の有名な政治家で若いころから学問に優れていた。晋王朝は何度も官に召し出そうとしたがすべて辞退し、会稽《かいけい》に住み、王羲之《おうぎし》らと山水に遊び詩を吟じていた。謝安の名声はますます高くなり、揚州《ようしゅう》刺史《し》がたびたび召し出したため、やむを得ず官に就いたが、病を口実に一ヵ月で官を辞め、東山というところに隠居した。四十歳のころ、兄弟の死という謝家の事情と経済的理由により、大将軍桓温《かんおん》に仕えた。

ある人が冗談に言った。「あなたは何度も朝廷の意に従わず〝東山に高臥《こうが》〟していた。人々はいつも言っている。『肯《あ》えて山を出ない謝安は人民をどう考えているのだ。そして今、山を出てきたが、人民はどう対応したらよいのか』と」。

謝安は恥じるところがあったが、後に前秦の王符堅《ふけん》と〝淝水《ひすい》〟に戦い、百万の兵を破ったという。　（清宮　剛）

猩猩嗜酒《しょうじょうさけをこのむ》　酒好きの性格が身を滅ぼす

猩猩は古代から文献に現れる架空の動物。形は犬または猿に類し、毛は黄色で顔や手は人に似て、人のことばを解し、酒が大好きだと記される。その酒好きの性格が身を滅ぼす。明の劉元卿《りゅうげんけい》の『賢奕編《けんへきへん》』巻三にこういう話がある。

猩猩は酒が大好きなので、山麓《さんろく》の人びとは酒だると大小のさかずきと草履《ぞうり》を麓《ふもと》に並べて置く。酒の香りに誘われて現れた猩猩は、計略を知って村人とその先祖の名を挙げて悪罵《あくば》するが、やがて仲間と「少しぐらいなら」と、小さいさかずきでちびりちびり。だんだん大きなさかずきに替え、やがて酔ってわいわい。草履をはいてふらつきまわる。そこへ村人が現れ、あわてふためき、踏みつけあっている猩猩を一網打尽《いちもうだじん》。

劉先生の戒《いまし》めのことばに、「猩猩は賢い動物で誘惑する人間を憎むことを知っていながら、死を免《まぬか》れなかったのは、むさぼりのせいである」とある。

ちょっと一杯のつもりがついつい。気がついたら猩猩ならぬトラになっていた。わかっているけどやめられない。　（小川　陽一）

盗亦有道《とうまたみちあり》

盗人にも五つの道がある

盗人にもまた盗人としての道がある。大泥棒として悪名高い盗跖《とうせき》が、手下の質問に答えたもので、記事は『荘《そう》子《じ》・胠篋《きょきょう》篇』に見える。

盗人にも五つの道があるという。

「夫《そ》れ室中の蔵を意《おく》するは聖なり」（部屋の中に隠してある財宝に目当をつけるのは聖だ）。「入るに先んずるは勇なり」（押し入るのに先頭を切るのは勇だ）。「出ずるに後《おく》るるは義なり」（引きあげる時にしんがりをつとめるのは義だ）。「可否を知るは知なり」（仕事の善しあしを判断できるのは知だ）。「分かつこと均《ひと》しきは仁なり」（獲物を平等に分配するのは仁だ）。

泥棒の道も大したものである。儒家のいう仁・義・聖・勇・知があってこそ盗人の道も立つという。「盗人にも三分の理」どころではない。ここまで言われると「盗人猛々《たけだけ》しい」となってくるが、妙に納得させられる。『荘子』では、盗人のこの道理をたたえているのではなく、聖人の定めた道徳が大泥棒の守り番をしているようなものだという皮肉なのである。

（清宮　剛）

歳寒松柏《さいかんしょうはく》

困難に直面してたくましさ発揮

「歳寒くして、然《しか》る後に松柏の凋《しぼ》むに後《おく》るるを知る」（『論語《ろんご》・子罕《しかん》篇』）に基づくことばである。

柏は日本でいうカシワとは別の常緑樹。凋むに後るとは凋ばないことの意である。すべての樹々が葉を落とした厳しい冬になってはじめて松柏がいかに強く緑を保っているかがわかる。人間もまた困難に出合った時にこそ節操の高さがわかるということ。

山形市の東部に千歳山《ちとせやま》という姿の良い山があり松の木が見事に枝を張っている。四季折々の美しさを見せるが、特に雪の千歳山が私は好きである。白い雪の中で緑はその濃さを増し力強い清潔さを感じさせてくれるからだ。『論語』のこのことばをもととして、後世さまざまな詩文に**歳寒松柏**ということばが使われるようになった。唐の劉禹錫《りゅううしゃく》の詩に「後来の富貴已《すで》に零落《れいらく》し、**歳寒松柏猶《なお》依然たり**」などと見えるのはその一例である。

冬に凋まぬ松と竹に、寒さを迎えて花を咲かせる梅を加えて「歳寒三友《さいかんさんゆう》」という語もある。

（清宮　剛）

空前絶後《くうぜんぜつご》

過去にも未来にもまれ

前《さき》を空《むな》しくして後《のち》を絶つ。過去に例がなく未来にも起こり得ない、まれなことをいう。

宋の朱象賢《しゅしょうけん》に、用例がみられる。「古《いにしえ》の木蘭《もくらん》は、女を以《もっ》て男となり、父に代《かわ》りて従軍し、十二年にして帰る。同行する者、其《そ》の女子たるを知るなし。歌詩はこれを美《ほ》め、典籍《てんせき》はこれを伝う。其の事の空前絶後なるを以てなり」（『聞見偶録《ぶんけんぐうろく》』）

木蘭のことは、長い民間伝承の中ではぐくまれたものらしく、六朝《りくちょう》時代に成立した古代歌謡「木蘭辞《もくらんのじ》」にくわしい。中国のジャンヌ・ダルクの物語として、現在もなお広く伝承されている。

ところで、中国絵画史上の巨匠、晋《しん》の顧愷之《こがいし》、梁《りょう》の張僧繇《ちょうそうよう》、そして唐の呉道元《ごどうげん》を比較して、「顧は前《さき》に冠《かん》たり、張は後《のち》に絶《ぜっ》す。而《しこう》して道元は乃《すなわ》ち兼ねてこれを有せり」（『宣和画譜《せんながふ》』）という。三人の中で、呉道元が冠前絶後だというのだ。冠前絶後も、空前絶後と同じ意味に用いられていた。

（小野　四平）

六根清浄《ろっこんしょうじょう》

汚れなき六つの感覚器官

大山参りの水垢離《みずごり》には六根清浄と唱えるというが、これは仏教語である。

六根とは眼《げん》・耳《に》・鼻《び》・舌《ぜっ》・身《しん》・意《い》の六つの感覚器官の能力のことで、それぞれが対象（六境《ろっきょう》すなわち色《しき》・声《しょう》・香《こう》・味《み》・触《そく》・法《ほう》）を認識するとき、ちょうど植物の根のように力強くはたらくから根という。清浄とは煩悩《ぼんのう》、悪行による過ちや汚《けが》れのないこと。

『法華経《ほけきょう》』に、経を読み、書けば六根は清らかに（六根浄）なる、そうすると他の根のはたらきも兼ね備える（六根互用《ごよう》）と説く。

根のつく語に、女根と男根（女、男に性的特徴を与える力）、転根（性の転換）、命根（寿命）、根機《こんき》（根性、人の本性）、利《り》根《こん》と鈍根《どんこん》（資質の優劣）などがある。

「私は持病のあかがりがござって、水を見ても六根へしみわたりまするによって」（狂言『あかがり』）の六根は全身のこと。あかがりはあかぎれ。

（荘司　格一）

青出於藍《あおはあいよりいづ》

教え子が先生より偉くなる

染め物に使う青色の顔料は、藍《あい》という草の葉から取るが、その色は原料の藍よりも濃厚である。そのことから、教え子が先生よりも、優れた人物になることをいう。日本では「出藍《しゅつらん》の誉《ほま》れ」で知られる。『荀子《じゅんし》・勧学篇』の「青はこれを藍より取れども、藍よりも青く、氷は水これを為《な》せども、水よりも寒《つめ》たし」に基づく。

北魏《ほくぎ》の李謐《りひつ》は孔璠《こうはん》について学問を学んだが、数年で学識が師の孔璠をしのぎ、逆に孔璠が教えを請うた。それを見た人びとは「青が藍から生まれて／藍が青に頭を下げる／師となる資格は／実力にある」と語り合った（『魏《ぎ》書《しょ》・李謐伝』）。

「藍が青に頭を下げる」と訳した個所は、原文は「藍謝青」（藍《らん》、青《せい》に謝す）で、自分よりも偉くなった教え子に、頭を下げて教えを請う、という意味のことわざとなった。

自分より実力をつけた教え子や後輩に教えを請うのを、潔《いさぎよ》しとするか、みっともないと思うか。実力主義の競争社会では、そんな躊躇《ちゅうちょ》やメンツは通用しなくなった。

（小川　陽一）

担雪塡井《ゆきをにないてせいをうずむ》

努力しても効果がない

雪を担《かつ》いできて井戸を埋める、いくらやっても解けてしまって井戸は埋まらない。努力しても効果がないこと。無駄な努力にたとえる。

唐の顧況《こきょう》の「行路難《こうろなん》」という詩に「君見ずや雪を担いて井を塞《ふさ》ぐも徒《ただ》に力を用いるのみ／沙《すな》を炊いて飯を作るもあに喫するに堪えんや」（ご覧よ雪を担いできて井戸を塞ごうとしても力を消耗するだけ、砂を炊いてご飯を作ろうとしても食べられたものじゃない）とある。

明《みん》の朗英《ろうえい》の『七修類稿《しちしゅうるいこう》』の「ことわざの道理」第三項目に、「嫁もらうまでは『越河跳井』（河を越え井《せい》に跳ぶ）、もらった後は『**担雪塡井**』、やがて子どもが多くなり養育できないと『投河奔井』（河に投じ井に奔《はし》る）という。ふざけた言い方だが、深い道理がある」という。

「越河跳井」と「投河奔井」は同じ意味、「川や井戸に飛び込んでやる！」、生きるの死ぬのと騒ぐこと。だがそうやって迎えた恋女房が「担雪塡井」とはどういうことか。幸せには結びつかない無駄な努力というのですか、朗英先生。

（小川　陽一）

東道主人《とうどうしゅじん》　酒食をもって客をもてなす

もともとの意味は文字通り、東側の道路の主人ということであるが、広く酒食をもって客をもてなすという意味に用いられる。この故事は『春秋左氏《しゅんじゅうさし》伝《でん》・僖《き》公《こう》三十年』に由来する。

紀元前六三〇年、晋《しん》と秦《しん》の連合軍が鄭《てい》を攻めた。晋は鄭の西方の函陵《かんりょう》に、秦は鄭の東方の氾南《はんなん》に軍を置いた。鄭は局面の打開を図ろうとして、燭之武《しょくしぶ》という老人を秦に出向かせた。燭之武は秦王に説いた。

「二大国に攻められ、鄭は滅亡を覚悟しております。しかし、鄭を亡《ほろ》ぼすのは晋を間に置いてのこと。それだけでも大変なのに晋が鄭を亡ぼして領土を広くすれば、秦に対して大きな脅威となりましょう。もし鄭をそのままにして〝以《もっ》て東道の主と為《な》し〟、使者の往来の際に物資の補給地とすれば、何の害もありますまい」

秦王はこのことばを聞き入れて軍を引き揚げた。晋もまた軍を引き鄭は救われたのである。外交は互いの利害をどう調整するかにかかっている。それは今も変わらない。

（清宮　剛）

終天之慕《しゅうてんのぼ》　永遠の思慕の情

十二月になると、喪中により年末年始のあいさつを遠慮する旨のお便りが届く。ひとしお人生の迅速無常を感じる。お盆と並んで故人がしのばれる時期だ。

他界した父母への終わることのない思慕の情を**終天之慕**という。「天が終わるまで続く思慕の情」「終わる事のない思慕の情」「永遠の思慕の情」の意味だ。『孟子《もうし》・万《ばん》章《しょう》篇上』には「大孝《たいこう》は身を終わるまで父母を慕う」という。

人は子供の時には父母を慕い、異性を愛するようになると若い美人を慕い、妻子を持つと妻子を慕い、主君に仕えると主君を慕う。しかし「大孝は身を終わるまで父母を慕う」。真の親孝行者とは一生変わることなく父母を慕うものだ。古代の聖人舜《しゅん》がそうであった。

「終天之痛」「終天之恨」も父母の死を悼《いた》み悲しむ気持ちを表す同類のことばだ。父母は子にとっては「罔極之《もうきょくの》恩《おん》——極まることなき恩」があるからだ。

（小川　陽一）

佳人薄命《かじんはくめい》　美人はとかく幸薄く

佳人薄命ということばは、花の命は短くて、美人はとかく短命なものという意味に理解されている。『紅楼夢《こうろうむ》』の林黛玉《りんたいぎょく》や堀辰雄『風立ちぬ』の節子さん、夏目雅子やダイアナ妃など思い浮かべたりする。

しかし命は本来、寿命の意ではなく運命の意。だから美人はとかく幸薄《さちうす》いというのが元来の意味。美人ゆえに運命に翻弄《ほんろう》されて、不幸な目にあうことが多いというのである。蘇軾《そしょく》はまだあどけなさの残る美しい尼童に詩を贈って、「古《いにしえ》より佳人多くは命《めい》薄し」、お寺にこもっていると、じきに春も終わってしまうよ、と語りかけている（「薄命佳人」）。

「夢の壁」。中国で十五歳の誕生日に少年がこの壁を枕《まくら》にして眠ると、自分の未来が見えるという。ただ女の子は決して壁には行かない。女の人の生活は男の人しだいだからだ。昔から女はそういうものだと祖母は語る（加藤幸子『夢の壁』）。

そのように昔は男に左右されて幸薄き人生を強いられた美女も、今や自ら運命を拓《ひら》き、多幸長命の時代となった。

（島森　哲男）

月寒江清《げっかんこうせい》　冬の月、水面に映える清い光

「館娃《かんあい》日落ちて歌吹《かすい》深く／月寒く江清く夜沈沈《ちんちん》」（館娃宮に日は落ちて歌や笛が盛んに奏でられ、月は寒く江は清く夜はしんしんとふけて行く）（李白《りはく》「白紵辞《はくちょじ》」）

館娃宮とはかの有名な呉《ご》王夫差《おうふさ》が越《えつ》を破った後に美人西施《せいし》を住まわせ、ともに歓楽を尽くした場所で、現在の江蘇《こうそ》省呉県の霊巌山《れいがんざん》（手もとの地図では霊岩山となっている）にその故址《こし》がある。古く呉の国の人は美人を娃と言ったのでこの名がつけられた。

古来蘇州《そしゅう》は水の都として知られ、多くの詩人がこの地を詩に詠んでいる。この詩の「江」は、太湖《たいこ》かその支流であろう。白居易《はくきょい》「霊巌寺」の詩に「館娃宮畔《はん》千年の寺／水闊《ひろ》く雲多くして……」とあるように、眼前に水がひろびろと開けている場所である。

冬の月が冷たく天空にはりつき、清い光が水面に映える。そして歌と美人。呉王夫差と西施の豪奢な遊びに思いをはせながら歌ったものであろう。李白若いころの作か。

（清宮　剛）

一意専心《いちいせんしん》　目標に向かいひたすらに励む

「意を一《いっ》にし、心を専《もっぱ》らにすれば、耳目《じもく》みだれず、遠しといえども近きがごとし」とは『管子《かんし》』という古典にみえることばです。

一意専心、精神をひとつのことに集中し、よけいなものを見聞きせず、つまりわき目も振らずにひたすらに励めば、遠い目標もやがて到達できる、というのです。

人間国宝と呼ばれるような方たちは、皆さん実に良い顔をしておられます。芸能であれ工芸であれ、一意専心、長くひとつのことに打ち込んで磨き上げてきた厳しさと自信が、おのずから顔に表れてくるのでしょう。

ちかごろ気になることばにフリーターというのがあります。若い人が定職につかず、日当かせぎで気ままに暮らす、失業かと思うとさにあらず、仕事に束縛されるのがいやなのだそうです。それでも餓え死にする心配のない結構な世の中になったのでしょうが、一意専心、ひたすらに打ち込めるものを見いだせないとすると、気の毒なことです。

（村上　哲見）

不即不離《ふそくふり》　密着せず、距離をおかず

仏教語。たとえば善と悪、山と河。両者は違ったもの（不即）だが、また一枚の紙の裏表のような関係にある（不離）。身の回りのすべての事柄に対するこのような考え方を示すことばであった。

のち仏教から離れていき、対象に対して密着せず（不即）、距離をおかず（不離）、一定の関係を保つことを意味するようになる。

「詠物詩は難しい。主題に密着すると廻りくどくなり、主題から離れるとぼやけてしまう。だから主題に対して不即不離でなくてはいけない」（銭泳《せんえい》『履園叢話《りえんそうわ》』）。これは文学表現についての指摘だが、また人間関係について述べた例もある。

「嫁入り先の家の人たちに対して、彼女の態度は自然そのもの、いつも不即不離でした。夫の両親は、ニコニコです」（『児女英雄伝』）

だが不即不離の人間関係とは、虹《にじ》のようなものなのだろう。それは美しいけれど、決して手に入れることができない。

（小野　四平）

井底之蛙《せいていのあ》　世間を知らずに威張るむなしさ

「井の中のかわず、大海を知らず」、単に「井の中のかわず」といっただけでも通用するポピュラーなことわざですが、中国では**井底之蛙**、もとはというと『荘子《そうじ》』という紀元前の古典にみえるお話です。

くずれた井戸は使う人もなくて平穏無事、そこにすむカエル、周りを見まわせば小さな虫やオタマジャクシ、そこでわがもの顔に大威張り、やって来た大海亀にいいます、君も入りたまえ、楽しいよ。大海亀が入ろうとすると、片足を入れただけでつかえてしまって後ずさり、カエルに海の大きさを話して聞かせます。カエルはびっくり仰天、気絶してしまいました。

イソップの寓話《ぐうわ》に、牛のように大きく見せようと一生懸命おなかをふくらませ、とうとうおなかを破裂させてしまったカエルが出てきますが、これとどこか似ていますす。カエルというのは東でも西でも、あまりいい役はやらせてもらえないようで、かわいそうです。

（村上　哲見）

六波羅蜜《ろくはらみつ》　仏教の基本的な実践徳目

京都に六波羅という地がある。むかし探題《たんだい》がおかれたことでよく知られるが、仏教語の**六波羅蜜**にちなむといわれる。

六つの波羅蜜（梵語《ぼんご》パーラミタの音写。漢訳は到彼《とうひ》岸《がん》・度）で、仏教の基本的な実践徳目《とくもく》である。

ほどこし（布施《ふせ》）、戒律を守る（持戒《じかい》）、苦難をたえ忍ぶ（忍辱《にんにく》）、たゆまぬ実践（精進《しょうじん》）、精神の統一（禅定《ぜんじょう》）、悟りへの智慧《ちえ》（智慧）である。うらがえせば、ものおしみ（慳貪《けんどん》）、戒を破る（破戒）、いかり（瞋恚《しんに》）、なまけ（懈怠《けだい》）、うわつく（散乱）、おろか（愚痴）をなおすことになる。

さらに布施には財施、法施、無畏施《むいせ》があるというように詳しく、経典によってはさらに細かく説かれるが、肝要なのは智慧で、前の五つはそれを得るための準備手段として要請されるという。

『太平記《たいへいき》』に、「仏果を証ぜん為《ため》に**六波羅蜜**を行ひける に已《すで》に五波羅蜜を成就しぬ」とあるのはそのこと。

（荘司　格一）

三界《さんがい》火《か》宅《たく》　この世は苦しみのみ

三界は火宅なり。仏教でいう三界は、欲望にとらわれたものの住む欲界、欲望をこえたが物質にとらわれているものの住む色界《しきかい》、それらをこえた精神の世界である無《む》色《しき》界（この最高のところが有頂天《うちょうてん》）で、迷いの世界のこと。火宅は火に包まれた家。

この世は苦しみのみで安楽なことはない、あたかも火の燃えさかる家のようだということで、『法華経《ほけきょう》』の「三界無安　猶如火宅」（三界安きことなし　なお火宅のごとし）による。

原始経典には、「全世界は欲望の火が燃え立っている。焼かれている。焦がされている。揺らいでいる。老いと死の火がついている」と在家《ざいけ》の生活をたとえている。蓮如上人《れんにょしょうにん》も「殊に三界無安　猶如火宅といへるも今こそ身には知られたり」という。

川柳の「三界むあんのはずだに二《ふ》た世帯」（『柳多留《やなぎだる》』）は、仲むつまじく暮らす二所帯に感じいっての句か。狭いながらも身を寄せあう姿はほほえましくもうらやましい。

（荘司　格一）

情天《じょうてん》孽海《げっかい》　男と女が陥る恋の闇路《やみじ》

もとより恋は迷うもの。「味気《あじき》なと迷ふものかな　しどろもどろの細道」（『閑吟集《かんぎんしゅう》』）。情けなくやるせなく、どうにもならぬほどに、踏み迷ってしまう恋の細道。道行きはしどろもどろ……。ふだん理性的に見えても、いったん恋に陥《おちい》れば歯止めもきかぬ愚かさ、弱さ。

そんな恋に憑《つ》かれた男と女が陥る果てしなく浮かぶ瀬《せ》のない恋の闇路を、中国では**情天孽海**という。情は恋情・情欲、孽は罪悪・わざわい。それが天のごとく果てしなく、海のごとく深く暗いということ。

『紅楼夢《こうろうむ》』のお坊っちゃん、賈宝玉《かほうぎょく》が夢の中で訪れた仙女の世界、太虚幻境の楼門《ろうもん》に大きく書かれていたのが「孽海情天」の四文字。

進めば部屋がたくさんあって、それぞれ「痴情《いろこい》ざた」「怨《うら》みを結ぶ」「朝《あした》に啼《な》く」「夜に怨む」「春に感ずる」「秋に悲しむ」の表札。

中には天下の女たちひとりひとりの生涯が、あらかじめ帳簿に記され分類されていた。人の生涯はすべて**情天孽海**のうちということだ。

（島森　哲男）

望梅止《ぼうばいし》渇《かつ》

梅を思い浮かべ渇きをしのぐ

「梅を望みて渇きを止《とど》む」。酸っぱい梅を思い浮かべて、のどの渇きを一時的に我慢すること。

魏《ぎ》の武帝《ぶてい》（曹操《そうそう》）が行軍中に、水場に通じる道が分からなくなった。兵士たちはのどの渇きを訴えた。

武帝は「前方に梅林があり甘酸っぱい実がたくさんなっている。のどの渇きをいやすことができる」と言った。兵士たちはこれを聞いてつばが出て渇きを止めることができ、やがて水源にたどり着くことができた。

話は『世説新語《せせっしんご》・仮譎篇《かきつ》』に見える。仮譎というのは人を欺《あざむ》くことを言い、この篇にはすべて人を欺いた話が収められている。この話は兵士の苦しみを救うためのうそであるが、このほかに曹操の残忍な性格を思わせるものも多く含まれている。

梅には確かに渇きをいやす力があるらしい。登山家が梅酒の材料とした梅を持参するという話を聞いたことがある。中国にも「梅干」があるが、乾燥させて糖をまぶした甘酸っぱいものである。

（清宮　剛）

掌上明珠《しょうじょうのめいじゅ》

大切な愛する人

掌上は、手のひらの上。明珠は、珍貴な宝石。**掌上明珠**は、大切な、愛する人をたとえていうときのことば。

棄《す》てられた妻の嘆きを、晋《しん》の傅玄《ふげん》がこう歌った。「むかし、掌中珠《しょうちゅうじゅ》／いま、どぶの中／あの人は、もう／私を見向きもしない」（『楽府《がふ》詩集』）。この中の掌中珠は、夫にとっての愛する妻を意味していた。

この後、表現は掌珠《しょうじゅ》（白居易《はくきょい》）、掌上珠《しょうじょうじゅ》（王宏）から**掌上明珠**（辛棄疾《しんきしつ》）となり、今日に至っている。また用法も変わって、両親にとっての最愛の児女を指すようになる。

「四十歳の林如海《りんじょかい》は、昨年、三歳の一粒種の息子を喪《うしな》いました。今は、五歳になる一人娘の黛玉《たいぎょく》だけです。黛玉は、夫妻にとって**掌上明珠**です」（『紅楼夢《こうろうむ》』）

日本では、掌中の玉という。「両親掌中の玉のごとくいとおしみ育てけるにぞ」（山東京伝《さんとうきょうでん》『心学早染艸《しんがくはやそめくさ》』）のように用いた。後になると、花柳界で働く女性を指す例もみられる（泉鏡花《いずみきょうか》、永井荷風《ながいかふう》）。一語の変容が面白い。

（小野　四平）

別有天地《べつにてんちあり》　現実の人の世とは違う別の天地

どうしてこんな山の中に住んでいるのですか、ゆったりとほほ笑むだけで答えない。李白《りはく》の「山中問答《さんちゅうもんどう》」という詩の前半二句です。

後半は、川の水は桃の花びらを浮かべてはるかに流れ去る、ここには現実の人の世とは違った別の天地がある（「桃花流水窅然《ようぜん》として去る、別に天地の人間《じんかん》に非《あら》ざる有り」）の二句。

蘇州《そしゅう》の名園のひとつ拙政園《せっせいえん》は、広大な敷地がいくつかに区切られ、それぞれが趣向を凝らしていますが、「別《べっ》有洞天《ゆうどうてん》」の額を掲げる一画があります。洞天は壺中天《こちゅうてん》と同じく、閉じられた狭い空間に自分だけの別天地を見いだす意、**別有天地**の一種といえます。

人は現実の世の中を逃れて別天地を求めるもの。李白は川が桃の花びらを浮かべて流れる山中の景を詠じ、拙政園は壮大な庭園の一隅に閉ざされた空間を設けることでそれを表現しております。

詩人でもなく大金持ちでもない私たちは、詩を読み庭園を訪ねて空想の世界に遊ぶしかないようです。

（村上　哲見）

悪人正機《あくにんしょうき》　悪人の方が往生しやすい

「善人なおもて往生をとぐ、いわんや悪人をや」（善人でも往生できる。悪人はなおさらである）（『歎異抄《たんにしょう》』）

一見逆説的なこのことばは親鸞《しんらん》の教えとして重要なものである。善人よりも悪人の方が往生しやすいというのはどういう意味なのであろうか。

古来さまざまな解釈がなされているが、善を積み往生を願う人は自己の努力を信じ、弥陀《みだ》にすべてを任せるという心に欠けるのに対し、罪業《ざいごう》を意識し、自分はどうしようもない人間だと気付いた人は、自己をひたすら弥陀にあずけるからだという意味が本意に近いようである。親鸞の教義の中心は弥陀の本願（他力）を頼むことにある。

こう考えると、悪人とは悪をなしつづけて反省しない人のことではなく、自己の悪に気付きそれを反省し、すべてを弥陀にあずける人のことをいうのであろう。こういう悪人に人はなかなかなれない。キリストもまた原罪をいい、「悔い改めよ」という。

（清宮　剛）

結跏趺坐《けっかふざ》　悪魔を追い払う威力をもつ坐形

結は交わらす、跏はあぐらをかく、趺は足の甲、坐は坐り方。足の裏を見せるように股《もも》の上にのせて足を組んだ形で、吉祥《きちじょう》坐と降魔《ごうま》坐とがある。右足で左足を圧《お》す形の坐法と反対の坐法で、吉祥坐（蓮華《れんげ》坐とも）が最も理想的で悪魔を退散させる威力を持つという。

原始経典に「行乞《ぎょうこつ》から帰って**結跏趺坐**し、念《おも》いを集中して執着を離れ、煩悩《ぼんのう》から解脱《げだつ》しない限りこの坐法をやめないと決意する比丘《びく》（修行僧）こそこの森を輝かす」と釈尊のことばを記す。

道元《どうげん》禅師は「まず右足を左のももの上に、ついで左足を右のももの上に安《やす》んずる。半跏趺坐はただ左足をもって右のももを圧《お》すだけである」（『普勧坐禅儀《ふかんざぜんぎ》』）と述べるが、インドの仏像はみな右足をもって左足を圧す形で、禅師のとは違う。おそらく中国で六世紀のころ、このように変わったのであろうといわれる。手の組み方、目、親指にもいささか違いがある。坐法にもこうした変化が見られる。

（荘司　格一）

弱肉強食《じゃくにくきょうしょく》　強い者が弱い者を押しつぶす

弱い者の肉を強い者が食う、**弱肉強食**は自然の原理をそのまま表現したような四字ですが、どういう文脈の中で登場したかを知っておいた方がよいでしょう。

このことばの初出は九世紀、唐代随一の文章家・韓愈《かんゆ》の「浮屠文暢師《ふとぶんちょうし》を送る序」とされております。

韓愈はいいます、鳥や獣はびくびくと用心していても**弱肉強食**を免《まぬか》れない。これに対し人間が安らかに生活しているのは、道徳、礼儀、制度が天下に行きわたっているからだ、と。つまり**弱肉強食**は鳥獣の世界の原理であって、人間の社会は違うということを強調しているのです。

たしかに強い者が威張れるのはスポーツとしての格闘技ぐらいのもの。暴力行為は犯罪、**弱肉強食**を許さないというのが文明社会の基本、弱者優先こそ最も人間的といえるでしょう。しかしそうはいいながら、金の力や権力などが弱い者を押しつぶすようなことはなくなりそうにありません。

（村上　哲見）

狂言綺語《きょうげんきご》　文学活動や芸能、昔仏教の敵

「きょうげんきぎょ」とも読む。

中国唐代の詩人白居易《はくきょい》は仏教を深く信じたから、戒律できびしく戒《いまし》められていた文学活動を逆に功徳《くどく》とすることを願った。自分にはそれしかないのだからというのである。

狂言綺語とはこの文学活動や芸能をいう。もともと道理にはずれた語を狂言、あやぎぬ（綺）のように巧みに飾りたてたことばを綺語（雑穢語《ぞうえご》ともいい、十悪の一つとされる）といった。仏の教えに対して、文学、芸能は人を楽しませることを目的とし、善人、賢人をにくみそこなうからというのである。それを逆転させた白居易の考えはわが国では支持され、のち五山《ござん》文学という仏教文学をも生む。

しかし一方で、きびしく拒絶した高僧もいる。高山寺《こうざんじ》の明恵上人《みょうえしょうにん》は「風月の情は狂言綺語の友となり、遊戯《ゆげ》放《ほう》逸《いっ》の媒《なかだち》となる」といい、道元《どうげん》禅師は「文筆詩歌等其《そ》の詮《せん》なき事なれば捨つべき道理なり」（『正法眼蔵随聞記《しょうぼうげんぞうずいもんき》』）といましめる。

（荘司　格一）

遏雲之曲《あつうんのきょく》　美しくすぐれた歌曲

美しくすぐれた歌曲のたとえ。遏《あつ》はとどめるの意。空ゆく雲をおしとどめるほど優美な曲をいう。

薛譚《せったん》という男が秦青《しんせい》を師として歌を学んだ。秦青のうまさには達していないのに、自分では会《え》得《とく》したと思い、いとまごいをして家に帰ろうとした。秦青はとくに引きとめもせず、彼のために送別の宴を開いた。その席で秦青は悲しみをこめて歌をうたったところ、その歌声は木々をゆるがし、その響きは空ゆく雲をおしとどめるように素晴らしかった。薛譚はそれを聴いて再び弟子となり生涯家に帰るとはいわなかった（『列子《れっし》・湯問《とうもん》篇』）。

音楽が人の心を感動させ、さらには自然界・神をも共感させるというのは、世界中によく伝えられることである。孔子は理想の世界を「礼」と「楽」によって構築しようとした。

雅楽は現在、お正月ぐらいにしか聞かなくなったが、あの荘重な響きの中に敬虔《けいけん》な天への祈りが込められている。

（清宮　剛）

楽天知命《らくてんちめい》

運命を受け入れ楽しむ

自然の道理に順応して、天から与えられた運命を運命として楽しむこと。易《えき》の哲理を説く『易・繋辞伝《けいじでん》・上』に「天を楽しみ命を知る、故に憂えず」とある。

孔子《こうし》は「五十にして天命を知る」と言っているが、天から与えられた運命、あるいは天から命じられた使命が何なのか、凡人のわれわれには、五十を越してもいっこうに分からない。楽天の境地などとてもとても。周囲の激しい状況の変化にただ右往左往する毎日で、自分ひとりが**楽天知命**していられる状況ではない。

楽天知命して憂えないはずの孔子が、深い悲しみに沈んでいる話が『列子《れっし》・仲尼篇《ちゅうじ》』に見える。

弟子の質問に答えて、むかしはそう言ったが、世の退廃を前に、おのれひとりが**楽天知命**の境地に安んじてはいられないのだと述懐している。

孔子先生でさえそうだとすれば、われわれもそう簡単に**楽天知命**してしまわずに、ああでもないこうでもないと、自ら悩み世を憂えていていいのかもしれない。

（島森　哲男）

川上之嘆《せんじょうのたん》

時の迅速と慌ただしさ

孔子《こうし》は川のほとりで、とうとうとしてやむことのない水の流れを見て、万物の推移に思いをはせ、「逝《い》くものはかくのごときか、昼夜をおかず」と深い感慨にひたった（『論語《ろんご》・子罕篇《しかん》』）。世に**川上之嘆**という。六世紀の周興嗣《しゅうこうし》の「千字文《せんじもん》」にも「川流不息」（川流れてやまず）とある。

時の流れは一定なのに、年末ともなると、急に速くなって、年が凋落《ちょうらく》していく「一年容易」の感に襲われる。五世紀の鮑照《ほうしょう》の「舞鶴賦《ぶかくのふ》」に「急 景凋 年《きゅうけいちょうねん》」という。後世、時の迅速と慌ただしさをいう年末の決まり文句となった。

あるとき、お月さまとお日さまと雷さまが旅行して、一緒に泊まった。翌朝、雷さまが目を覚ますと、お月さまとお日さまはいなかった。宿屋の主人が「もうお立ちになりました」と言うと、雷さま「月日が立つのははやいものだ。わしは夕立にしよう」。

亡父の小学校時代の国語の教科書にあった笑い話だ。これを聞いてからもう五十年になる。月日のたつのは、速いものだ。

（小川　陽一）

酒色財気《しゅしょくざいき》

飲酒、色情、財欲、短気

飲酒、色情、財欲を酒色財といい、これにおぼれることを昔から戒《いまし》めてきた。

「私は生涯を通して酒色財を避けてきた」と語ったのは、後漢《ごかん》の楊秉《ようへい》だった（『後漢書《ごかんじょ》』）。下って明《みん》の王褘《おうき》は、こう書いている。

「財は身を滅ぼす穽《おとしあな》、色は身を殺す斧《おの》、酒は腸を毒する薬だ。これに近づかなければ、災厄は少ない」（『華川《かせん》巵辞《しじ》』）

気（短気）が加わって**酒色財気**ということばができるのは元《げん》のころで、「名利のきずなを絶ち、**酒色財気**を斬《き》れば、得道して仙人になれる」（賈《か》仲明『昇仙夢』）のような例がある。

だが酒食財に比べて気の受けとめ方は、少し違っていたらしい。こんな話がある。理髪師の父と一緒に出入りしていた屋敷で、人柄を見込まれた韓大倫が、屋敷の主人から声をかけられた。「きみは、**酒色財気**の戒《いまし》めを守れるかナ」。「ハイ、酒色財は守れます。が、気は分かりません」。主人はこの応対を善しとして、大倫を養子に迎えることにした（著者不詳『東南紀聞』）。

（小野　四平）

明窓浄几《めいそうじょうき》

文人生活の理想的な環境

訓読すると「明るい窓に浄《きよ》らかな几《つくえ》（机）」です。「**明窓浄几**にして、筆硯紙墨《ひっけんしぼく》みな精良を極むるは、またおのずからこれ人生の一楽なり」とは、宋代を代表する文人のひとり、蘇州《そしゅう》の名園滄浪亭《そうろうてい》を造ったことでも知られる蘇舜欽《そしゅんきん》のことばで、文人生活の極致《きょくち》を表しております。

筆硯紙墨、すなわち筆、硯《すずり》、紙、墨はいわゆる文房四宝《ぶんぼうしほう》（一〇四ページ参照）、文房四友《しゆう》ともいいます。本来は文字を書く道具にすぎませんが、文人趣味はこれらを洗練された芸術品に育て上げました。

文房は書斎。明るい窓に浄らかな机の書斎で、選び抜いた筆硯紙墨を友として時を過ごす、これが文人生活の理想的な姿です。

私は久しく座卓を愛用しておりますが、それは本や資料を部屋中に広げられるからです。ということは机の上はいつも満杯、硯箱なども乱雑に積み上げた本に埋もれて、めったに開けません。歳末には部屋を片付けて、**明窓浄几**で元旦を迎えたいと思ってはいるのですが、どうなりますことやら。

（村上　哲見）

百八煩悩《ひゃくはちぼんのう》

心身を悩ます一切の精神作用

毎年のことながら大晦日《おおみそか》の夜は、過ぎ去った一年にさまざまな思いをはせながら除夜の鐘を聞く。苦しみも悲しみも百八の鐘の音とともに消し去って新たな気持ちで新年を迎えようとする。日が一日改まるだけなのに人々はこの夜に特別の意味を感ずるのだ。

煩悩とは心身を悩ます一切の精神作用のことであり、百八あるといわれている。百八の数え方はさまざまあるが、六根《ろっこん》（眼《げん》、耳《に》、鼻《び》、舌《ぜっ》、身《しん》、意《い》）が六塵《ろくじん》（色《しき》、声《しょう》、香《こう》、味《み》、触《そく》、法《ほう》）に対する時、それぞれ好、悪、不好不悪の三種があって十八煩悩を生じ、また苦、楽、不苦不楽の三受があって十八煩悩を生じる。この三十六を過去、現在、未来に配して百八とするという。

普段意識することはないが、人間にはこんなに多くの煩悩がある。百八の鐘の音を心静かに聞きながら、煩悩を消し去って行きたいものである。消し去れずとも悩むことはない。「煩悩則菩提《ぼんのうそくぼだい》」ということばもあるのだから。

（清宮　剛）

白駒過隙《はっくかげき》

人生はさっと走り過ぎて行く

人生は短く、時間が過ぎるのは速いということは、古今東西いろいろな表現がありますが、これもそのひとつ。出典は『荘子《そうじ》』の「人の天地の間に生くるや、白駒の隙を過ぐるがごとく、忽然《こつぜん》たるのみ」という一節、隙はすき間、忽然はたちまち。

すき間からのぞいている前を白い馬がさっと走り過ぎて行く、人生とはそんなものだというのです。黒い馬でも茶色い馬でも良さそうなものですが、ここはやはり白い馬、白駒というところがあざやかな印象を与えます。

さていろいろと話題になった世紀の交替でしたが、今は二十一世紀、時間とは不思議なもので、影も形もないのに確実に過ぎて行きます。もともと区切りなどがあるはずはなく、二十世紀、二十一世紀といっても、時間そのものには何の違いもないのですが、何となく違うような気がするのはどういうわけでしょう。**白駒過隙**の人生ですが、私たちは二つの世紀にまたがって生きることになりました。

（村上　哲見）

五福駢臻《ごふくへんしん》

五福が集まりますように

「五福ならびいたる」（五福がそろって集まりますように）という祝福のことば。

「五福」は古く『書経《しょきょう》・洪範篇《こうはん》』にあるもので、長寿・裕福・健康・道徳を好む・天命を全うする、の五つ。これとは別に、長寿・裕福・出世・健康・多子、を指すこともある。

中国では、めでたい文句を書いた一対の赤い紙（春《しゅん》聯《れん》）や、鍾馗《しょうき》など魔よけの神様の絵（門神）を、入り口に張って新年を迎える。

やや大きめの正方形の紙を、四隅が上下・左右になるように置き、「福」の字を大書したり、「吉祥如意《きっしょうにょい》」を四隅に一字ずつ小書して、戸に張ったりもする。この「福」字の紙は、張るときに上下を転倒させる。「倒福」は「到福」と同音で、福が到るように、というシャレだ。わが家でも玄関に張ったことがあるが、「ひっくり返っている」と何度も注意された。そのたびに説明したが、めんどくさくなって、「倒福」はやめにした。そうしたら福が来ない。長寿・裕福・健康の三福だけでも来てください。

（小川　陽一）

自由自在《じゆうじざい》

何ものにもとらわれない境地

ふつう、思いのままであることだが、仏教語としては、何ものにもとらわれない境地、心のままにしてさわりなく、のびのびした心境、またそうしたはたらきを意味する。だから仏のことを自在人ともいう。

もともと、自らに由《よ》る、自ら在《あ》る意であるから。主体性をしっかりもち、自主的に行うという積極的な意味をもつ。しかし、自由には勝手気ままに振る舞う意味もあり、仏教語としても二様に用いられる。

「生死に染まらず、去住自由なり」（『臨済録《りんざいろく》』）とはとらわれのないことであるが、「縦任《しょうにん》自由、之《これ》を我《が》という」（『維摩経《ゆいまきょう》』の注）とは勝手気ままのことをいう。

禅宗の経典では前者の意に用いられることが多い。ことに唐宋以後、たとえば「法において**自由自在**にして手にまかせて拈《ねん》じ来たるにあやまちなし」（『碧巌録《へきがんろく》』）のように用いられる。

〝真の自由人〟とは、だから禅の真髄に徹した人のことで勝手気ままに振る舞う人ではない。

（荘司　格一）

安歩《あんぽ》当車《とうしゃ》　足るを知り、恩恵を貪《むさぼ》らない

粗末な生活に安んじ、外からの恩恵を貪らないことのたとえ。安歩はゆっくり歩くこと。話は『戦国策《せんごくさく》・斉《せい》策《さく》』にある斉の宣王《せんおう》と隠者《いんじゃ》の顔斶《がんしょく》のやりとりによる。

宣王が隠者である顔斶を召し出し、自分に仕えさせようとした。その面会の席上で、王と士とではどちらが貴いかという議論になった。顔斶は過去の歴史的事例や『老子《ろうし》』のことばを引用しながら士が王に勝る理由を説いた。このことばによって宣王は態度を改め、自分が顔斶の弟子になることを願い、かつ次のように申し出た。「食事は肉のついた最高の料理。外出には車を用意し、妻子の方にも美しい衣装を差し上げましょう」

これに対し、顔斶は次のように言ってその申し出を断った。「私は肉の代わりに腹がすいたら食べ、車の代わりにのんびり歩けばそれで十分です。どうか郷里に帰らせてください」と。

まさに隠者の真の生き方である。「足るを知る」というのは老荘思想の大切な教えであるが、実行できる人は少ない。

（清宮　剛）

爆竹除旧《ばくちくじょきゅう》　旧年の悪鬼追放し新年を迎える

爆竹除旧（爆竹もて旧を除く）は、「桃符更新《とうふこうしん》」と並ぶ中国の正月（旧暦）風景である。

大みそかの真夜中や元日の早朝に爆竹を鳴らして、旧年を送り新年を迎える。古代には青竹を焼き、後世には火薬を紙に巻いて焼いた。そのとき出る激しい音で悪鬼・妖怪《ようかい》を追い払おうとしたもの。古く六世紀の宗懍《そうりん》『荊楚歳時記《けいそさいじき》』以来諸書に見え、今も盛大に行われている。今では正月以外に、祭日やめでたい行事のときにも、景気づけに行われる。

宋《そう》の王安石《おうあんせき》の「元日」の詩に、「爆竹声中一歳除かれ／東風暖を送りて屠蘇《とそ》に入る／千門万戸曈曈《とうとう》の日／争いて新桃を挿して旧符を換う」（爆竹の響きの中で旧年が送られ、屠蘇を飲んでいると春風が暖かく吹いてくる。どの家もみな初日の輝くなかで、桃符の張り替えに忙しい）とある。

桃符は家の入り口の左右に張る一対の魔よけのお札。昔は桃の板で作ったが、後世は紙になった。正月になると新しいのに張り替える。やはり『荊楚歳時記』などに見える。

（小川　陽一）

述而不作《のべてつくらず》　古人の祖述で独創ではない

四半世紀も前のこと。林竹二学長の首導による学校教育の実践研究に取り組んでいた宮城教育大学が、教授学担当教授として斎藤喜博先生を迎えた。先生は群馬県の小学校長として、当時もっとも著名な教育者だった。

林・斎藤の両先生を囲む研究会の、ある日の例会でこんなことがあった。「私は、いつも独創を心がけてきた。教育も芸術と同じです」と、斎藤先生。その時、林先生が席を立って板書した。「述而不作、信而好古」（述《の》べて作《つく》らず、信《しん》じて、古《いにしえ》を好《この》む）。「これは孔子《こうし》のことばです。**述而不作**というのは、私のことばは古人の祖述であって独創ではない、という意味です」。林先生は、次のようにことばを結んだ。「私は、自分のことばが古人と同じでないことを、いつも恥ずかしく思っています」。すかさず「これは、いいことばですね」と斎藤先生。そして黒板の文字を丁寧に手帳に写していた。

妥協のない両先生の応酬を、息をのんで見つめていたことが忘れられない。

（小野　四平）

大地回春《だいちかいしゅん》　世の中の情勢が好転する

中国の正月は旧暦。春節《しゅんせつ》という。今年（平成十三年）は、一月二十四日が元旦。そのころを**大地回春**、あるいは大地春回という。冬が終わり春が来て、大地が一面の緑に変わること。また、世の中の情勢の好転することにもいう。

中国革命の前夜。革命運動に参加して捕らえられた人々の、獄舎で春を迎える様子を描いた小説がある。「第三号室の正月用の掛け軸は、古人の詩だ。『庭の中の春は閉じこめておけない／紅の梅が顔を出し／垣根の外を眺めている』。そして、横額には『大地春回』とある。部屋の中は明るくて、ユーモラスな気分でいっぱいだ」（『紅岩《こうがん》』）

十六年前のこと。私は初めての春節を北京で迎えた。元旦の午前零時。一斉に鳴り響いた爆竹の轟音《ごうおん》。その中に北京の街が沈没するかと思ったものだ。この習慣は古くからのもので、人々に害を加える悪鬼どもを追い払うためのものだったという（『荊楚《けいそ》歳時記《さいじき》』）。

日本では爆竹は無理。せめて大地回春と墨書して景気の回復を祈るとしよう。

（小野　四平）

君子《くんし》三戒《さんかい》　少・壮・老の慎むべきこと

少年期、壮年期、老年期のそれぞれに応じて君子たるものの慎むべきこと三つについて孔子《こうし》が述べたものである。

「少《わか》き時は血気いまだ定まらず、之《これ》を戒《いまし》むること色に在り」（若い時は血気が不安定であるから女色の失敗を戒めとせよ）

「其《そ》の壮なるに及んでは血気方《まさ》に剛《ごう》なり、之を戒むること闘《とう》に在り」（壮年となって血気が今や盛んという時には争いに注意せよ）

「其の老ゆるに及んでは血気既に衰う、これを戒むること得《とく》に在り」（老年となって血気が衰えると利益を貪《むさぼ》るようになる、警戒すべきものは貪欲《どんよく》にある）（『論語・季氏《きし》篇』）

若い時の色、壮年のけんか、老年の欲に注意せよと言うのであるが、孔子は実によく人間の本性を観察している。自分や周囲の人をみてなるほどと肯《うなず》く方も多いであろう。筆者も孔子の時代で言えば老年なのであろうが、まだまだ色も闘も止められない。せめて自己の戒めのことばとしたい。

（清宮　剛）

一見鍾情《いっけんしょうじょう》　一目惚《ひとめぼ》れ

ひとたび会っただけで感情がその人に集中してしまうこと。一目惚れ。「鍾」は集まって固まってしまう感じ。「一見傾心《けいしん》」（一目見て心を傾く）ともいう。**一見鍾情**ということばも、一目惚れという日本語も、用例は近代以降で、そう古いことばではない。

というのもむかしは男女が直接、顔をあわせる機会はめったになく、結婚式が終わって、初めて相手の顔をしみじみと見るというような具合だったから、一目惚れのしようがなかった。

元《げん》の戯曲『西廂記《せいしょうき》』の主人公、張君瑞《ちょうくんずい》と崔鶯鶯《さいおうおう》のように一目惚れした人たちもいるにはいるが、そんなはしたないことは、という受け取り方が一般的。

中国の古い屋敷には一階のホールに集まった客人の様子を上からのぞけるように、「移窓」という小窓が二階についていたから、こっそりのぞいて一目惚れした娘たちもいただろう。しかしそれはあくまで秘密の行為。男女の仲が開放されて、初めて一目惚れという行為もことばも市民権を得た。

（島森　哲男）

泰山北斗《たいざんほくと》　第一人者、最高権威

省略形の「泰斗」として使われるのがほとんどで、「斯界《しかい》の泰斗」といえば、その分野では並ぶ者のない第一人者、最高の権威ということ、大家などというよりはずっと重々しい感じがします。泰斗の二字ではどうしてそのような意味になるのかわかりにくいのですが、本来は**泰山北斗**です。

泰山は天下一の名山、皇帝が天をお祭りする神聖な山です。高さは千五百メートルほどですが、広大な平野の中央にそびえ、東の海岸から遠く離れているのに、水平線から昇る朝日を見ることができます。

北斗は星座の名、斗はひしゃく、七つの星がひしゃくの形に並んでおり、北の空を一昼夜でひとまわりするので、時刻の基準とされました。

泰山も北斗も、万人が仰ぎ見る存在の象徴です。しかしこのごろは新聞や雑誌などでも、泰斗ということばはめったに見かけなくなりました。人々が権威というものをあまり信じなくなったからかと思います。

（村上　哲見）

沿波討源《えんぱとうげん》　身近な所から次第に明確に

沿波は、水の流れに沿って行く。討源は、水源を探し求める。文章を作るときに、身近な所から出発して次第に主題を明確にしていくことをたとえて、**沿波討源**という。

文章を作ることを論じた、晋《しん》の陸機《りくき》の次のようなことばが出典とされる。「私は才能ある人物の文章を読んで、いつも彼らの文章を作る上での工夫の跡を考えてきた。……彼らは、あるいは枝を描いてその葉を写そうとし、また**沿波討源**してきたのだ」（『文賦《ぶんぷ》』）。

少し遅れて、梁《りょう》の劉勰《りゅうきょう》も次のように述べている。「文章を作る者は、まず情《こころ》が動いてそれが辞《ことば》となる。だから、文章を読む者は、文をたどりながら作者の情に入っていかねばならぬ。その時、**沿波討源**していけば、そこが幽暗《ゆうあん》だとしても必ず作者の心を見ることができる」（『文心彫竜《ぶんしんちょうりょう》』）。沿波討源が、ここでは文章を読む者の注意すべきこととして語られている。

劉勰は、さらに続ける。「時代が離れていて作者の顔が見られなくても、きちんと読んでいけば作者の心を理解できるのである」。

（小野　四平）

珍味佳肴《ちんみかこう》　本来は特別な日に食べるもの

お正月にお酒とごちそうはつきもの、紀元前の古代歌謡集『詩経《しきょう》』にみえる「正月」の詩にも「彼に旨酒《うまざけ》有り、また嘉《よ》き肴《さかな》有り」とあります。

嘉肴《かこう》はすなわち佳肴《かこう》、肴《こう》をさかなと読むのは酒に添える食べ物の意ですが、もとは肉料理のこと、日本で魚《うお》をさかなともいうのは食生活の違いが表れております。

さらに珍しい味を加えると**珍味佳肴**となりますが、古代の制度や礼法の古典『礼記《らいき》』には「庶人《しょじん》（一般人民）は故《ゆえ》無くして珍を食せず」とあって、珍味は節句や婚礼など、特別な日に食べるもの。そして「八十にして珍を常《つね》とす」とあり、八十歳になると日常的に食べてもよかったのです。

しかし今はデパートやスーパーなど、至る所に珍味売り場なるものがあり、大人も子どもも、いつでもどこでも珍味だらけ、世の中は飽食の時代、結構なことでしょうけれども、それだけにありがた味は薄く感激もなく、かえって人生の楽しみが減っているような気がします。

（村上　哲見）

盲亀浮木《もうきふぼく》　出合うことが大変むずかしい

これは仏教の喩え話。大海に寿命無量劫《むりょうごう》（はかり知れない劫をへた）の目のみえない亀が百年（三千年とも）に一度頭を波の上に出す。孔《あな》がひとつあいている木が水面に浮かび波間に漂っている。亀が頭を出したとき、ちょうどその孔に出合ったという。

また同じように一眼《いちげん》の亀が木に出合った。たまたま風が吹いてきて木をひっくりかえした。その孔から亀ははじめて日月の光を見たという例えも説かれる。

仏典に「生まれて人となるはかたく、仏にあうもまたかたし。大海原に盲《めし》いたる亀の浮木にあうがごと」（『大般《だいはつ》涅槃経《ねはんぎょう》』）とある。人間として生まれること、仏法にあうことがいかにむずかしいか。だから懸命に修行に励みなさいというのである。

白隠《はくいん》禅師は「浮木の亀や優曇華《うどんげ》の難遭難遇《なんそうなんぐ》の大法財、是《これ》に過ぎたる御《み》法《の》りあらじ」（『八重葎《やえむぐら》』）という。優曇華は三千年に一度花が咲く。

（荘司　格一）

持銭買水《ぜにをもちてみずをかう》

本質を極めてこそ無限の可能性

銭を出して水を買うようでは、銭がなくなれば水が手に入らなくなる。井戸や泉から水を汲《く》んでこそ、尽きることのない水を得ることができる。

元《げん》の尚野《しょうや》は学生に講義して、「学問の本質を身に付けずに、ただ表面的な理解だけだと、銭を持ちて水を買うようなもので、得るところは限られている。自分で井戸を掘り、泉で水を汲むことができてこそ、使い切れない水が得られる」（『元史《げんし》』巻一六四）。

学問は単なる知識や技術の習得だけでは、利用範囲が限られる。その基本や本質を身に付けてこそ、無限の活用・転用が可能になるというのだが、学問に限らない。芸術でも職人芸でもスポーツでも同じだし、カラオケだってそうだろう。

今日では、水は銭を出して買うのが当たり前になり、井戸も泉も涸《か》れるご時世だから、このたとえは時代遅れになってしまったが、尚野先生の言わんとするところは、いつまでも変わることがないだろう。

（小川　陽一）

百折不撓《ひゃくせつふとう》

くじけないで困難に向かう

いくら折り曲げても折れない。どれほど挫折しそうな困難に出合っても、決して意志を変えることがないこと。「不撓不屈《ふとうふくつ》」「百折不回」ともいう。

後漢《ごかん》の橋玄《きょうげん》は若いときから剛直《ごうちょく》で、役人の不正には敢然《かんぜん》と立ち向かい、社会の犯罪には私情を捨てて取り組んだ。その十歳の子が門前で遊んでいたとき、三人組の強盗に誘拐され身代金を要求された。警察は犯人を取り囲んだが、人質の安全を気遣い、突入をためらった。

それを見た橋玄は「誘拐犯は社会の敵だ。わが子を救うために犯人を許してよいのか」と激怒し、警察を突入させ、三人とも逮捕した。だがその子は犠牲になった。

このとき橋玄は天子に上奏《じょうそう》して、身代金目当ての誘拐犯はその場で殺してよいとのお達しを得た。以後誘拐事件はなくなった（『後漢書《ごかんじょ》』巻五十一）。

今からみれば人命軽視も甚だしいが、二千年も昔のことだ。百折不撓は後漢の蔡邕《さいよう》が、この橋玄をたたえた碑文のことばである。

（小川　陽一）

沙羅《しゃら》双樹《そうじゅ》

釈尊の入滅見守った木

沙羅の二本の樹のこと。沙羅は「さら」とも読み、「娑羅」とも書く。梵語《ぼんご》シャーラの音写で、堅固《けんご》、高遠《こうえん》の意。インド原産の落葉高木。

釈尊はクシナガラ郊外の沙羅の樹の間に臥《ふ》して入滅（心を悩ますものが完全になくなった状態に入ることから死を意味する）した。「沙羅林の双樹の間に師子の床に臥し給ひぬ」（『今昔物語《こんじゃくものがたり》』）。四辺に四株あり、一株から二本生えていたので双樹と称した。樹は入滅を悲しみ一本は枯れた（四枯四栄《しこしえい》、非枯非栄《ひこひえい》）。また白鶴のように白くなったことから鶴林涅槃《かくりんねはん》ともいう。また涅槃に入ると同時に東西、南北の樹が合わさって一樹になり釈尊をおおったとも伝えられる。

東の双樹を常《じょう》と無常に、南のを楽と無楽に、西のを我《が》と無我に、北のを浄《じょう》と不浄にたとえる。日本の葬式の「四華《しか》」はこれを象《かたど》った。

「現在のクシナガラにあちこちに沙羅の樹を見かけるが、どれが末裔《まつえい》かもちろんつきとめるべくもない」とは中村元先生。

（荘司　格二）

花《か》枝《し》招《しょう》展《てん》

美女たちの楽しげなようす

花枝招展とは、女性たちがお化粧して美しく着飾り、いかにも艶冶《えんや》なようす。「招展」は中国語ではチャオチャンと読み、はじめの子音をそろえた双声のことば。風に小枝が揺れたり、旗がはためいたりするさまを表す。

花をつけた小枝が風に吹かれてかすかに揺れている、ということばを使って、若い女性たちが美しく着飾って、何やら楽しげに笑いさんざめきながら、お茶を飲んでいるとか、連れ立って歩いていくというようなようすを表す。小枝が揺れるというのだから、その歩みは軽やか、長い袖《そで》は風にゆらめき、あとにはホホホという笑い声と、脂粉の香が残る、といった感じでなければならない。

『紅楼夢《こうろうむ》』第二十七回。宝釵《ほうさ》・迎春《げいしゅん》・探春《たんしゅん》・惜春《せきしゅん》・李《り》紈《がん》・熙鳳《きほう》といった美女たちが大観園を歩めば、桃も羞《は》じらい杏《あんず》も気おくれし、燕《つばめ》も妬《ねた》み鶯《うぐいす》も慚《は》じるほどの美しさというのだから、読んでいる方もうっとり。**花枝招展**の語はそこに見える。

（島森　哲男）

運斤成風《うんきんせいふう》　名人技のこと

技芸に優れ、手法が熟練されている名人技のこと。出典は『荘子《そうじ》・徐無鬼篇《じょむきへん》』の故事に基づく。

ある左官と大工の名人の話。あるとき左官の名人がハエの羽のように薄くした壁土をほんの少し鼻先に塗り、大工の名人に斤《まさかり》で削り落とすよう命じた。大工は斤を振るって風の音を立て、それを切って落とした。壁土はすっかり削り落とされたが鼻にはかすり傷ひとつなかったという。

荘子はこの話によって、妙技を振るうためには、それにふさわしい呼吸の合った相手が必要であることを教えている。荘子の議論相手である恵施《けいし》が没し、その墓前で弟子たちに述べたことばだとされる。

どんな仕事でも相手との呼吸が大切であることは言うまでもないが、妙技を発揮するためにはこの呼吸と相手への信頼がなければならない。オリンピックの団体競技などを見ていると、ふとこのことばを思い出す。

（清宮　剛）

四世同堂《しせいどうどう》　子や孫、ひ孫と暮らす幸せ

四世は四世代、古い言葉に「四世三公《しせいさんこう》」というのがあり、これは四代にわたって三公という人臣最高の地位に達したという、庶民とは無縁の栄耀栄華《えようえいが》のお話です。**四世同堂**の方は、自分、子、孫、ひ孫の四代がひとつの家で暮らすという、こちらは庶民でも運が良ければ実現可能な幸せです。

今は核家族の時代、祖父母とすら一緒に暮らす家は少なくなりました。仙台辺りでは曾祖母《そうそぼ》をおっぴさんと呼びます。近所の人々からも一目《いちもく》置かれ、ひ孫をしかったりする元気なおっぴさんを家族みんなが大事にしている、そういう家庭はとても温かく幸せそうです。

北京を舞台とする数々の名作で知られる作家老舎《ろうしゃ》に『四世同堂』と題する長編小説があり、北京の「四世同堂」の家庭とその周辺の人々の生活が、日本軍の占領によって無残に破壊されていくさまが微細に描かれております。日本人がかつて中国で何をしたか、これを読めばその深刻さがよく分かります。

（村上　哲見）

益者三友《えきしゃさんゆう》　自己に有益な三種の友人

『論語《ろんご》・季氏《きし》篇』には「三」に関する教訓が多い。「君《くん》子《し》三戒《さんかい》」「益者三楽《さんらく》」「君子三畏《さんい》」などいずれも四字熟語である。

このことばは自己に有益な三種の友人について述べたものであり、「直《なお》き（剛直な人）を友とし、諒《りょう》（誠実な人）を友とし、多聞《たぶん》（博識な人）を友とするは益なり」とある。

剛直な人は自己の過ちを率直に指摘してくれるであろうし、誠実な友とはともに誠実な道を歩むであろうし、博識な友は明らかな道理を教えてくれるからである。

いつの時代も真の友人を得るのはむずかしいことである。「直」「諒」「多聞」なる友は時として耳に逆らう諫《かん》言《げん》もするであろうから敬遠されることが多い。

これに反し体裁ぶった人、うわべのへつらいの人、口さきだけの人をついつい友としがちであるが、孔子はこれらの友を「損者《そんしゃ》三友」として遠ざけている。友を選ぶには「益者」を心がけるべきである。

（清宮　剛）

心頭滅却《しんとうめっきゃく》　無心になること

武田信玄の菩提《ぼだい》所恵林《えりん》寺の快川《かいせん》和尚が焼死したとき「心頭滅却すれば火自ら涼し」と遺偈《ゆいげ》したことで有名な句。心頭はこころ、滅却はなくする、無心になることをいう。

もともと唐の杜荀鶴《とじゅんかく》の詩、「安禅必ずしも山水をもちいず」（心静かに坐禅するには山水である必要はない）に続く句で、分別心をなくしてしまえば火でさえも涼しい、の意。のちに禅語としても用いられる。『碧巌録《へきがんろく》』に「諸仏は心頭に在《あ》り、迷人は外に向かって求む」、南唐の李後主《りこうしゅ》の詞（韻文《いんぶん》の一種。詩と区別し、ふつうツーと読む）に「別にこれ一般の滋味《じみ》　心頭に在り」（とりわけて深い味わいは心の中にある）などと見える。心頭の頭は接尾辞。石頭、路頭などその用例。

滅却の却は退く、退けるが原義であるが、助字としてかえって、の意に用いられ、また、動詞の後につくと、その動作が終わったこと、……してしまった、……した、の意に用いられる。売却、返却、忘却などはその例。

（荘司　格一）

根本煩悩《こんぽんぼんのう》　心身を汚す悩みの源

「煩悩具足《ぐそく》と信知《しんち》して　本願力《ほんがんりき》に乗ずれば　すなはち穢《え》身《しん》すてはて　法性《ほうしょう》常楽証《しょう》せしむ」と親鸞上人《しんらんしょうにん》がうたう煩悩具足とは、すべての煩悩を自分が具《そな》えているということ。

この煩悩とは梵語《ぼんご》クレーシャの訳で、心身を悩まし汚す心のはたらきをいい、その根本となるのを根本煩悩、それにくっついておこるのを枝末《しまつ》煩悩という。

釈尊は「すでに生じた煩悩の芽を断ち切って新たに植えることなく、現に生ずる煩悩を長ぜしめることがないならば、この独り歩む人を聖者と名づける」と説かれた。

のち、仏教者は根本煩悩を細かに分析する。六種とするのは貪《とん》・瞋《じん》・痴《ち》（以上を三毒《さんどく》という）・慢・疑・見《けん》、すなわち好ましいものに対する執着、憎しみ・いかり、真理にくらいこと、自分はすぐれているという高ぶり、真理に対するためらい、あやまった見解である（ほかに五、十、十九種とも）。いちいち思いあたることばかりである。

（荘司　格一）

耕前鋤後《こうぜんじょご》　夫婦が協力して労働に従事

夫婦が協力して労働に従事すること。「夫耕於前、妻鋤於後」（夫は前で耕し、妻は後ろで鋤《じょ》す）を縮めたもの。鋤は田畑を耕したり、雑草を取り除いたりすること。

西暦四〇五年、陶淵明《とうえんめい》は四十一歳で煩《わずら》わしい役所勤めを辞めて、郷里の柴桑《さいそう》県（今の江西《こうせい》省九江《きゅうこう》の西南）に戻り農耕に従事した。以後、六十三歳で亡くなるまで、貧しくはなったが、気ままに暮らした。

そんな彼の生涯を記した『南史《なんし》』巻七五に、「妻の翟《てき》氏も、夫の生き方に賛同し、苦節に耐え、夫耕於前、妻鋤於後の日々に甘んじた」と記される。

貴族の子孫だった陶淵明が、生活の保障された官僚の地位を捨て、妻がそれに同調したのは、当時としては異例のことだったろう。

自営業なら、夫婦の共同作業は、昔も今も別に珍しくはない。今では農業でも、「とうちゃんが田植え機を繰り、かあちゃんが苗箱を渡す」現代版「耕前鋤後」の風景が、すっかり定着した。

（小川　陽一）

嘔心瀝血《おうしんれきけつ》

苦心さんたん、心血をそそぐ

「心を嘔《は》き血を瀝《したた》らせる」とは、苦心さんたん、心血をそそぐ意で、文芸の創作に心を苦しめることをいう。「嘔出心血《おうしゅつしんけつ》」ともいう。

唐の中ごろの詩人・李賀《りが》は七歳のころから文章を書いて人々を驚かせた。成人すると、毎朝やせ馬に乗って歩きまわり、夕方戻ってくる。その間に詩句が浮かぶと、すぐに書き留めて、お供の少年が背負った錦嚢《きんのう》（錦の袋）に投げ入れた。

夜になると取り出して作品に仕上げる。いつも遅くまで続けた。母が「この子は心を吐き出すまでやめないのか」と気遣い、注意しても聞き入れなかった。はたして二十七歳で世を去った（『新唐書《しんとうじょ》・李賀列伝』）。

後に**嘔心瀝血**というようになった。また「錦嚢佳句《きんのうのかく》」というと、優れた詩の意味に使われる。

清《しん》の王有光《おうゆうこう》の『呉下諺聯《ごかげんれん》』に、心血衰弱の病気には、いい詩の草稿をせんじて飲むと効く。心血が込められているから、という話がある。昔のことだが、英語の単語を覚えるには、辞書を破って食うとよいといわれたことを思い出す。

（小川　陽一）

火樹銀花《かじゅぎんか》

五彩に映える灯火のあで姿

正月十五日、元宵節《げんしょうせつ》の夜の灯籠《とうろう》祭り。唐の蘇味道《そみどう》の「正月十五夜」の詩に「火樹銀花合《つらな》り／星橋鉄鎖開く」とある。**火樹銀花**とは、高い支柱に五彩の布を巻き無数の灯籠を連ねたもので、大木に金銀の花が咲いたように見える。この夜ばかりは娘たちも街に繰り出すため、「灯下、美人を観る」というにぎわいを呈す。

「元宵観灯」でにぎわう夜を歌った宋の辛棄《しんき》疾《しつ》の「青玉案」。

「東風夜放つ花千樹／更《さら》に吹き落とす／星雨《ふ》るが如《ごと》し」。春風吹いて火樹の花、夜空に花火、星降るごとく。馬車は行き交い残んの香。笛の音《ね》澄んで風に揺れ、満月白く空に輝く。道行く娘ら美しく、かんざしきらと灯《ひ》に揺れる。さんざめいて過ぎゆけば、ふっと残る脂《し》粉《ふん》の香。意中の女《ひと》のあで姿、人込みのなかここかしこ、尋ね尋ねて千百度。ふとふりかえればほの暗き、残灯のもとひっそりと、ひとりたたずむあのひとの影。「衆の裏《うち》に他《かれ》を尋ぬ千百度／驀然《ばくぜん》として首《こうべ》を廻《めぐ》らせば／那《か》の人は却《かえ》って在《あ》り／灯下闌珊《らんさん》たる処《ところ》」。

いいですねえ。

（島森　哲男）

鉄樹開花《てつじゅかいか》

奇跡の起こること

鉄の樹木が花を咲かせる。そのように、常識では考えられない奇跡の起こることをいう。「さて、腹を決めたら鉄樹も開花するというぞ」（『碧巌録《へきがんろく》』）のように用いた。

南宋《なんそう》の師体禅師《したいぜんじ》は、死を前にして次のような偈《げ》（仏をたたえる詩）を作ったという。

「鉄樹が花を開き／雄鶏《おんどり》が卵を生む／七十二年／揺藍《ゆりかご》の縄絶ちぬ」（『続伝灯録《ぞくでんとうろく》』）。

前の二句は、奇跡の起こったことをいう。後の二句では、七十二年に及んだ揺藍の生涯を終え、いまこそ独りだちして揺藍を巣立つのだと語る。死を、もう一つの新しい生への門出とみている。その門出への賛歌。それが、禅師の偈なのだ。

ところで、明《みん》の王済《おうさい》は長江《ちょうこう》の下流域で六十年に一度開花する石楠花《しゃくなげ》に似た植物をみたという。土地の人は、これを鉄樹と呼んでいた。彼はこう書いている。

「鉄樹開花ということばが事実に基づくことを、私はこの土地に来て初めて理解した」（『君子堂日詢手鏡《くんしどうにちじゅんしゅきょう》』）

一つのことばをめぐる受容の違いが面白い。人々の違う生き方が刻まれているからだ。

（小野　四平）

博引旁証《はくいんぼうしょう》

あらゆる文献を捜求し根拠を示す

中国は文献の国です。数千年前から文字を使い、現代に至るまで一貫した歴史の中で膨大な文献を蓄積してきた国は、中国以外にはありません。それらの文献は縦横に関連しているので、ひとつのことを説明するにも多くの文献の裏づけが必要になり、中国古典に関する論文はとかく博引旁証になります。

博引旁証は博《ひろ》く引き旁《あまね》く証する、あらゆる文献を捜求して根拠を示すこと。むかしの中国研究の先生方、古風にいえば支那《しな》学の大家たちは、引き出しから取り出すかのように自然に博引旁証の文章を書きました。

今では博引旁証は決してむずかしくありません。索引やデータベースが発達して、いろいろな文献から必要な言葉や文字をすぐに取り出すことができるからです。その代わりに書物の中身をろくに読まないで用例集のように利用したり、引用ばかりで何を言っているのか分からない論文が出てくるなど、便利になる一方で変なことにもなってきました。

（村上　哲見）

苛《か》政《せい》猛《もう》虎《こ》　けだものより恐ろしい政治

「苛《か》政《せい》は虎より猛《たけ》し」。租税が重く刑罰が乱用されるようなむごい政治は、虎よりも恐ろしい。

孔子《こうし》が泰山《たいざん》のふもとを通った時、墓地の前で悲しげに泣く女に出会った。孔子が弟子にその理由を尋ねさせると女は言った。「さきに舅《しゅうと》が虎に殺され、ついで夫がやられ、今度は息子がやられました」、「ではなぜこの土地を離れないのか」、「それはここには苛政がないからです」。これを聞いて孔子は門人たちに言った。「よく覚えておくがよい。人民たちにとって苛政は虎よりも恐ろしいのだ」(『礼記《らいき》・檀弓篇《だんぐう》』)。

重い税金と刑罰に苦しめられるのは今も昔も同じことである。孔子の時代をはるかに経て現在の世界は平和を尊ぶ機運は高まったが、それでも世界各地で苛政は続いている。

今の日本には虎もオオカミもいないが、それに代わって虎より恐ろしい人間が増えている。政治もまた人々が安心できるものとはなっていない。

(清宮　剛)

大《たい》廈《か》高《こう》楼《ろう》　巨大な建物、将来はどうなる

このごろ中国では、上海をはじめ各都市で高層建築のラッシュ、至る所に**大廈高楼**がひしめいております。**大廈高楼**とは要するに巨大な建物のこと、日本でもかつて同じような現象がありましたが、バブルがはじけて下火になりました。中国ではまだ当分続きそうですが、先行きどうなることでしょう。

近ごろ世界各地で古代の建物跡が次々に発掘されておりますが、もともと**大廈高楼**は実用的な意味はあまりなく、古代ではたいてい神を祭る祭殿か支配者が権力を誇示するためのもの、近代でもやはり経済力や何らかの権威を誇示するためのように思われます。

どんな建築でも耐用年数の限界があるもの、近ごろのビルは取り壊しのときのことも考慮されているそうですが、それにしてもある時期に次々に造られたビル群の年限が一斉に来たらどうなるのでしょう。さらに遠い将来では、考古学の発掘は大変だろうなと、**大廈高楼**を眺めながら余計な心配をしております。

(村上　哲見)

同床異夢《どうしょういむ》

仲良くみえて裏では別の思惑

訓読すれば「床を同じうして夢を異にす」。同じベッドに寝て違った夢をみる、「同床各夢《かくむ》」ともいいます。

用例からいえば「各夢」の方が古く、十二世紀、南宋《なんそう》の陳亮《ちんりょう》の書簡文に「同床《しん》各《おのおの》夢を做《な》す」という表現がみえ、少し時代が下って清の銭謙益《せんけんえき》の詩に「同床異夢各知らず」とあります。

協力してひとつの仕事をしていても、内心はそれぞれ別のことを考えている、そういうことは珍しくもないでしょう。時にはその仲間を陥《おとしい》れてやろうと、ひそかにたくらんでいたりすることもあります。

このことばからまず思い浮かぶのは、政党の間の連立とか協力とかではないでしょうか。仲良く一緒にやっているようにみえても、裏では党利党略の駆け引き、たとえば地方選挙などでは、複数政党が同じ候補者を共同推薦ということも少なくないのですが、各党それぞれの思《おも》惑《わく》や計算があってのこと、まさに同床異夢ということばがぴったりです。

（村上　哲見）

北窓三友《ほくそうさんゆう》

酒・音楽・詩の三人の友

息子がまだ幼いころ、ふろの中で言った。「お父さんはさぁ、ビール飲んで、CDを聞きながら、本を読んで、そばに美人がいれば幸せでしょう」。子どもにすっかり見抜かれていると思った。そばに美人というのは高望みとして、酒と音楽と詩があれば、確かに人生は楽しい。

唐の白居易《はくきょい》に「北窓三友」と題する詩がある。

「今日　北窓の下《もと》／自ら問う何の為す所ぞ／欣《うれ》しやな三友あり／三友とはそも誰ぞ？／琴を弾いては酒を飲み／酒を飲んでは詩を吟ず／詩・琴・酒の三友と／ともに過ごせば夜が更ける」

中国古代の知識人は心を養う教養の一つとして、みんな琴を弾いた。心の豊かさが音に出る。酒も心を豊かにする。「酒深ければ心も深い」ということわざもある。「詩は志《し》なり」、詩は心《し》を表すものだともいう。三つの友はみんな心の一部だ。

詩・琴・酒の三友といつもいっしょなら、美女もいらない……かな？

（島森　哲男）

古《こ》今《こん》無《む》双《そう》　昔から今まで並ぶ者のない英雄

　かつて「抜刀隊《ばっとうたい》（われは官軍）」という明治以来の古い軍歌がありました。その歌詞に「敵の大将たる者は**古今無双**の英雄で」とあり、昔から今まで並ぶ者のない英雄とは、西南戦争の西郷隆盛を想定しているのですが、それにしても敵の大将を古今無双の英雄と敬意を表しているところが明治の歌です。

　この曲を聴くと昭和十八年の学徒出陣壮行会が思い出されます。学生の徴兵猶予が停止され、軍隊に入ることになった学生たちが大学ごとに整列し、一斉に行進した時に鳴り響いたのがこの曲でした。そして多くの学生が学業途中のまま帰らぬ人となりました。

　そのころ日本では鬼畜米英《きちくべいえい》ということばが至る所で聞かれました。米国と英国は鬼か獣《けだもの》、つまり敵は人間とは認めないということ。「抜刀隊」の曲は演奏されても歌詞の精神は忘れられており、明治から昭和に至る軍国日本の興隆から破滅への道程を象徴しているかのようです。

（村上　哲見）

母《ぼ》猿《えん》断《だん》腸《ちょう》　腸がちぎれるほど悲しむ

　はらわたがちぎれるほど悲しむこと。「断腸」の語源。話は『世《せ》説《せつ》新《しん》語《ご》・黜免《ちゅつめん》篇』に見える。

　晋《しん》の桓温《かんおん》が蜀《しょく》を攻め、長江の三峡までやってくると部下の一人が子猿をつかまえた。母猿は岸を伝いながら悲しそうに叫び、百里あまり行ってもついてくる。ついに船に飛び込むとそのまま息たえた。その腹を裂いてみると「腸皆寸寸《ちょうみなすんすん》に断えたり」（腸はずたずたにちぎれていた）。桓温はその部下を罷免《ひめん》した。

　あわれな話である。子を思う母の心は人も動物も同じである。今の世相を見ると人間より動物の方が深いと思える時もある。

　はらわたに関することばは多い。「はらわたが煮え返る」とは激しい怒りをこらえられないことを言い、「はらわたが腐る」といえば精神が堕落する意である。

　はらわたがよじれるような苦痛を表すものとして「腸九廻《ちょうきゅうかい》」という語があるが、これは宮刑《きゅうけい》の屈辱を受けた司馬遷《しばせん》の「任少卿《じんしょうけい》に報ずるの書」にその例が見える。

（清宮　剛）

閑話休題《かんわきゅうだい》　無駄ばなしをやめて本題に入る

閑話（間話）は無駄ばなし。休題は話をうちきること。閑話休題は、無駄ばなしをやめて本題に入りましょう、ということ。

明《みん》・清《しん》のころ、中国の小説で、「且《かつ》間話を把《と》って休題し、只正話《ただせいわ》を説かん（且把閑話休題、只説正話）」（幸田露伴『国訳忠義水滸伝』）のように用いられていた。閑話休題が一人歩きするのは、日本でのこと。仮名垣魯文《かながきろぶん》（『西洋道中膝栗毛《ひざくりげ》』）、坪内逍遥（『当世書生気質《とうせいしょせいかたぎ》』）などに、その早い例がみられる。

少し遅れて、このことばを愛用したのが宇野浩二である。彼に、『蒲団《ふとん》の中』という文章がある。小説を書きはじめたころの、貧乏生活を回想したものだ。たぶん、宇野文学を語る上で見落とせないものである。ところで、彼はこの文章の最後を「……。閑話休題。」と書いて、結んでいるのだ。つまり、『蒲団の中』全部を閑話、無駄ばなしとしたわけだ。

閑話休題ということばに、新しい用法が付与されたのである。

（小野　四平）

遠塵離垢《おんじんりく》　煩悩《ぼんのう》を遠ざけ正しい見解を得る

塵《ちり》を遠ざけ垢《あか》を離れる。塵も垢も煩悩のことで、とくに「八十八使の見惑《けんわく》」（八十八の知的な迷い）をさし、それらを断じると正見《しょうけん》（八正道の一、正しい見解）が得られるという。

僧侶《そうりょ》は世俗の法規によって取り締まられねばならないか。中国宋代の護法書『輔教編《ふぎょうへん》』に「僧なるものは遠塵離垢、もともと四民（士農工商）の外にある」ものだから、僧の登録台帳を作り、教団の自治を認めないのは後《こう》周《しゅう》の武宗《ぶそう》の法難《ほうなん》（仏寺破壊などの弾圧）のやり方であると批判している。

『今昔物語《こんじゃくものがたり》』に釈尊の初転法輪《しょてんぼうりん》について「五人遠塵離垢して法眼浄《ほうげんじょう》を得」たと述べる。俗塵を遠ざかり四苦（生老病死の苦）から離脱し、真理を見る正しい眼を得たということ。

五人とは阿《あ》若憍陳如《にゃきょうちんにょ》から五比丘《びく》（修行僧）で、苦行を捨てた釈尊を堕落したと思い、姿を見て親切に迎えまいと言い合わせていたが、侵し難い威厳にようやく説法に耳を傾ける。

（荘司　格一）

塞翁之《さいおうの》馬《うま》　幸運に浮かれず不運にも嘆かず

「塞翁が馬」ともいいます。塞は辺塞《へんさい》、国境の砦《とりで》、翁はじいさん。砦近くに住む翁の馬が国境を越えて逃げて行きました。馬は大切な財産、人々が慰めに行くと翁は言います。「これが福《さいわい》になるかもしれない」。

間もなくその馬はすばらしい馬を連れて帰って来ました。人々がお祝いを言うと翁は言います。「これが禍《わざわい》になるかもしれない」。

果たして翁の息子がその馬を乗りまわしているうちに落馬して脚を折ってしまいます。人々が慰めると翁は平然として「これが福になるかもしれない」。

やがて戦争が始まり、たくさんの若者たちが動員されて戦死しましたが、翁の息子は脚が悪いので兵隊にされることなく、無事でした。『淮南子《えなんじ》』という古典にみえるお話です。

後世の詩にも「人間万事《じんかんばんじ》塞翁が馬」とあります。「人間」はこの人の世ということ、この世はすべて塞翁の馬のよう、つらいことがあっても希望を捨てないよう、また調子よくいってても安心してはいけません。

（村上　哲見）

眼横鼻直《げんのうびちょく》　ごく当たり前の真実

道元《どうげん》禅師が天童山で如浄《にょじょう》禅師に相見《しょうけん》（対面）したのは入宋《にっそう》三年目、宝慶元年五月一日、二十六歳のときである。

このときのことを「山僧《わたし》は叢林《そうりん》を遍歴すること多からず、ただ等閑《なおざり》に天童先師に見《まみ》えてすぐ**眼横鼻直**なることを認得して、人にだまされず、そこで空手で故郷にかえった（空手還郷《くうしゅげんきょう》）」と述べている。**眼横鼻直**をそのままに知ったが、間違いなかった。そこで手ぶらで国に帰ったという。

眼横鼻直とは眼は横ざまに鼻はまっすぐに、の意で、人の顔のありようをいう。ごく当たり前のことである。この当たり前がそのまま真実をあらわしてい、その真実をつかんだとは悟りに徹したことである。

そして空手還郷とはなんのみやげもなく故郷へかえる。悟ったことがみやげになるのではない。自らが仏法そのものになりきったのだから、空手である。如浄禅師との出会いはまさしく「仏、仏にあう」であった。

（荘司　格一）

食牛之気《しょくぎゅうのき》

将来の大物は気概が盛ん

「牛を食う気概」、トラやヒョウは、子どものときから牛を襲って食うほどの大きな気概がある。人も将来の大物は、子どものころから気性が優れ、気概が盛んだ、ということ。「呑牛之気《どんぎゅうのき》」ともいう。「栴檀《せんだん》は双葉《ふたば》より芳《かんば》し」も同じ意味だ。

『尸子《しし》』という古い本に「トラやヒョウは、まだ模様ができない子どものころから、**食牛之気**がある。大鳥や白鳥は、まだ羽がそろわない幼鳥のころから、四海を天がける志がある。人も傑物は同じである」とある。この本は今はなくなったが、『太平御覧《たいへいぎょらん》』に引かれていて、見ることができる。

「三つ子の魂百まで」「スズメ百まで踊り忘れず」とは、幼児期の性格は変わらない——人は子どものときから将来が良くも悪くも予想されるということであるが、逆に「大器晩成《たいきばんせい》」「刮目相看《かつもくしてあいみる》」は、後で想像もできなかったような大物になる、の意。人の成長の仕方は多様だ。いま狂牛病が怖いから、「牛肉を食う気概」というと、勇気のある人の意味になるか、無謀な人の意味になるか。

（小川　陽一）

旧愁新恨《きゅうしゅうしんこん》

恋に破れ、なおぬぐえぬ未練

人はいつも恋をして、思いかなわず悲しい思いをする。それなら最初から恋などしなければいいものを、すまいと思っても、なぜか人を思い心揺れる。

いつもだれかと共にあることの安らぎ。それを失ったとき、ずっしりと心にこたえる。やはり人はひとりでは生きられない。いつでも心を少し人にあずけながら、心を支えられながら生きている。

だからその支えがすぽんと外れたときは、心に大きな穴があく。**旧愁新恨**とは、いつまでも払うことのできない心の愁《うれ》い、新たにわきおこる悔恨《かいこん》の情。「恨」は「根」に通じて、心に根がはったようにずっしりと残る思い。だから「新愁旧恨」ともいう。

「新愁旧恨　多くは説《と》き難《がた》し／半ばは眉間《みけん》に在《あ》り　半ばは胸に在り」（雍陶《ようとう》）。愁いは眉間にあって涙をもよおし、恨みは胸中にあって払っても払っても泥のように重い。この気持ちはことばでは表せない。そんな詩もある。

（島森　哲男）

卿卿《けいけい》我我《がが》　仲睦まじいアツアツの関係

卿卿我我とは夫婦または恋人が仲睦まじく、時にはおいおい！　仲のいいのもいいかげんにしろ、こっちが恥ずかしくなる、というほどのアツアツの関係を表すことば。

「卿」というのはもともと、君主が臣下に対して、先輩が後輩に対して、親愛の情をこめて「きみ」と呼ぶような感じの二人称の代名詞。ところが自分の夫を「卿」と呼んでいた妻がいた。竹林《ちくりん》の七賢《しちけん》のひとり、王戎《おうじゅう》の妻である。自分の旦那《だんな》を「佐藤くん」などと呼ぶ感じだろう。

妻「ねえ、卿《きみ》」。王戎「その呼び方はやめろ」。妻「卿《きみ》に親しみ卿を愛してるから、卿を卿と呼んでるのよ。わたしが卿を卿と呼ばなかったら、だれが卿を卿と呼ぶの！」。王戎は圧倒されて、そのまま「卿」と呼ばせることにした（『世説新語《せせつしんご》・惑溺《わくでき》篇』）。

近ごろは年上の奥さんが大はやり。奥さんが先輩なら、きっと後輩の旦那が可愛《めんこ》くて、**卿卿我我**と睦まじく……。ああ、お汁粉に砂糖をかけたようだ。（島森　哲男）

倩女離魂《せんじょりこん》　夢のように美しい物語

夢のように美しい、文字どおりの夢物語。こんな形容のぴったりする話が、**倩女離魂**。

幼馴染《おさななじみ》のいとこ・倩娘《せんじょう》（倩女のこと）の婚礼が決まって絶望した王宙《おうちゅう》は、衡州《こうしゅう》（今の湖南《こなん》省衡陽《こうよう》県）の家を出て上京する。その夜、船の中で眠っているところにはだしの倩娘が追ってきた。二人は、手を携えて蜀《しょく》（今の四川《せん》省）に行く。五年の歳月が流れ、子どもも生まれた。ある日、二人は相談して衡州に帰る。なんと、家では倩娘がずっと病床にふせっていた。うれしい知らせを聞いた彼女は、ベッドから起きて化粧し、船から降りてきた倩娘を玄関で迎える。二人の倩娘は、そのままぴったりと重なって一人になった。その後、家族はみな幸福に暮らした（『太平広記』）。

唐代に作られたこの物語は、のち、さまざまに伝承されてきた。元《げん》代には芝居に仕組まれて好評を博している（鄭光祖《ていこうそ》『迷青瑣倩女離魂』）。現実にはかなうことのなかった若者の恋。その執念がこの美しい物語を結晶させたのかもしれない。（小野　四平）

升堂入室《しょうどうにゅうしつ》　学芸を極めて深奥《しんおう》の境地に

「堂に升《のぼ》り室に入る」。学問・技芸などがしだいに進歩してその深奥に達するたとえ。芸能などがすばらしい場合に「堂に入ったものだ」などと称賛の意で用いられる。

　しかし「堂に入る」と「室に入る」とでは微妙な差がある。古代中国では家屋は南向きに建てられ、その前半分が客間として使われる「堂」であり、その裏側の北側の私室が「室」である。この「堂」と「室」にたとえて孔子《こうし》が弟子の子路《しろ》の瑟《しつ》の腕前を評する話が『論語《ろんご》・先進《せんしん》篇』に見える。

　子路の弾く瑟の音を聴いて孔子が言った。「あのような弾き方ならわざわざ私の家でやらなくてもよいのに」。それを聞いて他の弟子は子路を尊敬しなくなった。孔子は言った。

「由《ゆう》や堂に升れり、いまだ室に入らざるのみ」

　このたとえからすれば、「堂に入る」とは学芸がかなりの域に達することであり、「室に入る」とはさらに進んで深奥の域に達したことを意味する。


（清宮　剛）

魑魅魍魎《ちみもうりょう》　妖怪変化《ようかいへんげ》の総称

魑魅は山林の妖怪、魍魎は水中の妖怪。併せて、妖怪変化の総称となる。

「破邪の剣《つるぎ》を抜き持ちて／舳《へさき》に立ちて我よべば／**魑魅魍魎**も影ひそめ」（「嗚呼《ああ》玉杯に」）とあるように、人々はこれを一刀のもとに切りすてようとするが、中国では大変違っていた。

　昔、夏《か》王朝の禹《う》が、人民を妖怪から護《まも》るために、あらかじめ妖怪の姿を鼎《かなえ》に刻んで、だれでも見分けられるようにしておいた。おかげで、人々は**魑魅魍魎**の害を避けることができた（『春秋左氏伝《しゅんじゅうさしでん》』）。

　これをうけて、文豪・魯迅《ろじん》がこう述べている。文壇の邪悪な連中の文章が消滅してしまうと、それに反対した人たちの文章が理解しにくくなる。だから、邪悪な連中の文章を保存し、文集を作るのがよい。これは、禹の作った鼎のような功用を発揮するだろう、と（『且介亭雑文《しょかいていざつぶん》』）。

　この提案は面白い。こんな「文集」があったら、文壇の**魑魅魍魎**はすぐに見分けられるに違いない。


（小野　四平）

金甌無《きんおうむ》欠《けつ》　傷ひとつない黄金のかめ

日中戦争が本格化した一九三七年（昭和十二）ごろ、「愛国行進曲」という歌が忽然《こつぜん》と登場して大流行しました。

「見よ東海の空明けて」とはじまるこの歌、少しあとの方に「**金甌無欠**ゆるぎなきわが日本」とあります。小学生だった私は何のことかわからないので、周りの大人たちに尋ねてみましたが、だれも説明してくれませんでした。おおかたの人がわけもわからずに歌っていたようです。

金甌無欠は傷ひとつない黄金のかめ、出典があって、六世紀、梁《りょう》の武帝《ぶてい》が自分の国は外から侵されたことがないと自慢した時の表現です（『南史《なんし》』）。作詞者はそれを借りて「わが日本」の形容としたのでしょうが、少々勉強が足りなかったようです。

というのは、武帝はその後間もなく幽閉されて餓死し、梁の国は衰亡に向かうことになるので、これは不吉なことばだったのです。日本もやがて全国焼け野原の傷だらけになって敗戦、この歌はだれも歌わなくなりました。

（村上　哲見）

薬石《やくせき》喫湯《きつとう》　禅寺での晩の喫粥《きっしゅく》（飯）

薬石と湯を喫すること。禅寺での晩の喫粥（飯）をいう。薬石は薬食《やくじき》とも。湯は米湯《おもゆ》のこと。

薬石は中国の古典に見え、薬品や治療法をいった。石を焼いて腹部にあて飢えをいやし体の冷えを防いだ。

もともと比丘《びく》（修行僧）は正午をすぎれば食事をしない。午後の食事は非時食《ひじじき》といい禁止されていた。中国ではおそらく南宋のころから朝と昼にとるのが正規となり、わが国では道元《どうげん》禅師が冬のみ薬石をゆるした。『黄檗清規《おうばくしんぎ》』には「晩の食なり。飢渇《きかつ》の病をいやす」とある。禅林の隠語であるとも。

禅林での食事の作法（行鉢《ぎょうはつ》）は詳細をきわめる。食事そのものが法であり、修行に励む者が受けるものだからである。

道元禅師は炊事役（典座《てんぞ》）に「米のとぎ汁は無駄に捨てるな」「品数の多い少ないを口に出すな」（『典座教訓《てんぞきょうくん》』）など事細かに戒《いまし》めた。作るも受けるもすべてが修行なのである。

さて、凡俗のわれら、何とするや。

（荘司　格一）

相知恨晩《あいしることおそきをうらむ》

もっと早く知り合いたかった

知り合いになるのが遅かったと残念に思う。もっと早く知り合いになりたかった、と悔やむこと。そんな気持ちにさせる真の友人のこと。古くは「恨相知晩（相知るのおそきを恨む）」と言ったが、後に今のようになった。意味は同じだが、「恨・相知晩」よりも「相知・恨晩」の方が、調子がいいからだろう。

漢の竇嬰《とうえい》は武帝《ぶてい》の宰相だったが、失脚して落ちぶれると、だれも寄りつかなくなった。将軍の灌夫《かんぷ》だけが、身内のように親しくしてくれた。『史記《しき》』の魏其侯《ぎきこう》（竇嬰）の伝記に、二人は父子のように歓声を上げ、楽しく付き合い、相知ること晩きを恨んだ、とある。

この灌夫将軍は権力者や高官が嫌いで、身分の低い人、逆境の人、貧乏人などを大事にする人だった。二人はもともと面識はあったのだが、心の友ではなかった。竇嬰の失脚と落魄《らくはく》が二人を結びつけたもので、もっと早く知り合いになりたかったと言っても、かなわぬことではあった。

社会が不安定な今、とりわけこんな友人が貴重だろう。

（小川　陽一）

老嫗能解《ろうおうもよくかいす》

詩歌や文章が平易

唐の白居易《はくきょい》の詩は、深刻な社会問題を取り上げ、豊かな味わいをたたえていて、しかも表現がわかりやすい点に特色がある。

白居易は詩ができあがると、そのたびに、老嫗《ろうおう》（老女）に読んできかせて、理解できるまで書き直した（『彭《ほう》乗《じょう》『墨客揮犀《ぼっかくきさい》』）。やがて後に、詩歌や文章が平易なことを、老嫗能解とか「老嫗都解《ろうおうみなかいす》」というようになった。

文字の読めない老女でも、聞いて理解できたというのだから、よほど平易だったということになる。当時の俗語まで使われている。事実、同時代の他の詩人に比べると、わかりやすい。

そのために、親友の元稹《げんしん》と一緒にされて、「元稹は軽薄で白居易は通俗的」だと悪口をいわれた。だがその詩は、知識人から一般大衆に至るまで、広く歓迎された。

深刻なことを、味わい深く、易しく書けたら最高だ。私も原稿ができると、うちの老嫗にわかるまで書き直すのだが、うまくいかない。これ老嫗の非か、我の非か。

（小川　陽一）

不肖子孫《ふしょうのしそん》

父に似ない愚か者

「不肖《ふしょう》」とは「父に似ない愚か者」のこと。『孟子《もうし》・万《ばん》章篇《しょうへん》・上』に「尭《ぎょう》の子の丹朱《たんしゅ》は不肖、舜《しゅん》の子もまた不肖」とある。「不肖の子」ともいう。「不肖の臣」は愚かな家臣。わが国でも「不肖の息子」などと使う。

西暦一〇〇年ごろの中国最古の辞書『説文《せつもん》』に肖とは、肉親同士が似ていること、不肖とは子が父に似ていないことだという。だが子が父よりも優秀な場合には、不肖とはいわない。なにせ父親の尊厳が絶対の時代のことだから、父が子に劣るときは不問に付したのだろう。

下って十七世紀の馮夢龍《ふうむりゅう》『古今譚概《ここんたんがい》』第四に「不肖の子なら、ない方がましだ。呉《ご》に愚か者がいて、三十歳になっても五十歳の父に頼って暮らしていた。占い師から父の寿命は八十歳、子の寿命は六十二歳といわれ、『父上の寿命が八十なら、ボクは六十すぎたら、あとの二年はだれに頼ったらよかろうか』とさめざめと泣いた」とある。

就職難の今、心ならずも親がかりにならざるを得ない「新不肖子孫」が増えている。

（小川 陽一）

堅白同異《けんぱくどうい》

論破できない上手な詭弁《きべん》

戦国時代の公孫龍《こうそんりゅう》の唱えた詭弁。通常堅白石（堅くて白い石）は一つの概念としてとらえられるが、公孫龍はそうではないという。

目で石を見たときには白いということは分かるが堅いということは分からない。目を使わずに手で石に触れたときには、堅いということは分かるが白いということは分からない。故に堅と白とは二つの概念であって、同時に成り立つ概念ではないという。

この論法によって是を非といい、同じことを異なっていると説く論法である。同異とは同じものを異なったものとし、異なったものを同じとすることである。「白を黒という」「鷺《さぎ》を烏《からす》と言いくるめる」と同じ意味である。この論法で公孫龍は「白馬は馬に非《あら》ず」という論も成立させている。

おかしいと分かっていても論破できないのが上手な詭弁である。今から二千年以上の前に中国ではこんなに優れた弁論術があった。日本では詭弁にしてもつまらないのが多いような気がする。

（清宮 剛）

断綫風箏《だんせんふうそう》　出かけたきり音信不通

「綫《せん》」は糸、「風箏《ふうそう》」は凧揚《たこあ》げの凧のこと。断綫風箏は糸の切れた凧。出かけたきりもどって来ず、音信不通になることをいう。ゆらゆらと揺れながら空の彼方《かなた》に消えて行く。その後のぽかんとした空白感。

宋の許棐《きょひ》の詩に「郎の心は紙鳶《しえん》の如《ごと》し／綫《いと》断れて風に随《したが》って去る」（あなたの心はまるで凧のようね、朝廷のお役人になれたと思ったら、もうわたしなんかお見限り、ぷつんと糸が切れて、それっきりですものね）（『梅《ばい》屋詩稿《おくしこう》』楽府《がふ》）とある。「紙鳶」は「風箏」と同じ。凧のこと。

中国は凧の本場で、その歴史は古く、九世紀、戦争で敵に包囲された人々が、救援を求める手紙をつけて飛ばしたという例がある。さらに古く、戦国時代、魯《ろ》の公輸《こうゆ》子《し》が大きな凧のようなものに乗って、空の上から敵国の様子を偵察したという話もある。

のちに凧は平和な遊戯となり、今に続いている。先年の夏、酔いざましに散策した天安門広場では、夕涼みの人々が夜空に凧を揚げていた。

（島森　哲男）

管窺蠡測《かんきれいそく》　狭い見解で憶測する愚かさ

古くは、「管《くだ》を以《もっ》て天を窺《うかが》う」（『荘子《そうじ》』『史記《しき》』）といったが、漢の東方朔《とうほうさく》が「筦《くだ》（管のこと）を以て天を窺い、蠡《ひさご》を以て海を測《はか》る」（「客の難《ひなん》に答える」）と語ってから、管窺蠡測のことばが生まれた。

管の穴から天上の姿をうかがい、ひさごで海水の量をはかるの意。転じて、狭い見識で重大なことを推しはかる愚かさをいう。

「自分ひとりの耳目《じもく》による管窺蠡測で、広い世界に目くばりし、あまねく世間を知り尽くせるわけがない」（張《ちょう》綸《りん》『林泉随筆』）

「『春秋』は、孔子の直筆によるもの。他の経典とは違う。学者たちの管窺蠡測で、聖人の心を理解できるはずがない」（李昌祺《りしょうき》『剪燈余話《せんとうよわ》』）

こんなふうに、用いられた。

なけなしの、偏《かたよ》った知見をふりまわす人を嘲笑《ちょうしょう》することばは、もちろん日本にもある。「葦《よし》の髄《ずい》から天井のぞく」（『いろはがるた』）も、その一つ。こうしたことばは、決して死語にならないものらしい。自戒を含めて、座右《ざゆう》の銘《めい》としたいことばである。

（小野　四平）

禅譲放伐《ぜんじょうほうばつ》　異なる二つの政権交代の方法

「禅譲」とは天子が有徳の他姓の者に天下を譲ること。「放伐」とは臣下が無道の天子を武力で追放討伐《とうばつ》して位を奪うこと。相異なる二つの政権交代の方法を組み合わせた語である。

古代の聖太子尭《ぎょう》から舜《しゅん》、舜から禹《う》へとなされた譲位形態が禅譲であり、中国では理想のものとされた。禹以降世襲制となるが、やがて悪逆無道な夏《か》の桀王《けつおう》を殷《いん》の湯王《とうおう》が討ち、殷の最後の天子紂王《ちゅうおう》は周の武王《ぶおう》に伐《う》たれる。これが放伐の例である。

有徳者から有徳者へと位が譲られる禅譲の方法は中国古来の伝説の中に生きている美しい話であるが、後世禅譲の名を借りて、実際には天子の位を威《おど》し取る人々も出てくる。

後漢《ごかん》の献帝《けんてい》から位を奪った魏《ぎ》の曹丕《そうひ》、さらに魏の天下を奪った晋《しん》の司馬炎《しばえん》などは、いずれも譲位されたという形はとっているものの、実際は威嚇《いかく》と脅迫の下に奪ったものである。

現在も禅譲を口にする政治家らがいるが、果たして道徳を基準に考えているのだろうか。

（清宮　剛）

自画自賛《じがじさん》　自分の行為を自分でほめる

床の間の掛け軸を見せられ、画《え》の上の方に書かれている文字を何ですかと聞くと、これは賛だといわれます。そこで次の家で見せられた掛け軸の上の方の文字を結構な賛（三）ですねとほめると、これは詩（四）だといわれてしまいます。おなじみの落語の一段です。

水墨画は縦に細長い紙に描かれることが多く、上方の空白にその画にちなんだ詩や文章が書かれていることがよくあり、これを賛（画賛《がさん》）といいます。だから右の話も、実は詩にして賛なのです。

だれかの画に対して別の人が賛を書き加えることもよくありますが、自分の画に自分で賛を加えることも多く、これを**自画自賛**といいます。

ところが賛の字は讃《さん》と通じ、賛（讃）美、ほめたたえるという意味もあるので、自分の画を自分でほめる、比喩的には自分の行為を自分でほめるということをいうようになりました。この意味での**自画自賛**は何だかいやらしく、勝手にしろといいたくなります。

（村上　哲見）

孤犢触乳《ことくしょくにゅう》　頼る人のない者が救いを求める

孤犢は親がいなくなって、独りぼっちになった子牛。乳が飲めないから、自分の母ではない牛に乳を求める。頼る人のない者が救いを求める意味に用いる。さらに、自分の母でない牛に乳を求めるのが、見境なく激しいことから、粗野・乱暴の意味にもなる。

後漢《ごかん》の仇覧《きゅうらん》が地方の長官をしていたときに、陳元《ちんげん》という若者が親不孝で母を苦しめていた。母親が訴え出たので呼んでお説教したら、「幼くして父を失い、母に甘やかされて育ちました。その結果、**孤犢触乳**、驕子罵母《きょうしぼぼ》（孤犢乳に触《ふ》れ、驕子母を罵《ののし》る）ようになりました」と言って謝り、それからは態度を改めた（謝承《しゃしょう》『後漢書《ごかんじょ》』）。

母親に乱暴する息子も論外だが、そんな息子に育てた母親も母親だろう。子どもがかわいくて溺愛《できあい》するのを、老牛が子牛をなめて愛するのにたとえて、「舐犢之愛《しとくのあい》」という。

いま子どもが駄目になったのは、「舐犢之愛」のためでもあるだろう。

（小川　陽一）

難行苦行《なんぎょうくぎょう》　困難な修行と苦しい修行

困難な修行と苦しい修行のこと。釈尊は六年間、自虐的に肉体を苦しめ、「ゴータマ（釈尊の性）は死んだ」といううわさまで流れたが、ついに**難行苦行**を捨て菩提《ぼだい》樹《じゅ》下で禅定《ぜんじょう》（静かな瞑想《めいそう》によって身心共に安定した状態）に入った。

難行とは命を失わんばかりの激烈な修行、苦行は梵語《ぼんご》で熱い火を意味し、肉体を極限までいじめぬくと一種特異な熱感覚が生じ、忘我《ぼうが》恍惚《こうこつ》の境に入ることをいう。

修行をやめよという悪魔のささやきに釈尊は、「血がかれ胆汁も痰《たん》もかれ肉がそげおちるにつれ、心は一層すんでくる。見よ、心身の清らかなるを」と答える。しかし苦行を否定し頭《ず》陀行《だぎょう》（林野に伏す生活）を評価する。

また、自らの修行によって悟りをえようとするのを難行という（仏の本願力により容易に浄土にゆけるとする易行《いぎょう》に対する）。

「仏の前に受戒して、**難行苦行**、師の苛責《かしゃく》」（浄瑠璃《じょうるり》『八百屋お七』）とあるのは苦しい修行のこと。

（荘司　格一）

季常之《きじょうの》癖《へき》　妻を恐れることが甚だしい

妻を恐れることの甚だしいこと。十一世紀の陳季常《ちんきじょう》は妻の柳《りゅう》氏が凶暴で、ひどく恐れていた。怒鳴られるとショックで杖《つえ》を落とすほどだった。友人の蘇軾《そしょく》の詩に「河東《かとう》の獅子《しし》の吼《ほ》ゆるを聞くと／拄杖《ちゅうじょう》手より落ちて心茫然《ぼうぜん》」（洪邁《こうまい》『容斎三筆《ようさいさんぴつ》』巻三）とある。

このことから「河東獅吼《かとうのしく》」「河東獅子吼《ししく》」というと、妻の凶暴のたとえになった。河東は柳氏の出身地、今の山西《さんせい》省のこと。

男尊女卑のお国柄だが、夫が強いとは限らない。馮夢《ふうむ》龍《りゅう》『笑府《しょうふ》』から——。

〈その一〉妻に殴られてベッドの下に逃げ込んだ夫、妻に「早く出ていらっしゃい」と言われ、「おれも男だ、出ていかないと言ったら、絶対に出ていかない」。

〈その二〉恐妻家たちが集まって極秘の対策会議を開いた。その最中に一人が「奥さま方に漏れたようで、間もなく襲って来るらしい」と言うと、みな一斉に逃げ出した。一人だけ平然と座っていたが、よく見ると息が絶えていた。

（小川　陽一）

百年河清《ひゃくねんかせい》　いくら待っても仕方がない

河は黄河《こうが》のこと。黄河の水はいつまでたっても澄むことがない。そのようにいくら待っても仕方のないことにたとえる。

黄河は中国文明をはぐくんだ偉大な母なる川である。はるかシベリアからの風に乗った黄砂《こうさ》が秦嶺《しんれい》山脈に行く手を阻《はば》まれ、積もって出来たのが、黄土高原である。この黄土高原の中を流れるのが黄河である。黄河は黄土を削り取って川に入れるため、見事な茶色の流れとなる。

筆者もかつて蘭州《らんしゅう》の町を流れる黄河を見たことがあるが、濁りのため川の流れの速さが分からず、ゴォーという音だけが不気味であった。

粒子の細かい黄砂は春先には日本にまで飛んでくるし、中国の河北地方では太陽が月のように見えるほど激しく吹き荒れる。

このことばは『春秋左氏《しゅんじゅうさし》伝《でん》・襄公《じょうこう》八年』に「河《か》の清《せい》を俟《ま》たば人寿幾何《じんじゅいくばく》ぞ」（黄河の澄むのは、人の短い命ではとても待てない）とあるに基づく。

（清宮　剛）

割席断交《かつせきだんこう》　信念を貫くため友情を絶つ

「席《しきもの》を割《さ》いて交《まじわり》を絶《た》つ」と訓読する。六朝《りくちょう》時代の管《かん》寧《ねい》と華歆《かきん》の話に基づく。

一枚の席に机を並べて読書していたとき、盛装した貴人の行列が門前を通った。寧は読書を続けていたが、歆は行列を見に行った。寧が、席を割いて語った。「君は、もう僕の友でない」（『世説新語《せせつしんご》』）。

中国には、絶交の例が少なくない。竹林《ちくりん》の七賢《しちけん》のひとり、嵆康《けいこう》の場合もそうだ。友人の山濤《さんとう》（字《あざな》は巨源）が官職を用意してくれたとき、嵆康は長文の手紙を書いた。自分は心静かに暮らしたいので、官職に就くのは耐えられない。それを分かってくれない君は、僕の知己《ちき》でない。お別れする（「山巨源に与うる絶交書」）。この手紙は『文《もん》選《ぜん》』に採られ、今も読みつがれている。

どんなに親しくしていても、人間として許せないと感じたとき、きっぱりと友情を絶つ。そして、「君子の絶交は、相手を誹謗《ひぼう》しない」（『史記《しき》』）という姿勢を貫く。**割席断交**もまた、そのような、いわば絶交の美学の上に作られたものである。

（小野　四平）

指鹿為馬《しろくいば》　黒白を転倒し是非を混交する

「鹿を指して馬と為《な》す」。黒白を転倒し、是非を混交する比喩として用いられる。なお、「馬鹿」は梵語《ぼんご》に語源を持つことばで、当て字。

このことばは『史記《しき》・秦始皇本紀《しんしこうほんぎ》』に見える。秦の始皇帝の死後、趙高《ちょうこう》という宦官《かんがん》が始皇の遺言をいつわって、太子扶蘇《ふそ》に代えて胡亥《こがい》を帝位につけた。二世皇帝である。趙高はまたたく間に実権を握り、丞相《じょうしょう》の位につき、ついには胡亥にとって代わることまで考える。

いざという時、臣下がどの程度自分に味方するかを試すために、ある時、胡亥の前に鹿を献上し、「馬でございます」といった。胡亥は笑いながら「鹿だよ」という。左右の家臣に聞くと趙高の威を恐れて口ごもったり、おべっかを使って馬といったり、あるいは勇敢に鹿といったりさまざまであったが、雰囲気としては馬の方が強かった。胡亥は自分の頭が変になったと思った。

現在もなお鹿を見て馬と言わざるを得ないような社会があることを忘れてはならない。

（清宮　剛）

宋襄之仁《そうじょうのじん》　無益な思いやりの心

これも故事を知らないと、文字だけでは理解しにくい熟語でしょう。紀元前七世紀、日本はまだ縄文文化の時代ですが、中国は春秋《しゅんじゅう》時代という乱世で、諸侯の国々が対立して覇権《はけん》を争っておりました。宋襄とはその諸侯のひとり、宋《そう》の国の襄公《じょうこう》のことです。

襄公は楚《そ》という国の大軍と川のほとりで戦うことになりました。宋軍が陣を構えている前面に楚軍が川を渡って来ます。隊長は楚軍が川を渡る途中を攻撃しようとしますが、襄公はそれは君子のすることではないと止めます。楚軍が陣を整えてから開戦、宋は大敗、襄公は負傷してやがて亡くなります。人々はこれを**宋襄之仁**といって笑いました。

仁とはあわれみの心、思いやりの精神、それ自体は立派なことですが、戦場では通用しません。敵のすきを突き、弱点を狙って勝つのが戦争というもの、もともと不仁なのです。戦場で仁徳《じんとく》を持ち出すのは矛盾しており、惨《みじ》めな結果に終わったのも当然でしょう。

（村上　哲見）

老少不定《ろうしょうふじょう》　老いも若きも寿命定まらず

老も少も定まらず。老いたるも若きもいつ死がくるか、寿命は定まっていない、の意。

老は中国では五十歳以上、また六十とも七十ともいう。少はふつう十歳以下をいうが、三十以前をもいうから、子どもと若者のこと。

釈尊は「ああ短いかな、人の生命よ。百歳に達しないうちに死んでしまう。たといこれより長く生きるとしても、また老衰のために死ぬ」「この世における人々の命は定相なく、どれだけ生きられるか分からない。惨《いた》ましく、短くて、苦悩に繋《つな》がれている。生まれたものどもは、死を遁《のが》れる道がない。老いに達しては死がくる」「人間の寿命は短い。立派な人はそれを思わねばならぬ」と説く。

このように**老少不定**の問題を通し人間を考えた。「ことにもてこの世界のならひは、**老少不定**にして電光朝露のあだなる身なれば、無常のかぜきたらんことをばしらぬ体《てい》にすぎゆきて」とは蓮如上人《れんにょしょうにん》の「おふみ」の一節。

（荘司　格一）

拈花微笑《ねんげみしょう》　**心から心へ伝える**

花を拈《つま》むを見て微笑《みしょう》す。釈尊が霊鷲山《りょうじゅせん》で多くの人々に向かい花を手にとって示した。みんなはその意味がわからず黙っていた。ただひとり摩訶迦葉《まかかしょう》がにっこり笑った。わかりました、と。釈尊はそこで正法《しょうぼう》（仏教の真理のすべて）を摩訶迦葉に伝えた。

悟りは文字や理論によってえられるものではないということで、宋代以後禅宗成立の基盤となり、法灯《ほうとう》（正法の伝統）の起源となる伝説である。また公案（禅の問答・問題）の一つでもある。

中国で成立した『大梵天王問仏決疑経《だいぼんてんのうもんぶっけつぎきょう》』という存否不明の経典にでるといわれる。唐代にいいだされ、宋代以後に喧伝《けんでん》される。

たとえば、「世尊は迦葉に法を伝えたあと、塔の前に席を分かって、袈裟《けさ》をかけてやり、汝《なんじ》に正法眼蔵《しょうぼうげんぞう》をひそかに付す。護持《ごじ》して将来に伝うべしと告げた」と『五灯《ごとう》会元《えげん》』に記され、同様の記述がいくつかの禅の書に見られるが、一言もふれないのもある。

（荘司　格一）

白河夜船《しらかわよぶね》　**知っているふりをする**

これは、日本で作られた四字熟語の例である。江戸時代の俳諧書『毛吹草《けふきぐさ》』に「こせうまるのみ／しら川よぶね／見ぬ京ものがたり」とある。

かみ砕いてこそ分かる胡椒《こしょう》の味も丸のみしたのでは分からないことを「こせうまるのみ」（胡椒丸のみ）という。転じて、表面だけを見て本質を理解しないことの喩えに用いられてきた（『続々鳩翁道話《きゅうおうどうわ》』）。

「しら川よぶね」（**白河夜船**、白川夜船）とは、「みぬ京物語する者に白河ハいかにと問へば白河ハ夜船にて通りし故にしらずと詐《いつわ》るを云《いう》、白河は川にあらず」（『俚諺集《りげんしゅう》攬《らん》』）。

知らないのに知っているふりをすることを**白河夜船**という。転じて、何も知らないことにも用いる。

「鞠川《まりかわ》六郎、御迎ひの為《ため》、参着せりと、事を慎述《つつしみのべ》けれど、こなたは何も**白河夜船**、磯《いそ》にも陸《くが》にもつきほなく、是《これ》ではいかぬと梶取直《かじとりなお》し……」（浄瑠璃《じょうるり》『鎌倉三代記』）

胡椒丸のみ、**白河夜船**。ともに忘れずに覚えておきたいことばである。

（小野　四平）

優勝劣敗《ゆうしょうれっぱい》　優者が勝ち、劣者が敗れる

優者が勝ち、劣者が敗れるということ。

加藤弘之の「**優勝劣敗**は天理なり」（『人権新説』一八八二年）のあと、「駝《だ》アウヰンがいつとる通り、**優勝劣敗**の世の中じやから、強ハ弱を圧し、小ハ大の食となるハ、元来当然《もとよりあたりまえ》のはなしじや」（坪内逍遥『当世書生気質《とうせいしょせいかたぎ》』一八八五年）などと用いられ、弱肉強食（二一七ページ参照）や自然《しぜん》淘汰《とうた》などとともに新来の思想として明治初期に喧伝《けんでん》された。

やがて、この思想が、近代日本の富国強兵策を支えていくことになる。が、ひとり北村透谷は「一個の大哲学者となりて欧州に流行する**優勝劣敗**の新哲派を碎砕《はさい》す可《べ》しと考へたり」（「石坂ミナ宛《あて》書簡草稿」一八八七年）と述べ、新渡来の思想と戦おうとした。

近代中国でも、このことばは盛んに取り上げられた。中国共産党の指導者として刑死した李大釗《りたいしょう》は、**優勝劣敗**、弱肉強食は完全な間違いだと断定し、「生物の進化は競争によるのではない。相互援助によるのだ」（『新紀元』一九一九年）と書いた。

（小野　四平）

乾坤一擲《けんこんいってき》　のるかそるかの一大決断

乾坤はもと易《えき》のことば、陰と陽の二つの気を代表し、天と地を象徴します。擲は投げる、賭《か》けをして賽《さい》を投げること、**乾坤一擲**は天地をかけた大ばくち、のるかそるかの一大決断を下すことをいいます。

唐の韓愈《かんゆ》は「鴻溝《こうこう》を過《よぎ》る」という詩で次のように詠じています。「竜は疲れ虎《とら》は困《くる》しみて川原《せんげん》を割《わか》つ／億万の蒼生《そうせい》（人民）性命存《そん》す／誰か君王に勧めて馬首を回《めぐ》らせ／真成《しんせい》に一擲して乾坤を賭《か》けしむる」。

秦《しん》の始皇帝《しこうてい》の死後、項羽《こうう》と劉邦《りゅうほう》が天下を争って死闘を展開しますが、両者疲れ切って休戦協定を結びます。鴻溝という谷を境界として天下を二分し、東西に分かれて引き揚げることにしますが、劉邦の参謀、張良《ちょうりょう》と陳平《ちんぺい》は引き返して項羽を攻めることを勧めます。劉邦はこれに従って勝利を収め、項羽は自殺、劉邦は皇帝となって漢の王朝が成立しました。

韓愈はこの古戦場を通りかかって名参謀の計略と総大将の決断、その歴史的瞬間を思い浮かべて詩に詠じたのです。

（村上　哲見）

意馬心猿《いばしんえん》　心は制しがたくとらえがたい

意は馬、心は猿のごとしという意味で、原始経典にも心は「恰《あたか》も一本の枝から他の枝へと飛びまわる猿のようなものである」「心は猿の如《ごと》く六欲《ろくよく》に貪着《とんじゃく》する」「意識は野馬の如く」などと、心のとらえがたいことを説く。

釈尊と同時代の維摩《ゆいま》はこの娑婆《しゃば》世界の人々の教化《きょうけ》しがたいことを「まるで猿が飛びまわるよう」であるから、制御するために骨に徹する苦痛を与えてから調教するように、あらゆる苦言を述べて戒律を守る生活に入らせなければならないと述べている。

なぜ人の心はこのように制しがたく、とらえがたいのであろう。経典には正しい真理を知らず、信仰が確立せず、貪欲《とんよく》によって心が乱されるゆえだと説く。つまり煩悩を断じえないからである。

『椿説弓張月《ちんせつゆみはりづき》』に「彼方此方《かなたこなた》にまつはりて、親子三人煩悩の羇《きずな》に狂う**意馬心猿**」というのもこの謂《い》い。まこと煩悩は抑えがたい。

（荘司　格二）

剪草除根《くさをきりねをのぞく》　害悪は根源から除去

「草を剪《き》り根を除く」、あるいは「草を剪るに根を除く」。害悪は、根源から除去しなければならない、ということ。紀元前の『国語』という本の「晋語《しんご》」では「木を伐《き》るにその本からせざれば、必ずまた生ず」というが、六世紀ごろから今の表現が現れ、元《げん》や明《みん》の小説・戯曲によく用いられた。

元の戯曲『伍員吹簫《ごうんすいしょう》』の第一幕に、前六世紀の楚《そ》国の大臣費無忌《ひむき》が「国王のお呼びだと言って、伍子胥《ごししょ》をだまして連れてこい。一族は全部殺したから、あとはやつを殺せば、草を剪り根を除き、萌芽《ほうが》も開かずだ」と言う場面がある。だが伍子胥は呉《ご》の国に亡命し、後に楚《そ》を滅ぼして仇《あだ》を報いた。費無忌は「草を剪り根を除く」のに失敗したのだ。

十九世紀の話、杭州《こうしゅう》に秘法を売る者がいた。ある人が一件三百銭で三件――金持ちになる法、二日酔いにならない法、シラミを根絶する法を買った。帰宅して開封したら、「倹約せよ」「飲み過ぎるな」「せっせと捕れ」と書いた札が入っていた（陸以湉《りくいてん》『冷廬雑識《れいろざっしき》』）。

これ今でも役に立つ？

（小川　陽一）

ま行

抹月批風　まつげつひふう　156
水滴石穿　みずしたたりていしもうがつ　91
水深火熱　みずふかくひあつし　75
無為徒食　むいとしょく　204
無師独悟　むしどくご　109
無上菩提　むじょうぼだい　14
無分別智　むふんべつち　95
無用長物　むようのちょうぶつ　103
無用之用　むようのよう　35
名花傾国　めいかけいこく　73
明鏡止水　めいきょうしすい　184
明窓浄几　めいそうじょうき　220
明哲保身　めいてつほしん　153
明眸皓歯　めいぼうこうし　88
盲亀浮木　もうきふぼく　227
毛遂自薦　もうすいじせん　145
沐猴而冠　もっこうにしてかんす　194
物畏其天　ものそのてんをおそる　52
問安視膳　もんあんしぜん　187
門庭若市　もんていいちのごとし　80

や行

薬石喫湯　やくせききっとう　243
病入膏肓　やまいこうこうにいる　205
山静日長　やましずかにしてひながし　47
唯我独尊　ゆいがどくそん　104
優勝劣敗　ゆうしょうれっぱい　253
有銭通神　ゆうせんつうしん　87
担雪塡井　ゆきをにないてせいをうずむ　209
遊戯三昧　ゆげざんまい　83
容貌魁偉　ようぼうかいい　131
夜長夢多　よながければゆめおおし　97
夜以継日　よもってひにつぐ　89

ら行

楽天知命　らくてんちめい　219
落落晨星　らくらくしんせい　121
落花流水　らっかりゅうすい　54
落花狼藉　らっかろうぜき　30
濫竽充数　らんうじゅうすう　130
柳暗花明　りゅうあんかめい　43
劉氏左袒　りゅうしさたん　22
龍章鳳姿　りゅうしょうほうし　92
流水高山　りゅうすいこうざん　44
良妻賢母　りょうさいけんぼ　25
梁上君子　りょうじょうのくんし　147
緑葉成陰　りょくようせいいん　138
林下風気　りんかのふうき　53
厲民自養　れいみんじよう　159
老医少卜　ろういしょうぼく　117
老嫗能解　ろうおうもよくかいす　244
老驥伏櫪　ろうきふくれき　142
老少不定　ろうしょうふじょう　251
漏泄春光　ろうせつしゅんこう　28
老馬之智　ろうばのち　112
勒馬懸崖　ろくばけんがい　36
六波羅蜜　ろくはらみつ　213
路人皆知　ろじんみなしる　101
六根清浄　ろっこんしょうじょう　208

わ行

和顔愛語　わげんあいご　89
和光同塵　わこうどうじん　193
和魂漢才　わこんかんさい　199
和而不同　わしてどうぜず　29

拈花微笑　ねんげみしょう　252
嚢中之錐　のうちゅうのきり　192
述而不作　のべてつくらず　224

は行

背水之陣　はいすいのじん　95
杯盤狼藉　はいばんろうぜき　98
博引旁証　はくいんぼうしょう　234
白雲孤飛　はくうんこひ　19
白砂青松　はくさせいしょう　26
白山黒水　はくさんこくすい　160
麦秀之嘆　ばくしゅうのたん　85
柏舟之誓　はくしゅうのちかい　190
爆竹除旧　ばくちくじょきゅう　223
破夏分散　はげぶんさん　72
巴山夜雨　はざんやう　181
馬耳東風　ばじとうふう　31
白駒過隙　はっくかげき　221
八功徳水　はっくどくすい　170
破釜沈船　はふちんせん　48
盤根錯節　ばんこんさくせつ　157
半塗而廃　はんとにしてはいす　15
万里長征　ばんりちょうせい　189
悲歓離合　ひかんりごう　202
美人香草　びじんこうそう　147
尾生之信　びせいのしん　20
不因人熱　ひとのねつによらず　167
成人之美　ひとのびをなす　174
悲憤慷慨　ひふんこうがい　190
百尺竿頭　ひゃくしゃくかんとう　74
百折不撓　ひゃくせつふとう　228
百代過客　ひゃくだいのかかく　197
百年河清　ひゃくねんかせい　249
百八煩悩　ひゃくはちぼんのう　221
冰肌玉骨　ひょうきぎょっこつ　102
比翼連理　ひよくれんり　100
琵琶別抱　びわべっぽう　191
布衣之交　ふいのまじわり　64
風花雪月　ふうかせつげつ　66
風月無辺　ふうげつむへん　151
風樹之歎　ふうじゅのたん　177
風情月債　ふうじょうげっさい　111
不飲酒戒　ふおんじゅかい　61
不倶戴天　ふぐたいてん　156
負荊請罪　ふけいせいざい　53
巫山雲雨　ふざんうんう　116
不肖子孫　ふしょうのしそん　245
夫唱婦随　ふしょうふずい　59
不即不離　ふそくふり　212
不多不少　ふたふしょう　24
不痴不聾　ふちふろう　66
芙蓉出水　ふようしゅっすい　136
不立文字　ふりゅうもんじ　13
刎頸之交　ふんけいのこう　148
文質彬彬　ぶんしつひんぴん　196
文人相軽　ぶんじんあいかろんず　82
文房四宝　ぶんぼうしほう　104
閉月羞花　へいげつしゅうか　93
秉燭夜遊　へいしょくやゆう　198
平生業成　へいぜいごうじょう　126
並蒂同心　へいていどうしん　179
擗踊哭泣　へきようこっきゅう　19
別有天地　べつにてんちあり　216
遍照金剛　へんじょうこんごう　84
変成男子　へんじょうなんし　200
抱甕灌圃　ほうおうかんぽ　175
忘形之交　ぼうけいのまじわり　12
暴虎馮河　ぼうこひょうが　182
望梅止渇　ぼうばいしかつ　215
望洋興嘆　ぼうようこうたん　106
母猿断腸　ぼえんだんちょう　237
北窓三友　ほくそうさんゆう　236
北風之恋　ほっぷうのこい　76
笨鳥先飛　ほんちょうさきにとぶ　58

走馬看花　そうばかんか　173
相逐心生　そうはこころをおうてしょうず　37
掃眉才子　そうびのさいし　80
即時一盃　そくじいっぱい　12
啐啄同時　そったくどうじ　91

た行

大円鏡智　だいえんきょうち　30
大廈高楼　たいかこうろう　235
大器晩成　たいきばんせい　102
泰山北斗　たいざんほくと　226
大地回春　だいちかいしゅん　224
托鉢乞食　たくはつこつじき　46
他山之石　たざんのいし　16
打破漆桶　だはしっつう　97
断綫風箏　だんせんふうそう　246
単刀直入　たんとうちょくにゅう　126
貪夫殉財　たんぷじゅんざい　146
知過必改　ちかひっかい　103
知足安分　ちそくあんぶん　199
魑魅魍魎　ちみもうりょう　242
朝三暮四　ちょうさんぼし　143
張敞画眉　ちょうしょうがび　157
朝令暮改　ちょうれいぼかい　165
直躬証父　ちょっきゅうしょうふ　81
沈冤莫白　ちんえんばくはく　63
沈魚落雁　ちんぎょらくがん　98
珍味佳肴　ちんみかこう　227
飲鴆止渇　ちんをのみてかつをとどむ　109
随月読書　つきにしたがいてしょをよむ　100
鉄樹開花　てつじゅかいか　234
鉄心石腸　てっしんせきちょう　86
天衣無縫　てんいむほう　34
天作之合　てんさくのごう　140
天壌王郎　てんじょうおうろう　57
天高馬肥　てんたかくうまこゆ　143
輾転反側　てんてんはんそく　17
天道是非　てんどうぜひ　192
天馬行空　てんばくうをゆく　125
転輪聖王　てんりんじょうおう　121
桃花靧面　とうかかいめん　68
桃花潭水　とうかたんすい　36
東山再起　とうざんさいき　206
東施效顰　とうしこうひん　70
冬日可愛　とうじつあいすべし　205
同床異夢　どうしょういむ　236
東牀担腹　とうしょうたんぷく　122
東食西宿　とうしょくせいしゅく　90
道聴塗説　どうちょうとせつ　60
東道主人　とうどうしゅじん　210
東塗西抹　とうとせいまつ　150
洞房花燭　どうぼうかしょく　73
盗亦有道　とうまたみちあり　207
十日之菊　とおかのきく　148
得意忘形　とくいぼうけい　155
独善其身　どくぜんきしん　161
得隴望蜀　とくろうぼうしょく　181
蠹国病民　とこくびょうみん　120
訥言敏行　とつげんびんこう　185
怒髪衝冠　どはつしょうかん　55

な行

泣斬馬謖　ないてばしょくをきる　106
南柯之夢　なんかのゆめ　83
難行苦行　なんぎょうくぎょう　248
南船北馬　なんせんほくば　182
難値難遇　なんちなんぐう　65
二河白道　にがびゃくどう　149
日常茶飯　にちじょうさはん　39
日東月西　にっとうげっせい　75
入院退院　にゅういんたいいん　79

七死八活　しちしはちかつ　124
七不衰法　しちふすいほう　158
実事求是　じつじきゅうぜ　40
漆身呑炭　しっしんどんたん　58
四不壊浄　しふえじょう　177
四面楚歌　しめんそか　14
赤色赤光　しゃくしきしゃっこう　115
積善余慶　しゃくぜんよきょう　158
惹草拈花　じゃくそうねんか　118
弱肉強食　じゃくにくきょうしょく　217
尺璧非宝　しゃくへきひほう　107
捨身飼虎　しゃしんしこ　170
煮豆燃萁　しゃとうねんき　132
沙羅双樹　しゃらそうじゅ　229
秋月春風　しゅうげつしゅんぷう　164
自由自在　じゆうじざい　222
秋水伊人　しゅうすいのかのひと　196
終天之慕　しゅうてんのぼ　210
十二縁起　じゅうにえんぎ　135
樹下石上　じゅげせきじょう　188
修証不二　しゅしょうふに　99
酒色財気　しゅしょくざいき　220
酒池肉林　しゅちにくりん　46
寿比南山　じゅをなんざんにひす　96
少喫多香　しょうきつたこう　42
傷弓之鳥　しょうきゅうのとり　125
照顧脚下　しょうこきゃっか　41
猩猩嗜酒　しょうじょうさけをこのむ　206
掌上明珠　しょうじょうのめいじゅ　215
少時了了　しょうじりょうりょう　160
小心翼翼　しょうしんよくよく　78
笑中有刀　しょうちゅうゆうとう　152
情天孽海　じょうてんげっかい　214
升堂入室　しょうどうにゅうしつ　242
乗竜佳婿　じょうりゅうかせい　38
上楼去梯　じょうろうきょてい　57
食牛之気　しょくぎゅうのき　240
蜀犬吠日　しょっけんひにほゆ　189
白河夜船　しらかわよぶね　252
支離滅裂　しりめつれつ　88
指鹿為馬　しろくいば　250
神出鬼没　しんしゅつきぼつ　50
心頭滅却　しんとうめっきゃく　231
人馬辟易　じんばへきえき　71
人面獣心　じんめんじゅうしん　39
随処作主　ずいしょさしゅ　92
水性楊花　すいせいようか　64
水中捉月　すいちゅうさくげつ　79
随犯随制　ずいぼんずいせい　96
水無筋骨　すいむきんこつ　154
頭陀第一　ずだだいいち　51
頭北面西　ずほくめんさい　105
寸草春暉　すんそうしゅんき　67
青雲之志　せいうんのこころざし　99
精衛塡海　せいえいうみをうずむ　162
誓死不二　せいしふじ　111
清茶淡話　せいちゃたんわ　195
井底之蛙　せいていのあ　213
青梅竹馬　せいばいちくば　82
惜玉憐香　せきぎょくりんこう　131
赤県神州　せきけんしんしゅう　172
持銭買水　ぜにをもちてみずをかう　228
先花後果　せんかこうか　163
仙姿玉質　せんしぎょくしつ　174
浅酌低唱　せんしゃくていしょう　51
川上之嘆　せんじょうのたん　219
禅譲放伐　ぜんじょうほうばつ　247
倩女離魂　せんじょりこん　241
千日一誨　せんにちいっかい　129
先憂後楽　せんゆうこうらく　134
僧家詭名　そうかなをいつわる　122
宋襄之仁　そうじょうのじん　251
滄桑之変　そうそうのへん　187

乾坤一擲　けんこんいってき　253
妍姿艶質　けんしえんしつ　67
原始仏教　げんしぶっきょう　127
懸鶉百結　けんじゅんひゃっけつ　85
現世利益　げんぜりやく　27
巻土重来　けんどちょうらい　60
眼横鼻直　げんのうびちょく　239
堅白同異　けんぱくどうい　245
光焔万丈　こうえんばんじょう　72
剛毅木訥　ごうきぼくとつ　65
狗急跳墻　こうきゅうちょうしょう　32
巧言令色　こうげんれいしょく　61
好好先生　こうこうせんせい　56
鴻鵠之志　こうこくのこころざし　127
孝子順孫　こうしじゅんそん　27
後生可畏　こうせいおそるべし　113
口是心非　こうぜしんぴ　136
耕前鋤後　こうぜんじょご　232
紅豆相思　こうとうそうし　137
口吻生花　こうふんせいか　123
黄茅白葦　こうぼうはくい　16
降魔成道　ごうまじょうどう　201
紅葉題詩　こうようだいし　175
蛟竜得水　こうりゅうとくすい　81
呉下阿蒙　ごかのあもう　168
狐疑逡巡　こぎしゅんじゅん　191
五逆十悪　ごぎゃくじゅうあく　193
刻舟求剣　こくしゅうきゅうけん　108
国色天香　こくしょくてんこう　59
極楽浄土　ごくらくじょうど　18
五劫思惟　ごこうしゆい　183
古今無双　ここんむそう　237
後生大事　ごしょうだいじ　137
五濁悪世　ごじょくあくせ　145
五臓六腑　ごぞうろっぷ　194
五体投地　ごたいとうち　110
克勤克倹　こっきんこっけん　84
刻苦勉励　こっくべんれい　22
刻鵠類鶩　こっこくるいぼく　176
孤犢触乳　ことくしょくにゅう　248
五風十雨　ごふうじゅうう　178
五福駢臻　ごふくへんしん　222
吾唯知足　ごゆいちそく　123
五里霧中　ごりむちゅう　45
根本煩悩　こんぽんぼんのう　232

さ行

才堪相配　さいあいはいするにたう　195
塞翁之馬　さいおうのうま　239
歳寒松柏　さいかんしょうはく　207
才徳兼全　さいとくけんぜん　135
彩鳳随鴉　さいほうずいあ　110
坐冷板櫈　ざれいはんとう　151
三界火宅　さんがいかたく　214
三月三日　さんがつみっか　13
山鶏舞鏡　さんけいかがみにまう　62
三矢之教　さんしのおしえ　185
三舎退避　さんしゃたいひ　76
三従四徳　さんじゅうしとく　15
三人成虎　さんにんとらをなす　171
三年窺墻　さんねんきしょう　48
山眉水眼　さんびすいがん　202
自画自賛　じがじさん　247
自家撞著　じかどうちゃく　163
只管打坐　しかんたざ　159
四弘誓願　しぐせいがん　166
之乎者也　しこしゃや　54
舐痔得車　しじとくしゃ　117
師子奮迅　ししふんじん　23
四書五経　ししょごきょう　17
四世同堂　しせいどうどう　230
次第説法　しだいせっぽう　134
四大不調　しだいふちょう　47
徙宅忘妻　したくぼうさい　129

か行

外彊中乾　がいきょうちゅうかん　183
海誓山盟　かいせいさんめい　141
海棠春睡　かいどうしゅんすい　68
偕老同穴　かいろうどうけつ　107
蝸角之争　かかくのあらそい　44
嘉耦天成　かぐうてんせい　115
花言巧語　かげんこうご　188
花好月円　かこうげつえん　28
花残月欠　かざんげっけつ　52
花枝招展　かししょうてん　229
火樹銀花　かじゅぎんか　233
佳人薄命　かじんはくめい　211
苛政猛虎　かせいもうこ　235
雅俗共賞　がぞくきょうしょう　146
隔靴掻痒　かっかそうよう　87
合従連衡　がっしょうれんこう　166
割席断交　かつせきだんこう　250
下筆成章　かひつせいしょう　32
禍福無門　かふくむもん　176
花容月貌　かようげつぼう　62
夏炉冬扇　かろとうせん　90
鰥寡孤独　かんかこどく　171
侃侃諤諤　かんかんがくがく　172
管窺蠡測　かんきれいそく　246
韓寿窃香　かんじゅせっこう　114
玩物喪志　がんぶつそうし　45
閑話休題　かんわきゅうだい　238
気韻生動　きいんせいどう　94
祇園精舎　ぎおんしょうじゃ　138
鬼哭啾啾　きこくしゅうしゅう　119
起死回生　きしかいせい　26
鬼子無影　きしむえい　144
季常之癖　きじょうのへき　249
鬼神敬遠　きしんけいえん　42
貴人多忘　きじんたぼう　197
儀態万方　ぎたいばんぽう　128
佶屈聱牙　きっくつごうが　29
喜怒哀楽　きどあいらく　71
亀年鶴寿　きねんかくじゅ　155
奇芳絶艶　きほうぜつえん　50
旧雨新知　きゅううしんち　77
旧愁新恨　きゅうしゅうしんこん　240
挙案斉眉　きょあんせいび　152
狂言綺語　きょうげんきご　218
局外中立　きょくがいちゅうりつ　33
極醜無双　きょくしゅうむそう　63
玉石混淆　ぎょくせきこんこう　142
曲突徙薪　きょくとつししん　35
漁父之利　ぎょふのり　20
金甌無欠　きんおうむけつ　243
琴棋書画　きんきしょが　108
欣欣向栄　きんきんきょうえい　18
金谷酒数　きんこくしゅすう　24
琴瑟相和　きんしつあいわす　132
金石糸竹　きんせきしちく　86
空前絶後　くうぜんぜつご　208
剪草除根　くさをきりねをのぞく　254
君子三戒　くんしさんかい　225
君子豹変　くんしひょうへん　55
形影相随　けいえいあいしたがう　153
卿卿我我　けいけいがが　241
荊釵布裙　けいさいふくん　154
鍥而不舎　けいしておかず　116
蛍雪之功　けいせつのこう　204
迎風待月　げいふうたいげつ　161
珪母具酒　けいぼぐしゅ　74
鶏鳴狗盗　けいめいくとう　162
形名参同　けいめいさんどう　37
月下花前　げっかかぜん　33
月下氷人　げっかひょうじん　56
結跏趺坐　けっかふざ　217
月寒江清　げっかんこうせい　211
結草亢敵　けっそうこうてき　49
見鞍思馬　けんあんしば　112

索　引

あ行

相知恨晩　あいしることおそきをうらむ　244
愛惜字紙　あいせきじし　179
愛別離苦　あいべつりく　150
青出於藍　あおはあいよりいづ　209
悪事千里　あくじせんり　149
悪人正機　あくにんしょうき　216
鴉雀無声　あじゃくむせい　124
遏雲之曲　あつうんのきょく　218
阿鼻叫喚　あびきょうかん　178
安心立命　あんじんりゅうみょう　21
暗箭難防　あんせんなんぼう　180
暗送秋波　あんそうしゅうは　169
安歩当車　あんぽとうしゃ　223
一意専心　いちいせんしん　212
一日三秋　いちじつさんしゅう　78
一日三笑　いちじつさんしょう　49
一字不説　いちじふせつ　144
一暴十寒　いちばくじっかん　168
一夜十起　いちやじっき　167
一路平安　いちろへいあん　133
一家之言　いっかのげん　164
一簣之功　いっきのこう　43
一見如故　いっけんこのごとし　201
一見鍾情　いっけんしょうじょう　225
一刻千金　いっこくせんきん　34
一瀉千里　いっしゃせんり　119
一笑千金　いっしょうせんきん　41
一心不乱　いっしんふらん　169
一炊之夢　いっすいのゆめ　200
一旦緩急　いったんかんきゅう　173
一刀両断　いっとうりょうだん　77
一得之愚　いっとくのぐ　101
意馬心猿　いばしんえん　254
韋編三絶　いへんさんぜつ　120
以貌取人　いぼうしゅじん　140
移木之信　いぼくのしん　93
倚門之望　いもんのぼう　128
因果応報　いんがおうほう　21
殷鑑不遠　いんかんとおからず　186
慇懃無礼　いんぎんぶれい　141
飲食男女　いんしょくだんじょ　105
飲水思源　いんすいしげん　118
雨奇晴好　うきせいこう　38
烏合之衆　うごうのしゅう　113
盂蘭盆会　うらぼんえ　114
運斤成風　うんきんせいふう　230
英姿颯爽　えいしさっそう　94
永垂不朽　えいすいふきゅう　180
曳尾塗中　えいびとちゅう　198
益者三友　えきしゃさんゆう　231
越女斉姫　えつじょせいき　133
煙霞絢爛　えんかけんらん　40
燕語鶯声　えんごおうせい　31
掩耳盗鐘　えんじとうしょう　165
燕痩環肥　えんそうかんひ　184
円融無礙　えんにゅうむげ　23
沿波討源　えんぱとうげん　226
嘔心瀝血　おうしんれきけつ　233
応病与薬　おうびょうよやく　70
応無所住　おうむしょじゅう　186
温故知新　おんこちしん　25
遠塵離垢　おんじんりく　238
音容宛在　おんようえんざい　130

執筆者一覧（五十音順）

小川陽一（おがわ・よういち）
1934年，新潟県生まれ。東北大学大学院博士課程単位取得退学。中国文学。東北大学名誉教授。

小野四平（おの・しへい）
1933年，宮城県生まれ。東北大学大学院博士課程修了。中国文学。宮城教育大学名誉教授。

島森哲男（しまもり・てつお）
1949年，千葉県生まれ。東北大学大学院博士課程修了。中国哲学。宮城教育大学名誉教授。

荘司格一（しょうじ・かくいつ）
1923年，宮城県生まれ。東北学院高等部卒。中国文学。元・奥羽大学学長。

清宮　剛（せいみや・つよし）
1946年，茨城県生まれ。東北大学大学院修士課程修了。中国哲学。山形県立米沢女子短期大学名誉教授。2016年逝去。

村上哲見（むらかみ・てつみ）
1930年，中国大連市生まれ。京都大学文学部卒。中国文学。東北大学名誉教授。

＊本書の原本は，2002年，『四字熟語の泉』と題し，小社より刊行されました。